外国家庭法及妇女理论研究中心项目
家 事 法 研 究 学 术 文 库

陈 苇 主编

亲属法的伦理性
及其限度研究

曹贤信 著

群 众 出 版 社
·北京·

《家事法研究学术文库》顾问

（以姓氏笔画为序）

巫昌祯（中国政法大学教授）

杨大文（中国人民大学教授）

杨与龄（台湾"国立"政治大学教授）

张贤钰（华东政法大学教授）

陈明侠（中国社会科学院法学所研究员）

林秀雄（台湾"国立"政治大学教授）

丛书主编简介

陈苇 女,四川资中县人,1987年于西南政法学院民法专业硕士研究生毕业,获法学硕士学位,留该校任教至今。主要研究方向为婚姻家庭继承法、妇女儿童老人权益保护。2003年12月至2004年12月,其受国家留学基金资助公派出国留学,作为访问学者到澳大利亚悉尼大学法学院进修外国家庭法一年,现任西南政法大学民商法学院教授、博士生导师、外国家庭法及妇女理论研究中心主任、婚姻家庭继承法及妇女理论教研室主任,兼任家庭法国际协会执行委员会委员、中国婚姻家庭法学研究会副会长、重庆市人民代表大会内务司法委员会咨询专家、重庆市妇联法律顾问,重庆市渝北区人民代表大会代表,重庆市沙坪坝区人民法院"未成年人司法制度研究基地"专家咨询委员会委员。

代表性成果包括:独著、主编、主持翻译的《中国婚姻家庭法立法研究》(第一版、第二版)、《外国婚姻家庭法比较研究》、《中国大陆与港、澳、台婚姻家庭法比较研究》、《中国大陆与港、澳、台继承法比较研究》、《当代中国民众继承习惯调查实证研究》、《外国继承法比较与中国民法典继承编制定研究》、《改革开放三十年(1978~2008)中国婚姻家庭继承法研究之回顾与展望》、《加拿大家庭法汇编》、《澳大利亚家庭法(2008年修正)》、《美国家庭法精要》(第五版)、《澳大利亚法律的传统与发展》(第三版)等著作、译作二十余部;在《中国社会科学文摘》、《中国法学》以及International Journal of Law, Policy and the Family, The International Survey of Family Law, US–China Law Review, 21st Century Law Review等中外学术刊物发表中英文学术论文六十余篇;此外,主编出版《家事法研究》学术论文集六卷(2005年卷~2010年卷)和"家事法研究学术文库"系列著作;应邀与美国、意大利学者合作撰写美国法学院比较家庭法英文教材一部:Practical Global Family Law ——United States, China and Italy(2009年4月在美国出版)。

目　　录

下篇 亲属法伦理性之应然面向

CONTENTS

Part Two Ethical Nature of Domestic Relations Law as It Ought to Be

前　言

　　自 1978 年西南政法学院复办以来，我国著名的婚姻法专家、中国法学会婚姻法学研究会副总干事杨怀英教授担任我校婚姻法研究方向的学科带头人。1985 年 3 月至 7 月，我校承担了司法部委托的全国法律专业婚姻法师资进修班的教学任务。当时全国著名的婚姻法专家巫昌祯、杨大文、王德意、李忠芳、任国钧等教授应邀前来我校，与我校全国著名的婚姻法专家杨怀英教授及胡平等教师一起为来自全国的婚姻法师资进修班学员们上课，传授婚姻法学的理论知识和教学经验。如今，该婚姻法师资进修班学员们大部分都成为各高校的婚姻法领域的著名专家学者和骨干教师，他们为国家培养了大批优秀的人才。因此，可以说，我校是我国婚姻法学人才培养的摇篮。在科研方面，杨怀英教授先后主编出版了：《滇西南边疆少数民族婚姻家庭与法的研究》（法律出版社 1988 年出版）；《中国婚姻法论》（重庆出版社 1989 年出版，1991 年荣获重庆市社科优秀科研成果三等奖）；《凉山彝族奴隶社会法律制度研究》（四川民族出版社 1994 年出版，1996 年荣获四川省社科优秀科研成果二等奖）等专著和教材。1995 年杨怀英教授去世后，由中国法学会婚姻法学研究会常务理事邓宏碧教授担任婚姻法学科带头人。邓宏碧教授、胡平副教授等老教师带领婚姻法课程的教师们继续努力进行教学和科研工作。尤其值得指出的是，邓宏碧教授主编的《中国少数民族人口政策研究》（国家社会科学"八五"规划重点科研项目，重庆出版社 1998 年出版），2001 年荣获重庆市社会科学优秀科研成果一等奖。

本人于 1979 年 9 月考入西南政法学院法律系本科学习，1983 年 6 月毕业任教一年后，于 1984 年 9 月考入西南政法学院攻读民法专业硕士研究生，师从杨怀英教授，主要研究婚姻家庭法。1987 年 7 月本人硕士研究生毕业后留校任教至今。我在母校学习和从事教学科研工作至今已有 30 多年了。在这 30 多年期间，在母校各级领导和教师们的辛勤培养下，我由一名学生成长为教授、博士生导师、博士后合作导师；于 1996 年 5 月起担任民法教研室副主任，于 1999 年 5 月起担任民法教研室主任，于 2003 年 5 月起至今担任婚姻家庭继承法教研室主任。在婚姻法学界老一辈专家的辛勤培养下，本人于 1996 年 7 月起担任中国法学会婚姻家庭法学研究会理事；于 1999 年 7 月起担任中国法学会婚姻家庭法学研究会常务理事；于 2004 年 7 月至今，担任中国法学会婚姻家庭法学研究会副会长。2003 年 12 月至 2004 年 12 月，本人受国家留学基金资助由教育部公派出国留学，作为访问学者到澳大利亚悉尼大学法学院进修家庭法一年。我留学回国后，于 2005 年 1 月向学校提出了建立"西南政法大学外国家庭法及妇女理论研究中心"的书面申请。2005 年 4 月 1 日西南政法大学校长办公会议批准同意该研究中心成立，任命我担任主任。

自 2005 年 4 月该研究中心成立后，本人夙夜忧虑，恐负厚望，带领研究中心的教师和研究生组成科研创新团队，勤奋科研，不敢懈怠。近 6 年，我担任项目负责人，主持完成并公开出版的专著、译著有十余部：《外国婚姻家庭法比较研究》（重庆市哲学社会科学"十五"规划项目，2006 年 1 月出版）、《加拿大家庭法汇编》（2006 年 1 月出版）、《中国大陆与港、澳、台继承法比较研究》（重庆市教委人文社科项目，2007 年 1 月出版）、《当代中国民众继承习惯调查实证研究》（国家社科基金项目子课题，2008 年 1 月出版）、《澳大利亚家庭法（2008 年修正）》（重庆市教委人文社科重点项目，2009 年 1 月出版）、《美国家庭法精要》（2007 年第五版，

2010年3月出版）、《改革开放三十年（1978～2008）中国婚姻家庭继承法研究之回顾与展望》（西南政法大学重点项目，2010年1月出版）、《中国婚姻家庭法立法研究》（第二版，2010年1月出版）、《外国继承法比较与中国民法典继承编制定研究》（国家社科基金项目，其结项专著被鉴定为"优秀"，并且入选2010年度《国家哲学社会科学成果文库》，全国哲学社会科学办公室在"出版说明"中指出：入选成果代表当前相关领域学术研究的前沿水平，体现我国哲学社会科学界的学术创造力，按照"统一标识、统一封面、统一版式、统一标准"的总体要求组织出版，2011年3月出版）、《澳大利亚法律的传统与发展》（2011年5月出版）等。此外，应邀与美国、意大利学者合作撰写美国法学院比较家庭法英文教材1部：*Practical Global Family Law—United States, China and Italy*（2009年4月在美国出版）。

为促进婚姻家庭继承法领域的学术研究和学术交流，本人于2005年起创办《家事法研究》学术论文集刊。自《家事法研究》首卷面世以来，历时6年，先后出版了2005年卷至2010年卷共计6卷，推出了一批具有前沿性的学术论文，培养了一批学术新人，受到学术界同人和实务界人士的肯定和好评，产生了良好的社会影响。为进一步扩大《家事法研究》的学术影响，经本人提出申请，中国法学会婚姻家庭法学研究会常务理事会研究同意，《家事法研究》从2011年卷起始转为"中国法学会婚姻家庭法学研究会"的会刊。可以相信，今后在该研究会的精心主办下，《家事法研究》将在法学理论研究与司法实务探索相结合的沃土中更加茁壮成长、枝繁叶茂！

长江后浪推前浪。为了推出婚姻家庭继承法学研究领域具有前沿性、创新性的学术著作，培养学术新人，本人主编出版《家事法研究学术文库》丛书。此套丛书主要遴选婚姻家庭继承法研究领域具有前沿水平的博士学位论文和学术专著组成，每年拟出版2～3本。本学术文库丛书的出版目的，旨在通过婚姻家庭继承法学研究领域前沿水平学术著作的出版，进一步提升家事法研究的理论水平，推出一批婚姻家庭继承法学研究领域的新秀，促进我国婚姻家庭继承法学研究朝着更深、更广的方向发展，以更多的优秀研究成果为国家的立法和司法服务。

　　最后，我对重庆市市场交易法律制度研究基地给予的部分资助表示感谢；对群众出版社的编辑同志们对本文库丛书辛勤的编辑工作，也表示衷心的感谢！

陈　苇

2011 年 8 月 18 日

亲属法的伦理精神（代自序）

亲属法的制度建构，需要符合人性要求的逻辑推演，需要一个至善的价值导向，需要一套基本原则，需要一套行为规范体系，而这些，亲属法本身却不能自给自足，它只能借助于其伦理精神。亲属法的伦理精神是贯注于婚姻家庭伦理实体和伦理关系中的理性精神，体现为亲属法上价值目标和行为规范的伦理观念、意识或蕴涵，集中体现为正义与理性的价值理念。亲属法只有符合这种价值理念，才可获得应有的正当性和合理性。正义在任何情况下都不是一个简单的概念，犹如普洛透斯的脸。正义精神实质上是一种理性精神，是一种具有必然性和现实性的客观精神。理性精神是对理智的崇尚。正是对理智的崇尚，使一个民族和社会能够对事物的认识达到客观的公正态度和水平，能够按照一定的秩序、标准或尺度来认识和把握外部事物。法律即理性精神的产物。法律理性作为法治之下的制度之德与人格之德，必与伦理精神纠结在一起。亲属法的理性作为婚姻家庭领域内的使人之所以得以与动物相区别、使人的特性得以升华且有能力自觉认识并践行的婚姻家庭道德法则及其价值追求，就表现为一种伦理理性或伦理精神。

亲属法的伦理精神是以婚姻家庭伦理在人性假设上的逻辑推演为基石的。亲属法是以人性为基础和出发点的。但人性为什么是亲属法乃至整个法律的基础和出发点呢？学者们一旦涉及这一问题时，几乎所有的回答或假定都是"因为人性是恶的"。其实，这一假设的根基是非常脆弱的。如果人性是善的，就不需要法了；如果人性是恶的，法也是无能为力的。因为如果人的本性是邪恶的，那么法也无法引导人向善，也无法让人去恶，除非把人性连根铲除。但那样一来，人性也就不再是人性，人也就不成其为人了。应该说，人性无善恶，其乃人生而固有的普遍属性，涵盖"人的动物性"和"人的特性"两重性，统摄人的生理需要和精神需要两个层次。任何一种可以称为"婚姻"的两性关系形式，总是与某种或某些"禁忌"联系在一起。无禁忌便无婚姻，更无婚姻伦理。婚姻伦理虽以规范"人的动物性"的性禁忌为基础，以规范体现包括情感、意识在内的"人的特性"的性禁忌为最终目的，但其内涵已远非性禁忌本身。无论社会如何变迁，只要还存在由两性构成的人类，就会有人类对"性爱"精神的不懈追求，因而使得这种规范"人的特性"的婚姻伦理才具有文化传承性。对于家庭而言，与人性两重性相对应的是其生物目的和社会目的。家庭的生物目的使得各种社会必须禁止近亲之间的乱伦、虐待、遗弃等行为，以防止紊乱家庭关系和破坏家庭和睦，而家庭的社会目的使得各种社会必须维持亲属间基本的亲情秩序。家庭成员的关系全都由一种道德观念组成的义务之网加以严密规定，家庭伦理难免会强加给亲属间一些强制性的道德义务，而这正是道德法则的特征所在。因此，婚姻家庭伦理是规制人性两重性的必然和必要。对人性的规范或引导，只靠婚姻家庭伦理肯定是有限的。只有将婚姻家庭伦理上升为亲属法，以其合规律性、价值性、明确性、具体性和强制性发挥对人性的引导、调控与提升功能，才可言人性是亲属法的基础和出发点。人们之所以需要亲属法，很大程度上是一种理性要求，是希望婚姻家庭关系有序、和谐、稳定，以增强人们行为的可预期性。因此，亲属法的伦理精神恰恰是根植于人性深处的一种理性本能。质言之，人性基础是亲属法伦理精神的逻辑起点。

亲属法的伦理精神是以自由、平等、人道为原理而型塑的。为抑制婚姻家庭领域的"非理性"，需仰仗亲属法的形式理性和实质理性，而这两种"理性"又根源于亲属法形式上和实质上的伦理理性。亲属法的伦理理性是支撑和确证亲属法是否具有"合理性"与"合法性"的终极性原因。在强调亲属法的理性时，就意味着应当探究以理性为基础的亲属法的伦理价值体系。依据亲属法调整对象的性质以及人性中根深蒂固的理性要求，由其正义与理性所体现的观念是亲属法有序化的目的或目的价值，其依次是平等、自由、人道。应当说，平等的自由与人道精神是亲属法伦理精神的核心。平等的自由与人道精神的实现过程，要求亲属法以目的价值来确立一些伦理原则，再经伦理原则转化为基本立法原则，在立法原则下制定行为规范，进而调整婚姻家庭关系。也就是说，亲属法本身的基本立法原则是亲属法在目的价值上对所有婚姻家庭行为规范的归纳和提炼，亲属法的伦理原则为亲属法本身的基本立法原则提供了伦理支持。总的来说，平等的自由与人道精神是现代亲属法体系和婚姻家庭道德体系的总纲和灵魂，也是衡量婚姻家庭行为善恶美丑的根本标准。分而视之，平等、自由、人道这三种伦理精神各自在亲属法中提纲挈领的作用都是非常重要、不可或缺的。其一，平等作为婚姻家庭生活中的一种基本伦理精神，作为亲属法的伦理原则和法律原则，主要包含三方面的要求：一是人格的平等。夫妻及所有家庭成员无论男女老少，在道德人格上应当是平等的，无任何高低贵贱之别。二是权利的平等。婚姻家庭关系中的所有当事人，都应相互尊重彼此应有的权利。诸如在夫妻关系上，应相互尊重用自己姓名的权利，尊重对方有独立身份和人格的权利，尊重对方参加家庭之外的劳动、工作、学习和其他社会活动的权利，尊重对方平等占有、使用和处理共同财产的权利，尊重对方对婚姻有继续或终止的自主权利等。三是义务的平等。婚姻家庭关系中的所有当事人，都应平等地履行相应的义务。例如，夫妻双方都应平等地履行相应的共同义务，包括相互忠实的义务、相互扶养的义务、赡养父母及其他老人的义务、抚养子女的义务等。概而言之，性别平等是平等原则的首要要求，一夫一妻是平等原则的必然逻辑，家庭成员权利义务平等是平等原则的实质内容。在当代中国家庭中，男女两性平等的伦理精神成了最基本的伦理精神，并进而辐射为家庭成员一律平等的伦理观念。这种伦理精神有力地促进了夫妻的幸福和家庭的和谐。其二，自由首先是一项重要的伦理原则，其次才是由此而产生的评价法律规范之善恶标准的一项法律原则。自由作为一项伦理原则，其既具有自由之价值上的抽象性，也具有自由之内容上的具体性。自由是人性内在的要求，无需更多的理由。自由作为一项重要的法律原则，它是人性自由之伦理价值在法律上的体现。在亲属法上，自由原则主要体现在婚姻自由原则。婚姻自由可以分为意志自由权、人身自由权和性自主权三项基本要素。意志自由权或称意志自主权，是人性固有的权利，具体指道德主体有意志决定自己的终身大事。人身自由权和性自主权是道德主体的行为自由，是意志自由权在道德和法律限度内的具体表现。其三，人道体现在以人为中心的家庭成员相互尊重方面的道德倡导规定、有关具体权利义务规定及其禁止性规定。人道原则要求"家庭成员间应当敬老爱幼"。尊老爱幼是我国的传统美德，是婚姻家庭道德中的人道原则的重要体现。在亲属法基本立法原则层面，人道原则表现为弱者保护原则，而弱者保护原则就是现行婚姻法规定的妇女、儿童和老人合法权益保护原则。从对象来看，毋庸置疑，妇女、儿童和老人的合法权益是应当给予特别的重视和保护的。从权利来看，弱者保护原则所要保护的权利主要有以下几种：人身权和不受虐待权、儿童受抚养权和老人受赡养扶助权、婴儿不受溺杀权、配偶受扶养权、生育保障权、财产权等。亲属法以保护弱者为其立法原则之一，既是其伦理价值的体现，也是人道主义的应有之义。

亲属法的伦理精神是以个体幸福和家庭和谐为最终价值取向的。 和睦是中华民族传统伦理精神——中和主义精神的精华要素在当代社会家庭伦理生活中的更新和发展。中国文化特别重视伦理，家庭是实施伦理的主要场所。在家庭中，伦理被设定为个别家庭成员与作为实体的家庭整体之间的关系。中国人对家十分爱护和珍惜。因而，保证和维护家庭成员间的和谐相处，就自然顺理成章地成为中国家庭的基本伦理精神。要使和睦精神体现在整个婚姻家庭生活之中，必须努力做到在平等、自由、人道基础上互相尊重、互相敬爱、互相信任、互相体谅、互相勉励、互相关心、互相爱护、互相帮助、互相宽容、互相谦让，这样就能够有效地推动婚姻和家庭获得和谐、美满与幸福。和睦精神促进了家庭成员的互爱、互助的发展，使家庭成员以家庭利益为重，并在寻求家庭和谐的同时体现自己的平等、自由，体验自己的幸福。家庭成员的互爱、互助可以使他们过一种高质量的精神生活和物质生活，这可以为个体的幸福和发展提供最广泛的基础。家庭成员间的相互理解、坦诚无私、相互关怀与支持、和睦相处等伦理要求是家庭实现情感满足功能的基本条件，即家庭成员从家庭中满足情感需要的基本条件，也是家庭稳定与和谐的基本因素和根本保证。在家人的交往中，可以感受到家人最深沉、最持久的快乐和幸福，即便是夫妻单纯的性爱，也是人性的满足。最初的、直接的、自然的伦理精神就在家庭成员的交往过程中生长出来。在一切社会交往中，人的以他人、以集体为重的伦理精神最初就是在家庭中获得的。因此，家庭是最初的、直接的、自然的伦理实体，是伦理原理、伦理生活的范型，家庭伦理乃是一切德性的始发点，也是一切社会规范的渊源。家庭伦理权威是民众服从亲属法的社会基础。没有家庭伦理自律为基础，亲属法也会无能为力。没有亲属法保驾护航的家庭伦理同样也苍白无力。此为亲属法具有权威的正当性来源。亲属法虽在每个社会及其各个阶段的正义关注点是有差异的，但确实存在一些最低限度的正义要求。这些最低限度的正义要求就根源于人的生理需要和精神需要，根源于家庭的生物目的和社会目的。如果法律允许亲属间乱伦、虐待、遗弃，又如果法律鼓励亲属间钩心斗角、相互利用，那么人们的身份信息、人格尊严、人伦情感就会遭受到严重侵害。如果婚姻的功利性增强、家庭的责任淡化、家庭的稳定性降低、家庭暴力增多等，这些都直接影响到亲属法正义目标的实现。亲属法的正义目标就是在满足个体生理需要和精神需要，满足家庭的生物目的和社会目的的需要的同时，维系婚姻家庭生活所必需并达致个体幸福与家庭和谐的理想状态。简而言之，亲属法的正义目标在于实现个体幸福与家庭和谐，这就是亲属法的伦理价值取向。亲属法的正义目标给人们提供一种达致个体幸福与家庭和谐的指引和评价，如什么样的行为能实现个体幸福与家庭和谐，什么样的行为会摧毁个体幸福与家庭和谐。符合个体幸福与家庭和谐的行为，即为"好"的、"善"的，是亲属法应加以确认的；反之则否定。亲属法由结婚、离婚、夫妻、亲子等基本法律制度构成，亲属法的正义目标应当而且必须体现在这些基本法律制度中。亲属法如果离开这些基本法律制度的伦理价值取向之支撑，其正义目标则会成为"空中楼阁"，无实现之可能。

亲属关系在本质上具有人伦的情感因素，故往往存在其内发的伦理秩序，重在维护家庭的稳定与和谐。然而，在市场经济条件下，因导入个人主义及权利本位的思想，使亲属关系面临成员间理性的物质计算，从而呈现日趋功利化的现象。不幸的是，最高人民法院在新婚姻法颁行后的几次司法解释实质上也是不断朝着摧毁"家产制"这一维持家庭稳定的财产纽带方向迈进，不断朝着将家庭推向货币化、资本化的"合伙投资企业"方向发展。司法解释如果罔顾中国社会的实际情况，对婚姻意义及其"同居共财"等财产特征缺乏体认和尊重，那么就丝毫不具有提升道德、弘扬价值的功能，而完全可能成为法官用来办案的技术依据。这些法律技术应用于实践之后，必将给中国的婚姻和家庭带来变革甚至是巨大打击。试想，夫妻之间一清二楚地明算账，家庭关系彻底退化成契约关系，家庭的组合与"合伙投资企业"这种物质计算单位没有什么两样，那我们为什么还结婚呢？为什么还需要家庭呢？当下，法律如果继续剪切"同居共财"之理念并不断扩大"个人财产"，强调所谓的个人自由，必然会影响家庭稳定和谐及个体幸福的实现。因此，我们应当重塑亲属法规范的权利模式，必须矫正现代社会对家庭功能的扭曲。亲属法应当纠正家庭财产资本化的倾向，防止家庭成为物质计算单位，发挥次级规范体系的作用，扩大亲属团体的自治空间，同时不应只着重个人的权利、平等、自由以及个人的长进，忽略其所造成的家人之间情感的疏离，而应重在人格尊重与发展，提升家庭的团体精神价值。

曹贤信

2011 年 9 月

导　　论

一、选题缘起与意义

　　法律与道德的关系是法哲学上的永恒主题和难解之谜，其理论魅力和实践价值在我国法治进程中日益凸显。在我国确立法治立国之举和强调法律至上的今天，如何理性审视并严格把握法律与道德的限度关系，充分发挥各自的独特功能，是我国现阶段立法必须谨慎处理的一对重要关系。当下中国，无可争辩的事实是，法律调整的领域呈浸润状态且日趋扩散，而道德权威在一些领域内却日渐式微、日益逊色。市场经济的负面作用已经导致一些人贪欲横流、胆大妄为，根本无视社会舆论的谴责，道德规范对此已无约束，如果不用法律管束，将无法遏制违背社会公德的现象继续蔓延的趋势。于是，泛立法主义伴随着"法律万能"应运而生，法律的功能被不适当地夸大。姑且不论刑事法律和行政法律对于道德失范的强制力度，以民事法律价值上的"弱者保护"为例，看看我们的法律意欲何为？例如，《中华人民共和国未成年人保护法》（以下简称《未成年人保护法》）第十八条规定"学校应当……对品行有缺点、学习有困难的学生，应当耐心教育、帮助"；《中华人民共和国老年人权益保障法》（以下简称《老年人权益保障法》）第三十五条第二款规定"发扬邻里互助的传统，提倡邻里间关心、帮助有困难的老年人"。在前者，《未成年人保护法》将现阶段仍属高层次的职业道德规范确认为法律义务；在后者，《老年人权益保障法》

则将高尚的道德规则超前地制定为法律规范。这样的立法除给行为人以道德感召力外，实施效益可能为零。即使实践中有如此行为之人，也很难说一定是法律的强制结果，因为其间起作用的很可能就是行为人所秉持的道德观念。此种道德法律化的立法例，实际上说明并反映了人们试图以法治"优币"取代人治"劣币"的善良渴望，折射出人们在社会转型时期对原有规范体系的认识以及重构社会控制模式的迫切要求。法治实践经验也告诉我们，法律与道德的关系必须要把握好，以防止对法律提出不切实际的超值期望而混淆法律与道德之间关系的限度和功能，并最终给法律与道德都带来致命的伤害。

值得注意的是，法律与道德的关系问题在婚姻家庭领域尤为明显。婚姻家庭关系既是重要的法律关系，又是重要的伦理关系，婚姻家庭领域里的许多问题既需要法律来规范，也需要道德来调整①。婚姻家庭关系在中国古代是由儒家礼法伦理调整的，近代以来则开始由基于平等自由理念的民法上亲属法律制度来调整，但伦理道德仍在更大程度和范围上调整着婚姻家庭关系。随着我国市场经济的逐步确立且日渐繁荣以及为适应此种经济体制而产生的家庭结构变化，婚姻家庭伦理调整婚姻家庭关系的力度明显减弱，甚至还存在导致婚姻家庭伦理脱序的可能。面对此种情形，和谐社会构建条件下的我国伦理学家大力倡导以维持婚姻家庭伦理秩序为目的的道德文化建设，甚至法学界的有些学者也参与进来，试图以法律手段推进和谐家庭的道德建设。婚姻家庭领域中存在显而易见的伦理性，因而伦理学家倡导道德建设是极为必要的，但法学界的这些

---

① 陈苇：《中国婚姻家庭法立法研究》（第二版），50 页，北京：群众出版社，2010。

学者参与道德建设，意欲何为？难道他们要把亲属法①打造成道德
律？以法律手段推进婚姻家庭的道德建设有没有限度？法律一旦万
能，道德则只能微弱地呻吟；道德一旦统管，法治目标则永无实现
之可能。婚姻家庭的伦理道德是一个多层次的规范体系，每一层次
的道德规范所蕴涵的文明价值各不相同，高层次道德规范所摄取的
文明价值显然高于低层次的道德规范。就亲属法的规范而言，亲属
法在婚姻家庭关系调整和多元利益调适中的"中庸"角色决定了
其必须保持一般、普遍的性质，这也就决定了亲属法规范所吸收的
只是婚姻家庭伦理道德规范中最基本的内容和最起码的要求。若将
高层次的道德规范不当地转化为法律义务，必将导致盲目地超越其
功能边际而失去与家庭成员的"亲和力"。如"不准说谎"是一种
道德规范，其文明价值内涵极高，因此，尽管妇孺皆知但君子亦难

---

①　本书所指"亲属法"是就其实质意义而言的。在往昔的和当代的法律、法学
中，常在不同的意义上使用亲属法一词。亲属法一词所具有的含义包括：非纯粹的亲属
法和纯粹的亲属法，作为民法组成部分的亲属法和作为独立法律部门的亲属法，形式意
义上的亲属法和实质意义上的亲属法。形式意义上的亲属法是指以亲属法命名的法律，
实质意义上的亲属法则是指一定国家中调整亲属关系的法律规范的总和。我国和当代绝
大多数国家所谓的亲属法是就实质意义而言的。当代亲属法的概念可以大致表述如下：
亲属法是规定亲属身份关系的发生、变更和终止，以及基于上述身份关系而产生的权利
义务的法律规范的总和。（参见杨大文主编：《亲属法》，22～24 页，北京：法律出版
社，1997。）在我国，《婚姻法》仅为形式意义上的亲属法；实质意义上的亲属法是调
整亲属关系的法律规范的总称，它不仅包括形式意义上的亲属法，还包括法律、法规以
及司法解释等中有关调整亲属关系的法律规范，如《收养法》、《妇女权益保障法》、
《未成年人保护法》、《婚姻登记条例》等有关亲属法的范畴。（参见余延满：《亲属法原
论》，2 页，北京：法律出版社，2007。）大陆法系国家大多将调整婚姻家庭关系的法律
置于民法典中，作为其中的一编，称之为亲属法；而英美法系的国家大多称之为家庭
法，采用单行法规的方式，实行名实相副的立法原则，如英国的《婚姻诉讼法》、《家
庭赡养法》、《离婚改革法》，美国的《统一结婚离婚法》、《统一父母身份法》、《统一
互惠抚养费强制执行法》等。（参见巫昌祯主编：《婚姻家庭法新论——比较研究与展
望》，48 页，北京：中国政法大学出版社，2002。）有的英美法系国家，如澳大利亚，
则采用综合性家庭法典的方式，统一规定婚姻家庭的权利规则和诉讼规则。（参见《澳
大利亚家庭法（2008 年修正）》，陈苇等译，北京：群众出版社，2009。）

以一生奉行。"不准说谎"首先是公共交往中最重要的道德之一，在民法上则必然将诚实信用（帝王条款）奉为基本原则而非具体规范。"不准说谎"其次是私人领域中家庭的道德之一，在亲属法上则提出"夫妻应当互相忠实，互相尊重"的规范要求。按学界通说，《中华人民共和国婚姻法》（以下简称《婚姻法》）第四条规定的"夫妻应当互相忠实，互相尊重"并不是如民法之诚实信用那样被奉为基本原则，其应被视为倡导性规定，相当于立法价值取向的地位。我们知道，一般情况下，凡是法律所禁止或提倡的，也是道德所禁止或提倡的。因此，从法律向道德的推衍而言，"夫妻应当互相忠实，互相尊重"似乎应无疑问。但从道德向法律的推衍来看，"凡是道德所禁止或提倡的，也是法律所禁止或提倡的"这样的命题是不是成立呢？这就值得商榷了。因此，如果只将《婚姻法》第四条规定的"夫妻应当互相忠实，互相尊重"作为道德倡导性规范而不作为法律原则，则似乎又存在严重问题。类似的法律与道德之关系问题在现行《婚姻法》上还有很多，特别是涉及影响婚姻家庭功能的法律与伦理临界点问题以及亲属法的行为规范和定位问题等，都值得重新进行伦理审视。

应当看到，婚姻家庭是否具有伦理性与亲属法是否具有伦理性是两个不同的命题。但这两个命题所统摄的"伦理性"的交集在哪里？范围和程度又如何？如何去论证？这些无不值得我们法律人去思考。在日常生活中，我们也经常听到对婚姻家庭领域中的行为有诸如此类的评述："这是不对的。""这不符合道德。"然而，如有人追问"这为何不对？""这为何不符合道德？"又有多少人能回答清楚呢？道德难题充斥着我们的婚姻家庭生活，亲属法上的道德难题亦是如此[①]。是故，对于作为调整一定亲属间人身关系和财产

---

① 例如，在 2001 年修订《婚姻法》之前，学界曾就"法律与道德"主题展开过激烈的论争，观点和论据不尽相同。参见李银河、马忆南主编：《婚姻法修改论争》，6~112 页，北京：光明日报出版社，1999。

关系且具有伦理性的亲属法来说，我们必须在厘清其与婚姻家庭伦理之关系的基础上，区分法律道德化与道德法律化之间的界限，并针对亲属法所内含的伦理类型提出立法标准及立法规则，以实现对婚姻家庭关系的良法之治。此即为确立本选题的依据所在，亦为本书写作目的和意义所在。

本书并不旨在宏观论辩法律与道德这一法哲学问题，而是从亲属法与婚姻家庭伦理之关系问题这一特殊视角来加以探讨。对于亲属法与伦理道德关系这一具体法哲学问题的探讨，虽然远不及宏观论辩那么棘手，但法律与道德限度之谜思仍是本书必须面对且必须解决的最大难题。总体来说，探讨关于亲属法与婚姻家庭伦理之关系这一具体的法哲学问题要比宏观上思考法律与道德的关系，更具理论意义和实践价值。

二、选题之基础范畴

为行文之便，本书此处拟对涉及选题的伦理、道德、应然法、实然法等一些基础范畴作简略介绍与阐释。

（一）伦理、道德与应用伦理学

1. 伦理与道德的概念、关系之界定

（1）伦理与道德的概念

依当代伦理学界的通行解释，所谓伦理，是指"调节人际关系行为、包括由其扩演外化的人与社会或群体和各群体之间的关系行为的价值原则和规范"[1]。在我国古代典籍中，"伦"、"理"两字最早是分开使用的。《古文尚书·舜典》有"八音克谐，无相夺伦"的词语。《孟子》有"察于人伦"，"学则三代共之，皆所以明人伦也"。《荀子》一书有"圣也者，尽伦者也"[2]，"夫是之谓

---

[1]　万俊人：《寻求普世伦理》，22 页，北京：北京大学出版社，2009。

[2]　《荀子·解蔽》。

人伦"① 等提法。"伦"与"和"相通,"和"含有一定的秩序、位次之意,古人将这一思想加以发掘,"伦"主要是指人际关系。中国古代伦理思想家把人们之间的关系概括为"三纲五伦",其中的"五伦"指父子、君臣、夫妇、长幼、朋友之间的关系。"五伦"的主体是亲属关系,所以人们常说享受亲情的快乐是"天伦之乐",而破坏这种关系的行为被谴责为"乱伦"。"理"是中国古代哲学的核心概念之一,指条理、道理以及人们应遵循的行为准则。孟子以"心之所同然者"为理,朱熹以"主宰心者"谓之理。这是以"心"言"理"。庄子说:"天地有大美而不言,四时有明法而不议,万物有成理而不说。"② 此"理"乃万物运行的成法。《吕氏春秋》则说:"理也者,是非之宗也。"③ 从这个意义上说,"理"是指道德的当然之则。"伦"、"理"两字连用最早见于战国末期的《礼记·乐记》:"乐者,通伦理者也",东汉学者郑玄解释说:"伦,犹类也;理,犹分也。"这里的伦理,就明确有了分类条理的意思,是说人的行为必须符合一定的社会秩序,合乎一定的条理规则。《说文解字》解释说:"伦,从人,辈也,明道也;理,从玉,治玉也。"在这里,伦即人伦,也就是人的血缘辈分关系;伦理,即调整人伦关系的道理、原则。贾谊的《新书》说:"以礼仪伦理,教训人民",就已具有今天我们所说的伦理一词的含义了。在西方,"伦理"(ethics)是源自希腊文的"ethos"一词,"ethos"的本意是"本质"、"人格",也与"风俗"、"习惯"的意思相联系④。

依当代伦理学界的通行解释,所谓道德,是指人类生活和行为的一种善的价值意义和价值规范⑤。在我国古代典籍中,"道"与

---

① 《荀子·荣辱》。

② 《庄子·知北游》。

③ 《吕氏春秋·审应览》。

④ 何怀宏:《伦理学是什么》,10~11页,北京:北京大学出版社,2002。

⑤ 万俊人:《寻求普世伦理》,22页,北京:北京大学出版社,2009。

"德"是两个含义不同的名词。"道"首先指宇宙的大法。老子说："有物混成，先天地生，寂兮寥兮，独立而不改，周行而不殆，可以为天下母。吾不知其名，字之曰道。"①《韩非子》中也说："道者，万物之所以然也……万物之所以成也。"②"道"还指人之为人的根本，如孟子说："仁也者，人也。合而言之，道也。"③ 概言之，古代之"道"涵括规律、必然、合理、正当、道路、方法等意。关于"德"字的含义，古人有"德"和"得"相通之说。"德"首先是指对财富的占有，即"得"，继而由"得"所体现的对人的生命意义升华至一定的原则、准则。这种原则、准则亦为"德"④，即所谓："德，外得于人，内得于己也。"庄子说："通于天地者，德也。"⑤ 朱熹则说："德者，得也，得其于心，而不失之谓也。"⑥ 由此，以"德者，得也"的"德"和"得"互通论为起点，构造了中国传统伦理思想体系。与"道"相比，"德"偏重于主观方面，一般指人在行"道"过程中内心有所得，即心中有道，并且能够保持它，行为上能够遵循它，便是德了。自儒家为代表的伦理思想开始大力宣扬与"利"相对应的"义"以后，"德"和"得"互通、合一的思想就为"义为上"、"见利思义"的义利对立、分离的思想所取代。直至宋儒的"存天理，灭人欲"的理欲之辨，这种义利、理欲对立论便构成了中国伦理思想"重义轻利"、"重德轻得"的精神结构。"德"与"得"相通，代表了中国传统伦理精神的精华，义利、理欲之间的对立不过是"德"、

---

① 《老子》二十五章。

② 《韩非子·解志》。

③ 《孟子·尽心下》。

④ 《老子》五十一章云："道生之，德蓄之，物形之，器成之。是以万物莫不尊道而贵德。道之尊，德之贵，夫莫之命而常自然。"这里的"德"，被庄子解释为"物得以生谓之德"。也就是说，凡使别人有所得，并能起到济生、利民的作用，即"德"。

⑤ 《庄子·天地》。

⑥ 《四书集注·论语注》。

"得"互通在理论上的变形而已。"道"、"德"两字连用始见于《荀子·劝学篇》，"故学至乎礼而止矣，夫是之谓道德之极"。这就是说，只要人们学到了"礼"，按"礼"的要求去为人处世，也就达到了最高的道德境界。在中国思想发展史上，"道德"一词的含义是多方面的，除了主要是指调整人们之间关系的行为准则外，有时也指人的善恶评价、道德品质、道德修养、道德境界等①。在西方，"道德"（moral）一词起源于拉丁语"mores"，原意为"风俗、习惯、性格，后来引申为人们的善恶评价、道德品质、行为品质、道德修养、道德境界等"②。至公元前4世纪，拉丁语又产生了专指道德的"moralitas"一词，表现在英语中即为"morality"③。在西文的词源上，道德与伦理的含义原本相同，都是指外在的风俗、习惯以及内在的品性、品德，从根本上是指人们应当如何行为的规范，但经过近代哲学家如康德、黑格尔的理论化之后，"morality"便有了偏向于个人美德或个体道德的意味。

（2）伦理与道德的区别

"伦理"与"道德"这两个概念相比而言，无论是在中文里面，还是在其西文的对应词里面，两者有着极为密切的联系，均突出了行为准则在人们行为中的重要性。它们的意思相近，常常连用。但是，从严格意义上讲，伦理高于道德，伦理突出"条理"，更具理性层次、概括抽象性。从使用范围来看，作为日常用法，"伦理"更具客观性、外在性、社会性；"道德"更有可能或更多地用于个人，更含主观性、内在性、个体性的意思。从价值角度来看，伦理的核心内涵是正当、正义、适当、合适等；道德的核心内涵是善、美德、德性、好等。伦理是基础的价值；道德是完善自身的可能性，是超越的价值。从规范的角度来看，伦理具有普遍性；

---

① 吴敏英主编：《伦理学教程》，9～10页，成都：四川大学出版社，2002。
② 王明辉主编：《何谓伦理学》，7页，北京：中国戏剧出版社，2005。
③ 刘永忠：《伦理学》，6页，西安：西北大学出版社，1995。

道德具有特殊性。伦理具有双向性，可以相互要求；道德就其本质来说只具有单向性，主要要求自己。道德靠人们的主观意识来自我确证，如社会理性会确定一些道德规范，人们自己也可以使用自己的理性来推论出一些道德规范。伦理诉诸人们的共同意志或共识；道德诉诸个人的体认或服膺。伦理的约束依赖于人们基于共识的公平和正义感；道德的约束依赖于个人的心性。① 伦理一般还要回答人们行为方式的合理性、合法性的缘由，考察行为规范的"践履"、"实施"的条件和根据②。简言之，伦理是根本，道德是枝干。"道德"主要告诉人们应该做什么，不应该做什么；而"伦理"则规定了道德的选择和操作方式，它给予道德以一般的人性基础及基本人伦秩序的前提假设。正如我国学者描述的那样，"'伦理'可以是低层次的、外在的、类似于法律、'百姓日用而不知'的东西，但也可以是高层次的、综合了主客观的、类似于家园、体现了人或民族的精神本质的、可以在其中居留的东西。它连接内外、沟通上下，甚至在凡俗和神圣之间建立起通道。"③

　　（3）本书之伦理与道德的含义

　　虽然"伦理"和"道德"有所区别，但一般说来，两者在大多数情况下且一定程度上是等同的。本书在使用这两个概念时，除侧重于使用具有客观性、外在性、社会性的"伦理"一词外，一般情况下也不作严格区分；但如要特别表示价值、理论时则用"伦理"一词，如要指称规范、现象、问题时则用"道德"一词。因为道德一般而言有两个不同的方面："一方面它是和法律相似的一种社会规定；另一方面它又是关于个人良心的事情。就第一方面说，它又常常有革命的性质。类乎法律的道德，称为'积极的'

①　赵兴宏主编：《伦理学原理》，28～29页，沈阳：辽宁人民出版社，2005。
②　吴敏英主编：《伦理学教程》，11页，成都：四川大学出版社，2002。
③　何怀宏：《伦理学是什么》，12页，北京：北京大学出版社，2002。

道德；另一种则可称为'个人的'道德。"① 另外，还须指出的是，本书所指的"婚姻家庭伦理"在很大程度上是指与亲属法相关联的客观伦理，它们是人们在亲属法上实现自由意志、行使权利、履行义务的伦理基础②。

2. 应用伦理学的勃兴

哲学是对于实存与当为（或者善），以及二者何以可能的概括的系统的反思；思考实存的一般问题被定义成作为本体论的形而上学；而探究当为（或者善）的问题的学说则被称做伦理学③。伦理学是价值哲学的核心。伦理学不是一般地研究道德现象，而是从总体上和联系上考察各类道德现象，并从世界观和方法论上说明道德的本质及其发展规律的理论科学④。"伦理学"一般来说分为"理论伦理学"和"应用伦理学"两大类型。伦理学或理论伦理学理论体系的内在逻辑大致是：元伦理学→规范伦理学（个体伦理与社会伦理）→美德伦理学。应用伦理学有时亦称"实践伦理学"，与"理论伦理学"相对，属伦理学的分支学科，主要运用伦理学的原则、规范、理想、价值来分析现实生活领域中的道德问题，对个体、群体及社会的行为、问题、政策的伦理层面进行探讨与评价，涉及对特殊的社会问题（如生态、核能、性）和特殊的职业（如法律、医学、商业、新闻、政治）中出现的问题进行伦理思考。应用伦理学自20世纪六七十年代开始成为人们广泛关注的学科。应用伦理学既涵盖了传统的描述伦理学、元伦理学和规范伦理

---

① ［英］伯特兰·罗素：《权力论》，161 页，吴友三译，北京：商务印书馆，1991。

② 笔者以前对黑格尔晚年的成熟之作《法哲学原理》把道德和伦理二分，把道德说成是主观精神领域，把伦理说成是客观精神领域，颇为不解。现在想来，黑格尔的二分法确实有助于厘清我们对道德与伦理的模糊看法。

③ ［德］罗伯特·阿列克西：《法哲学的本质》，王凌皞译，载郑永流主编：《法哲学与法社会学论丛》（八），115~116 页，北京：北京大学出版社，2005。

④ 魏道履等编著：《伦理学》，1 页，厦门：鹭江出版社，1986。

学，又和其他学科发生了直接的关联，因而在宽泛的意义上，当代道德哲学就是应用伦理学①。

本书对亲属法进行伦理分析及伦理评价，从伦理学的分类来看，当属应用伦理学分支中的法律伦理学范畴；从法学的分类来看，又属于法学的子学科。法律伦理学是近年来在法学界和伦理学界兴起的一门新学科，它试图以一个全新的视角来理解法律现象，建构法学理论体系。法律与伦理的关系问题，是法律伦理学的基本问题。法律与伦理之间既有分化的界限，又有相互关联、相互冲突的联系；法律有伦理化的倾向，伦理有法律化的趋势。分析法律与伦理之间可能存在的不和谐与冲突，寻找二者之间的共通之处，进而发现法律与伦理相互契合的作用机理和模式，一直备受法学界和伦理学界的关注②。

（二）休谟问题与实然法和应然法

以伦理学理论分析法律，必然要涉及休谟问题以及实然法和应然法的界分，法哲学基本理论问题实质上是休谟问题在法学领域中的回应和变体。在西方法律思想史上，应然法与实然法的划分，源于自然法理论。法的应然与实然始终是自然法理论不断发展和变化过程中的核心问题之一。"应然即应该怎样，实然即实际怎样。"③"应然"与"实然"的割裂起源于哲学中的经验主义，这种区分在休谟的"不可知论"那里获得了全面的表述。被休谟区分开来的事实与价值的关系问题，就是通常所说的休谟问题。休谟在其

① 万俊人主编：《清华哲学年鉴·2002》，399 页，保定：河北大学出版社，2003。
② 李怡轩、李光辉：《伦理与法律：两种规范间的对话——第六次全国应用伦理学研讨会综述》，载《哲学动态》，69 页，2007（8）。
③ 夏勇：《人权概念起源》，199 页，北京：中国政法大学出版社，1992。

《人性论》① 中提出了"事实——价值"的两分法，认为"是"与"应当"之间并无直接的逻辑通道，"是"是关于存在事物的知识和必然性的，而"应当"是关于人的道德和自由的，二者属于不同的领域。另外他认为，情感、意志（道德实践）与理性（认识论）存在重要区别，前者主动，后者被动，理性是并且只能是激情的奴役。自休谟问题出现以后，也就是说不能从事实判断推导出价值判断，不能从"是"推导出"应当"，自然法作为价值法学的正当性基础就面临了挑战。自然法认为人的理性可以揭示正确的行为方向，而相比之下，休谟则认为最终告诉人怎么做的只能是激情，而理性只是激情的技师和女仆。实际上，休谟并没有能够证明价值无法从事实中推导得出。休谟只是频繁提及，前提中不包括的论点不能出现在结论中，因此不能从描述性的前提推导出应然性的结论，但是结论是由前提组合而推导得出。只要应然性结论能有效地被推导出来，在任何一个前提中不出现也不会有什么影响。否认这种推导的有效性只能招致疑问。

在现代西方法哲学中，法的应然状态与实然状态的关系仍然是各派尤其是新自然法学派和新分析实证法学派争论的一个重大问题②。应当看到，马克思主义关于法的应然与实然理论的主要观点

---

① 休谟问题的提出，是通过这段文字表述出来的："在我迄今为止所遇到的每一个道德体系中，我总是谈及，作者在某段时间里是以通常的推理方式而进行的，而且确定了上帝的存在，或者对人事做出了各种评论；但是，我突然又惊奇地发现，我所遇见的命题不是通常的系词'是'和'不是'，而是没有一个不是由'应当'和'不应当'联系起来的。这种改变是不知不觉的，但却是最终的结论。因为，既然这一'应当'和'不应当'表达着某种新的关系和主张，所以就必须对它进行评论和解释；同时，也应当对这一看起来完全无法想象的事情，即这种新的关系怎么能从与之完全不同的其他关系中推论出来，给出一个理由。但是，由于作者们通常并不会预先进行这样的考虑，我就要建议读者这样做；我相信，这种稍稍的注意将会颠覆所有通俗的道德体系，并且使我们看到，恶行和德行的差别并不只是建立在对象的关系上，也不是通过理性而被认识的。"［英］大卫·休谟：《人性论》，石碧球译，328 页，北京：中国社会科学出版社，2009。

② 李步云：《法的应然与实然》，载《法学研究》，69 页，1997（5）。

是：法的实然与应然即"法实际是什么"和"法应当是什么"的命题是成立的和科学的；法的应然是指制定法所应当反映的客观存在的现实社会关系的性质、状况与规律；法的应然与实然不应当截然割裂开来和对立起来；制定法必须正确反映"事物的法的本质"①。这一理论的形成，吸取了自然法理论的有价值的科学因素和成分。法的实然状态与应然状态的内容，主要应当归结为事物的性质、事物的规律和道德准则与价值取向这三个基本方面。"法实际是什么"和"法应当是什么"两者之间存在既相适应又不完全适应的情况，主要是由法律本身的性质与特征决定的。法律具有客观性与主观性这两重性，两者是对立统一体。法律的客观性是指，法律所调整的对象（各种社会关系）实际是客观的和应当是客观的；法律一经制定就具有自己的质与量、内容与形式，而独立存在于人们的意识之外；法律的主观性是指，法是由人们（主要是立法者）依据其意志和愿望以及他们自己对客观事物的认识而制定出的，② 这就使法律可能符合客观事物的性质、特点、规律和需求，也可能不符合或不完全符合③。价值判断的基础存在直接被证实的趋势或需求。实现价值不仅仅依靠我们，还必须存在朝向实现的趋势。通过合理的描述和分析特定的趋势，我们可以推导出在此趋势基础上的价值。因为这个原因，我们不会说道德原则仅仅是对事实的表述，我们会说道德原则是建立在事实基础上的。法律规则不等同于游戏规则，法律的目的即是追求社会共同体的正义，从道德上约束我们，甚至要约束我们当中那些不想参加这个"游戏"的人。

综上，尽管休谟问题对法律的伦理论证存在某种逻辑障碍，但

---

① 李步云：《法的应然与实然》，载《法学研究》，72 页，1997（5）。
② 李步云：《法的应然与实然》，载《法学研究》，73 页，1997（5）。
③ 中国法律年鉴社编辑部：《中国法律年鉴·1998》，1179～1180 页，北京：中国法律年鉴社，1997。

立法是一个追求社会共同体正义目的的活动（至少是追求共同体能够存在的底线的正义），立法者在制定法律、决定"法律是什么"的过程中，必然要蕴涵"法律应该是什么"的思考。因此，尽管从法律效力的角度来看法与道德没有必然联系，法律却仍然必须具备自身的伦理性，尽管法律与道德在概念上是分离开来的，法律仍然要体现某些特定的伦理价值；或者说尽管从法律的效力角度来看法律与道德没有必然联系，但法律的实际内容仍是与伦理有联系的，这就是法律的伦理性问题。也正因为如此，以伦理学理论来阐释亲属法的实然状态和应然状态就有了理论根据，从而不至于跌入休谟问题的不可知论的陷阱之中。

三、国内外研究述要

在西方，对于法律与道德之关系的法哲学论辩思想都可谓博大精深，有关著作可谓汗牛充栋。西方国家既有发达的法治观念，又有传统的伦理思想。西方法哲学理论宽广的范畴里有许多主题，其中之一是法律与道德的关系问题。法和道德关系究竟包含哪些方面的问题呢？当代美国哲学家、哈佛大学教授约翰·罗尔斯指出："法律和道德这一主题引起人们注意许多不同的问题。其中有：道德观念影响法律制度和受法律制度影响的途径和方式；道德概念和原则是否应进入一个适当的法律定义中；法律的道德强制；批评法律制度的道德理性原则和我们默许法律制度的道德基础。"① 由此看出，罗尔斯所提的四个方面的问题实际上涉及了法律与道德在价值、规范等层面上的相互关系。以研究方法及研究范式为划分标准，西方法学者对于法律与道德之关系问题的研究主要分为描述性法学理论和评价性法学理论。描述性法学理论是通过对事实的描述性语词表达为描述性命题的理论，主要有三种类型：第一种是

---

① 参见张文显：《二十世纪西方法哲学思潮研究》，333 页，北京：法律出版社，2006。

"原理性"方法论，这种理论的提出是要阐明某个特定的法律原理；第二种是"解释性"方法论，这种理论试图解释为什么法律是现在这个样子的；第三种描述性法律理论关注的是从某一套法律规则中所产生的结果。然而，评价性法律理论则是关于价值的理论，因此必然与道德或政治理论联系在一起。以法学流派为划分标准，西方法学者对于法律与道德之关系问题的研究派别主要有二：自然法学派和法律实证主义。庞德指出："上世纪法学著作的三大主题是：法律的性质、法律与道德的关系以及法律史的解释……关于法律与道德关系的辩论来自分析法学家和历史法学家，他们反对18世纪根据道德来识别法律的做法，而几个哲学流派关于这一问题的论辩，集中在法学究竟是服从于伦理学，还是与伦理学相对或相反的不同理论。"[①]　法律与道德的关联性问题始终是自然法学理论体系中的基本范畴和核心论题，为西方各时代的自然法思想家们所津津乐道。人与法律、道德关系紧密，正如罗门指出的，"在法律秩序内生活的道德必要性，合乎人的内在目标，即成为一个具有道德的人"[②]。但是，验证法律中的道德的任务，就落在了作为自然的道德规律的组成部分的自然法身上[③]。自然法思想家提出的法律与道德的内在关联性理论主要包括三项内容：一是实在法应当是"良法"，其代表性著作是古希腊哲学家柏拉图的西方历史上第一部法学专著《法律》、亚里士多德的传世之作《政治学》、约翰·菲尼斯的《自然法与自然权利》等。二是道德是衡量实在法良恶的标准，其代表性著作是朗·富勒的《法律的道德性》等。三是自然法是适用于所有社会的道德，是检验一切人定法的终极尺度，

---

①　Roscoe Pound, *Law and Morals*, Chapel Hill, N. C.: The University of North Carolina Press, 1924, p. i.

②　[德] 海因里希·罗门：《自然法的观念史和哲学》，姚中秋译，189页，上海：上海三联书店，2007。

③　[德] 海因里希·罗门：《自然法的观念史和哲学》，姚中秋译，193页，上海：上海三联书店，2007。

古希腊斯多噶学派最早提出了这种"二元法论"，并影响了西方近代的资产阶级思想家们，如格劳秀斯、洛克、孟德斯鸠、卢梭等。法律和道德关系问题这一主题源于古老的希腊文化，绵延数千年，迄今仍呈现出旺盛的理论活力。尤其是 20 世纪上半叶两次世界大战这一人类历史上的空前大悲剧，促使人们不得不重新冷静审视有关人的道德准则和法律规则的相互关系。正是由于人们对德国纳粹政权的立法、美国种族歧视的立法以及其他类似立法在"合法性"和"合道德性"评价方面的对峙，法律与道德之关系问题的争论被推向高峰。其中战后复兴的自然法学派和分析实证主义法学派更是围绕着法律与道德问题的核心——应然法和实然法的关系展开了空前热烈的争论。与自然法学派相反，法律实证主义则提出了法律与道德无必然联系的观点，其代表性法哲学家是杰里米·边沁、约翰·奥斯丁、凯尔森、哈特等。法律实证主义反对超越现存的法律制度去理解和阐述法律思想，并试图通过对实在法的描述性分析来揭示法律体系的特征，强调法学遵守严格的价值中立，价值判断应该被排除在法律知识范围之外。然而，现代法哲学的发展趋势，是设法避免在自然法和实在法关系上走向两个错误的极端，力图使两者得到圆满的调和。一种对理性的人际关系的追求，促使法律哲学作为一项社会工程去满足社会的愿望，一种至高无上的普遍安全的社会愿望，而不是作为取得和保护个人意愿及权利主张的工具。

就本书主题而言，在西方研究婚姻家庭领域之法哲学问题的哲学家中，当推黑格尔最具影响力。黑格尔在其《法哲学原理》和《精神现象学》中将家庭看做直接、自然的伦理精神或伦理实体，并分为三个环节或阶段：婚姻、"家庭财富"以及"子女教育和家庭解体"。在婚姻本质上，他既反对单纯地把婚姻看做性关系的观点，也反对把婚姻看做契约关系的观点，同时还反对把婚姻看做仅仅建立在爱的基础上的观点，他把婚姻本质界定为具有精神性的伦理实体。黑格尔将"具有法的意义的伦理性的爱"作为婚姻缔结的道德基础，把婚姻关系的神圣性体现为一夫一妻制和举行婚礼仪式上，将"精神实体"作为阐释一夫一妻制合理性的道德哲学基础，并把家庭伦理实体的原理具体运作在夫妻、亲子、兄弟姐妹这三种伦理关系上。马克思在批判地继承黑格尔的婚姻伦理思想的基础上，把婚姻关系的本质归结为摆脱夫妻双方主观任性后的客观伦理理性，他认为，"如果立法者认为婚姻足以承受种种冲突而不致丧失其本质，那他就是尊重婚姻，承认它的深刻的合乎伦理的本质"。① 恩格斯曾指出，"如果说只有以爱情为基础的婚姻才是合乎道德的，那么也只有继续保持爱情的婚姻才合乎道德"。② 这种观点被我国伦理学界视为经典理论。除黑格尔、马克思、恩格斯之外，尚有康德、罗素等人的有关婚姻家庭伦理或法律方面的著作颇具影响力。

　　在东方，中国以礼仪之邦而闻名，以起源远久、绵延不断的中华法制而著称。在以中国儒家传统伦理思想为代表的东方法律文化中，先哲们对法律和道德关系的探索从未间断，并最终形成了道德与法律、权利与义务互相渗透、互相和合的古代法制文明和法律文化特征。中国传统法律伦理"从总体上呈现出德法合治——法治——德法合治的基本线索"，东周以前是从德法未分到德主刑辅，东周至秦为从德法分离到法治，秦以后为德法合治的复归、成熟、僵化与解体③。中国传统伦理思想的确给我们留下了丰富的法律伦理思想的遗产。在当下中国，有关婚姻家庭伦理研究和法律伦理研究的著作和论文也可谓汗牛充栋。在婚姻家庭伦理研究方面，我国自改革开放以来取得了较为丰硕的成果，其中发表的相关学术

---

① 《马克思恩格斯全集》（第 1 卷），185 页，北京：人民出版社，1956。
② 《马克思恩格斯选集》（第 4 卷），78～79 页，北京：人民出版社，1972。
③ 李建华等：《法律伦理学》，25～30 页，长沙：湖南人民出版社，2006。

论文约有 3000 余篇，编写的书籍、著作约有 1000 余部①。在法律伦理研究方面，新中国成立六十年尤其是近三十年来，理论研究从浅到深，逐步确立了自己在伦理学分支学科中的知识合法性地位，成为一个越来越受到人们关注的新兴学科。我国学者围绕法律伦理的元理论、法律实践中的伦理问题、法律制度的合法性问题以及法律伦理学的学术热点（如法律伦理学的学科基本问题、法律与道德之关系、法律道德化与道德法律化、立法伦理与司法伦理、中国传统法律思想、德治与法治的关系、法律职业伦理、法律正义价值观、宪法等法律制度的伦理意蕴等）问题展开了激烈而长久的讨论，涉及范围广泛，研究主题与社会生活日益贴近，"问题意识"比较突出，研究方法日益多样，的确取得了一些具有开创性和重要

①　参见李桂梅、郑自立：《改革开放 30 年来婚姻家庭伦理研究的回顾与展望》，载《伦理学研究》，19 页，2008（5）。该文对近 30 年来我国在婚姻家庭伦理研究方面取得的成果进行了归纳，并就研究状况作了三个阶段的划分：1979～1989 年是研究的再度兴起阶段。1990～2000 年是研究的发展成熟阶段。在这个阶段，我国婚姻家庭伦理研究的主题、方法、视角都进一步丰富化，研究重点表现在两个方面，一是对传统家庭伦理的批判继承及家庭美德的弘扬，二是对市场经济条件下的婚姻家庭伦理问题及应对措施的研究。2001 年至今是研究的深化阶段。在这个阶段，研究内容更加丰富，研究手段更加多样，研究重点是社会转型时期的婚姻家庭伦理建构。在此划分基础上，该文着重就近 30 年来有关婚姻伦理、传统家庭伦理道德的扬弃、性伦理、生育伦理、代际伦理、虚拟家庭伦理等问题的研究状况进行了回顾与展望。

学术价值的成果①。从事法律伦理学研究的国内的专家学者主要有何勤华、唐凯麟、李建华、曹刚、谢晖、刘云林、孙笑侠、许章

---

① 参见王小锡等：《中国伦理学60年》，219～324页，上海：上海人民出版社，2009。该书将中国法律伦理研究历程大体分为三个阶段。其一是萌芽期（1949～1978年）。这一阶段的法律伦理研究基本上处于"研究的空场"，这主要是因为我国主要的全国性的法律只有两部（《宪法》和《婚姻法》），依法治国的理念尚未确立，而相应的真正意义上的法律伦理研究尚未真正开始。其二是形成期（1979～2000年）。这一阶段伴随着改革开放过程，我国的法制建设也逐步加强，尤其是要建立适应市场经济发展的社会主义法律体系，客观上必须思考法律的伦理道德问题。这一时期我国法律伦理学已经从无到有建立起来了，并且集中探讨了市场经济条件下的众多法律伦理问题。其三是繁荣期（2001年中国加入世界贸易组织之后至今）。这一阶段探讨的问题更加丰富多样，围绕"入世"后中国的法律体系如何适应世贸组织及其规则的问题，学界进行了广泛而深入的探讨。

润、严存生、李光辉等。从研究的成果如发表的论文①和出版的著作②、教材来看，中国法律伦理研究已经取得了历史性的突破。

---

① 其中，代表性的期刊论文主要有：何勤华：《法律伦理学体系总论》，载《道德与文明》，1993（5）；李建华：《法律伦理学论纲》，载《江西社会科学》，1995（9）；唐凯麟、曹刚：《论道德的法律支持及其限度》，载《哲学研究》，2000（4）；刘云林：《法律的道德性：依据及其价值》，载《南京社会科学》，2001（9）；刘云林：《法律伦理的时代使命：为法治建设提供道德保障》，载《道德与文明》，2007（4）；许章润：《论法律的实质理性——兼论法律从业者的职业伦理》，载《中国社会科学》，2003（1），等等。代表性的博士学位论文主要有：范忠信：《刑法中的亲情：中西法伦理的冲突融合》，中国人民大学1998年博士学位论文；任喜荣：《伦理刑法及其终结》，吉林大学1999年博士学位论文；李爱年：《环境法的伦理审视》，湖南师范大学2003年博士学位论文；戴庆康：《权利秩序的伦理正当性——以精神病人权利及其立法为例证》，东南大学2004年博士学位论文；黄立：《刑罚的伦理审视》，湖南师范大学2004年博士学位论文；傅鹤鸣：《论法律的合法性——德沃金法伦理思想》，复旦大学2005年博士学位论文；孙晓光：《罗马法与近代民法的伦理基础》，中国政法大学2005年博士学位论文；张武举：《刑法的伦理基础》，西南政法大学2005年博士学位论文；强昌文：《契约伦理与权利——一种理想性的诠释》，吉林大学2005年博士学位论文；彭春凝：《论经济法的伦理基础》，西南政法大学2006年博士学位论文；蒋先福：《法治的合理性——社会契约论的伦理诉求》，湖南师范大学2006年博士学位论文；陈秀萍：《论法律的伦理性——变革时期法律与道德的冲突问题研究》，吉林大学2006年博士学位论文；林葆先：《中国婚姻法的伦理审视》，河北师范大学2007年博士学位论文；周慧：《法律的道德之维——德沃金法伦理思想研究》，湖南师范大学2008年博士学位论文；巩固：《环境伦理学的法学批判》，中国海洋大学2008年博士学位论文；胡波：《专利法的伦理基础》，西南政法大学2009年博士学位论文；彭立静：《知识产权伦理研究》，中南大学2009年博士学位论文；吴真文：《法律与道德的界限：哈特的法伦理思想研究》，湖南师范大学2009年博士学位论文；刘娟：《人格尊严及其实现——道德与法的双重考量》，河北师范大学2010年博士学位论文；张伯晋：《法家伦理思想体系的最终建构——以韩非与〈韩非子〉为研究对象》，吉林大学2010年博士学位论文。

② 其中，代表性的学术著作主要有：李幼蒸：《形上逻辑和本体虚无：现代德法伦理学认识论研究》，北京：商务印书馆，2000；曹刚：《法律的道德批判》，南昌：江西人民出版社，2001；李建华等：《法律伦理学》，长沙：湖南人民出版社，2006；胡旭晟：《法的道德历程：法律史的伦理解释》，北京：法律出版社，2006；陈长文、罗智强：《法律人，你为什么不争气？——法律伦理与理想的重建》，北京：法律出版社，2007；余其菅、吴云才：《法律伦理学研究》，成都：西南交通大学出版社，2009，等等。

我国学者在亲属法与婚姻家庭伦理关系问题的研究上，有关专著和论文并不如婚姻家庭伦理研究和法律伦理研究成果那么丰富，但不乏优秀之作。其中，代表性论文为林葆先的博士学位论文《中国婚姻法的伦理审视》①，代表性著作为王歌雅教授的《中国亲属立法的伦理意蕴与制度延展》②。《中国婚姻法的伦理审视》一文分为三个部分：第一部分探讨婚姻法的历史，主要分析了"诸法合体"的中华古代法律体系礼法混同的特征，并介绍近代婚姻立法的情况以及新中国婚姻法典的三次重要立法；第二部分探讨婚姻法的现实，认为婚姻法体现了一定的伦理精神，较好地处理了法律与道德的关系，但仍然存在一定的问题；第三部分探讨婚姻法的未来，指出构建和谐家庭是婚姻法的终极目的，并提出婚姻良法的三个标准。该文在以儒家伦理思想和马克思主义伦理思想为基点历史性考察婚姻伦理及其走向方面是值得肯定的，但在分析现行婚姻法的伦理属性及其限度方面明显存在不足之处，甚至可以说是欠缺的。这可能与作者以马克思主义理论与思想政治教育专业背景申请博士学位有关。《中国亲属立法的伦理意蕴与制度延展》一书共分为四编：第一编为"比较视阈下的亲属法辨"，内容包括中俄亲属制度之比较、大陆与台湾地区亲属制度之比较、台湾地区"亲属法"修正、内地与港澳亲属制度之比较；第二编为"伦理视阈下的婚姻模式"，内容包括古代婚姻模式的价值内蕴和当代国人婚姻关系的伦理考察；第三编为"女性视阈下的权益诉求"，内容包括女性主义的衍生和社会性别理论的介入；第四编为"立法视阈下的亲属法制"，内容包括亲属法制延展和亲属立法重构等内容。除上述两者之外，婚姻家庭法学（也有称亲属法的）教材几乎都对伦理性质作过简要论述。在微观层面涉及论述亲属法具体制度与婚

---

　　①　林葆先：《中国婚姻法的伦理审视》，河北师范大学 2007 年博士学位论文。

　　②　王歌雅：《中国亲属立法的伦理意蕴与制度延展》，哈尔滨：黑龙江大学出版社，2008。

姻家庭伦理关系问题上，也不乏优秀之作。例如，著作方面有赵万一教授的《民法的伦理分析》，李银河、马忆南主编的《婚姻法修改论争》，余延满的《亲属法原论》等书都涉及过此方面的内容；论文方面有何俊萍的《论婚姻家庭领域道德调整与法律调整的关系——兼谈对婚外恋的道德调整和法律调整》，李光辉、李勇的《从忠实义务谈道德规范向法律规范的有效转化》[①] 等文专门就"婚外情"之类的道德敏感问题作出过法哲学分析。综合研究现状而言，在跨学科、多层面、多视角、立体化地研究亲属法理论上，目前尚待对现行亲属法的伦理问题进行系统研究，以提升亲属法基础理论的研究水平，拓展亲属法的研究视野，亦为制定民法典亲属编提供参考。

四、研究思路与方法

（一）研究思路

本书研究思路由两个基础命题构成：一是亲属法伦理性之描述性命题，二是亲属法伦理性之评价性命题。前者为实然命题，其论证亲属法"是不是"具有伦理性以及"是"如何体现伦理性；后者为应然命题，其论证亲属法"应当不应当"具有伦理性以及"应当"如何实现伦理性。值得注意的是，亲属法的伦理价值判断本来是属于应然性的，但对亲属法伦理价值的陈述却是描述性的命题，其具体涉及对亲属法的客观伦理价值特征的事实性描述；然而，对亲属法伦理性之描述性命题的评价，本身是评价性命题，而非描述性命题。以下就本研究思路下的这两种命题所涉及的理论问题分别加以阐释。

亲属法伦理性之描述性命题是描述亲属法的伦理本质、伦理价

---

① 何俊萍：《论婚姻家庭领域道德调整与法律调整的关系——兼谈对婚外恋的道德调整和法律调整》，载《政法论坛》，2000（3）；李光辉、李勇：《从忠实义务谈道德规范向法律规范的有效转化》，载《道德与文明》，2004（5）。

值、伦理规范等实存状态的命题。正如德国学者哈贝马斯指出的，
"对描述性命题的论证意味着对实存事态的证明"。① 如要对亲属法
伦理性之实存状态进行描述，则首先须回答"是不是"的问题，
这类问题即是：凡亲属法所禁止、制裁的行为，"是不是"婚姻家
庭伦理所反对、谴责的行为？凡亲属法所要求、肯定的行为，"是
不是"婚姻家庭伦理所倡导、颂扬的行为？这两个问题也可被归
结为一个问题：亲属法"是不是"具有伦理性？在笔者看来，对
于该类问题的回答一般是：是。既然答案是肯定的，那么接着必须
回答"是什么"的问题，这类问题即是：亲属法的伦理价值取向
是什么？其伦理价值是什么？其伦理规范是什么？对于这些问题的
回答肯定不如判断"是不是"的问题那样来得简单。因此，基于
以上认识，本书第一部分内容拟以"亲属法伦理性之实然面向"
为主题，试图对上述"是不是"、"是什么"的问题作出回答，即
从实然层面探究亲属法是如何流动着伦理价值和伦理规范的"血
液"。

　　亲属法伦理性之评价性命题是判断亲属法伦理性之妥当性及评
价亲属立法的伦理限度的命题。与上述描述性命题不同的是，该评
价性命题无所谓真与假，只有妥当与否、合理与否的问题。因而，
"应当不应当"以及"应当怎样"的问题是该评价性命题所必须解
决的问题：凡违反婚姻家庭伦理的，"应当不应当"由亲属法禁
止？凡婚姻家庭伦理所提倡的，"应当不应当"由亲属法所要求？
这两个问题也可被归结为一个问题：亲属法作为一种行为规范，其
本身"应当不应当"受婚姻家庭伦理的指引和制约？应当说，回
答该类问题是比较困难的，因为简单地回答"应当"或"不应当"
都不恰当。为便于回答"应当不应当"，还需要补充提问：凡是违
反婚姻家庭伦理的，亲属法在何种标准上加以禁止？凡是婚姻家庭

---

① ［德］尤尔根·哈贝马斯：《交往行为理论：行为合理性与社会合理化》，曹卫
东译，39页，上海：上海人民出版社，2004。

伦理提倡的，亲属法在何种标准上加以提倡？实质上，这又涉及"应当怎样"的问题，即亲属法应当以何种标准实现伦理性？由此可见，在亲属立法上，"应当不应当"界定伦理的度以及"应当"如何界定才是问题的关键。基于此种认识，本书第二部分内容拟以"亲属法伦理性之应然面向"为主题，试图探讨这一关键问题。

综上，本书以亲属法伦理性之描述性命题和评价性命题为研究进路，试图对现行亲属法实然上的伦理性与亲属立法应然上的伦理性两个层面的问题进行探讨，力求在把握亲属法与婚姻家庭伦理之关系的基础上，提出制定亲属良法的立法标准。全书的论证逻辑以及内容如下图所示：

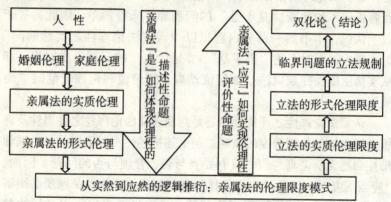

本书逻辑路线图

（二）研究方法

本书立论于实然命题和应然命题，属跨学科研究亲属法的伦理问题，这也就决定了本书研究方法的多样化和多层次。本书既要运用法学方法论，又要运用伦理学方法论，而且还要综合运用其他人文社科的研究方法，如心理学、历史学、社会学等研究方法，以求对亲属法的伦理问题有较为清晰的认识。

1. 价值分析法。对亲属法伦理问题之研究方法的思考，当然与对法学方法的反思和借鉴分不开。法学的研究方法主要有法律实证主义的实证方法和自然法学派的价值分析方法。实证方法论的基本特征是研究"确实存在"的实在法，着重分析法律概念，把价值问题排除在研究之外，否认实然法与应然法有必然关系，主张伦理判断不可能建立在观察和理性证明的基础之上。然而，亲属法伦理问题研究的对象是亲属法中的伦理现象，关注的重点是亲属法的价值分析和评价，而这恰恰是实证方法论所要排除的。因而本书除适当借鉴法律实证主义的现象分析法之外，必须倚重另一法学方法论，即自然法学派的价值分析方法论。价值分析方法论包括了描述和评价两种因素，形成了一种相对稳定的分析范式，即在理性和人类本性的基础上，悬设一个外在于实然法（即法的实然状态）的价值体系（即法的应然状态），以此作为判断和评价实在法的原则、价值及相关要素的参照系。这种分析范式与本书选题及其基础命题极为相符，因此本书拟以自然法学派的价值分析方法作为主要研究方法。

　　2. 哲学抽象法。对本书两个命题的论证，离不开对婚姻家庭伦理中的法律现象和亲属法中的伦理现象的分析与概括，应当从这两种现象得出整体性、综合性的认识，抽象出亲属法的伦理规律性。因此，本书拟以哲学抽象法这一伦理学特殊方法，审视亲属法中的伦理现象和蕴涵，宏观把握亲属法和婚姻家庭伦理之间相互关联、相互转化、相互作用的关系，概括出亲属法所体现的伦理原则及伦理规范，推衍出亲属立法完善所要追求的终极目标以及实现这一目标的途径和措施。

　　3. 结构分析法。结构主义方法是一种强调客体的整体性和内部结构的综合性的研究方法，反对孤立、局部的研究①。以该方法研究亲属法的伦理问题，首先应当将该问题所涉及的亲属关系、婚姻家庭伦理规范和亲属法规范三个范畴划分为表层结构和深层结构，然后在分析各自内部结构的基础上才能整体把握这三者的关系。亲属关系是一种社会关系，属于表层结构。这种表层结构的内部结构又包括三对单位：夫妻、父母子女、兄弟姐妹（其他亲属关系都是由这三种关系演变而来），具备三种内在要素：血缘关系、婚姻关系以及世系继嗣关系。然而，亲属关系中单个成分（如父母、子女、兄弟、姐妹等）之间的内在关系以及亲属关系的称谓体系和权利义务体系，何以产生？这就涉及深层结构了，即婚姻家庭领域中的伦理和法律。在这种深层结构中，二者都有自身的结构层次。在婚姻家庭的伦理结构层次上，可以划分为伦理动机和伦理行为。如果再深入区分婚姻家庭伦理行为发生的内部结构，我们会发现，情感是初始的动机系统，行为必然包含认知和正面情感体验两个层面。一个婚姻家庭伦理规范只有予人以正面情感体验，才能内化为人的心理结构，否则只能是"他律"的存在。即使作为"他律"存在的亲属法，也有自身的结构层次（如价值结构和行为结构）。"自律"与"他律"这两种深层的二元结构在相互关系上有无相通、转化和界分，则是本书研究的重点。

除以上研究方法之外，本书还必须广泛吸取其他人文社会科学的各种成果和研究方法，如心理学、历史学、社会学、民俗学、生物学等都将为亲属法的伦理问题研究提供方法论启示。

---

① 结构主义不是一个哲学学派，而是一种方法，一种体现在语言学、文艺学、文化学、心理学和人类学研究中的方法，其目的就是试图使人文科学和社会科学也能像自然科学一样达到精确化、科学化的水平。该方法的本质和首要原则在于，它力图研究联结和结合诸要素的关系的复杂网络，而不是研究一个整体的诸要素。该方法的另一个基本特征是对共时性的强调。该方法最初被用来研究"简单"社会。尽管全世界存在文化形式的差异性，有一种根本性的、一般性的文化结构主宰着人类的行为（如对于乱伦的禁止）。

五、本书创新与不足

（一）本书创新之处

1. 理论体系创新。以人性的两重性这一独特视角为切入点，本书阐释了婚姻家庭伦理的产生与作用机理，又在此基础上提出了亲属法伦理正当性的进路和两重维度，并重点论证了亲属法实然上的实质伦理和形式伦理。以自然法理论和法律实证主义理论为基础，本书提出了亲属法应然上的伦理限度命题、关联模式及相应立法限度。在亲属法的民法典定位层面，本书以亲属法是否有必要厘定当代婚姻家庭伦理脱序这一质疑为切入点，提出了相应的法律对策。在亲属法实质伦理的立法限度方面，本书提出了"道德层次区分论"，指出了亲属立法在伦理价值取向（终极目标）和伦理原则（实体目标）上所应当采取的立法对策，如伦理价值取向的立法措施、性别平等的立法目标以及如何划定婚姻家庭行为的自由限界，如何实现"以人为本"的立法宗旨等方面的看法。在亲属法形式伦理的立法限度方面，本书提出了三条标准，即如何尊重婚姻家庭中的自然规律，如何明确亲属法中伦理内容的客观性，如何把握亲属法中"义务道德"的可实现性等主张。

2. 制度创新。以同居关系、婚姻忠诚协议、同性恋者为考察基点，本书在分析性与婚姻的伦理冲突上，分别提出了亲属法对非婚同居、事实婚姻、婚姻忠诚协议、同性婚姻等问题的调整措施。在家庭生育功能层面，本书就生育与家庭是否必然关联、辅助生殖方式的选择应否以符合伦理为准则等方面提出质疑，并相应地就亲属法如何分类界定亲子关系提出了若干立法建议。在家庭扶养功能层面，本书就家庭扶养功能与婚姻财产制的内在紧张、家庭扶养功能与家务劳动价值的逻辑诘难等方面提出质疑，主张在家务劳动价值承认的问题上应摒弃主流的"分割说"，而应采取"补偿论"，并提出了三条立法建议。

3. 观点创新。在提出并论证亲属法伦理性之描述性命题和评价性命题的基础上，本书最后总结性地提出了亲属法对婚姻家庭伦理的同构化与谦抑化的观点，即"双化论"观点，勾画出亲属法之"真、善、美"的基础图像。

（二）本书不足之处

1. 本书内容未覆盖亲属法的所有领域，使得微观层面的论述欠周延。

2. 对形式伦理限度临界点的选择，虽能在一定程度上说明亲属法的形式伦理限度问题，但不利于全面系统地阐释亲属法形式伦理的应然状态。

3. 本书虽然在整个逻辑结构上有一气呵成之势，但个别行文无通达明快之感，且个别用语比较生涩，不够通俗易懂。

上篇 亲属法伦理性之实然面向

　　一般来说，凡是法律所禁止和制裁的行为，也是道德所反对和谴责的行为；凡是法律所要求和肯定的行为，也是道德所倡导和颂扬的行为。那么，在现行亲属法的形式理性外壳下，是不是流动着某种伦理价值和规范的"血液"？现行亲属法究竟有没有实质性和形式性的伦理？如有，又是怎样的情况呢？这些无疑是复杂且必须予以面对的问题。

　　一个公认的经验事实是：婚姻家庭具有伦理性。然而，作为规范婚姻家庭关系的法律（亲属法）是不是也必然具有伦理性，则不是凭生活经验可直接作出判断的，进行理论上的梳理与论证才是解决问题之道。

　　本篇拟以"亲属法伦理性之实然面向"为主题，试图对上述"是不是"、"是什么"的问题作出回答。也就是说，本篇旨在论证现行亲属法"是不是"具有伦理性以及"是"如何体现伦理性的，即对现行亲属法伦理性之描述性命题进行阐释与证明，其目的在于描述现行亲属法的伦理本质、伦理价值、伦理规范等实存状态。

　　值得进一步指出的是，本篇所涉及的价值问题乃是价值的实然状态，而不是价值的应然状态。前者是事实性价值，旨在描述亲属法的伦理价值意蕴，以论证"实际是这样"的亲属法；后者是规范性价值，旨在评价亲属法的伦理价值意蕴，以论证"应当是这样"的亲属法。

第一章　亲属法的伦理基础

　　人类文明生活的突出标志首先就是表现为道德化的社会生活①。这种道德化的社会是不断发展和变化的。婚姻家庭制度的发展和变化，也与社会的发展和变化一样，经历了由低级向高级、由愚昧向文明的发展过程。在早期人类社会，婚姻家庭关系并不是由亲属法所调整，而是由伦理道德和风俗习惯所规范。为了人类的生存与发展以及家庭和社会的稳定与有序，随着原始社会的崩溃和国家的产生，阶级社会开始重视以亲属法律手段固化婚姻家庭的人伦秩序。亲属法，是人类社会具有悠久历史传统和文化渊源的法律。亲属立法的历史发展大致可以划分为两个阶段：一是以诸法合体为基本特征的古代亲属法；二是近现代亲属法。近现代亲属法具有历史延承性，仍是对婚姻家庭的人伦秩序的规范。正如有学者指出的，"亲属的身分关系，是法律以前关系，乃是人伦秩序，唯因外在必要，而被法律秩序化以后，则变为亲属的身分法关系，但其有人伦秩序本质，并不因而有所改变"。② 其根源在于，"无论在逻辑体系还是历史体系中，家庭都在深层次上关联着道德与法律，构成二者关系的价值资源及其难题"。③ 从现时性角度研究亲属法的伦

---

　　① 王启发：《礼的道德意义》，载饶宗颐主编：《华学》（第3辑），14页，北京：紫禁城出版社，1998。

　　② 陈棋炎等：《民法亲属新论》，11～12页，台北：三民书局，2005。

　　③ 樊浩：《法哲学体系中道德—法律生态互动的价值资源难题》，载《天津社会科学》，30页，2004（4）。

理性，需要回答的问题是：民众为什么要遵守现行亲属法？现行亲属法的效力和权威源于何处？从历史性角度研究亲属法的伦理性，则需要厘清亲属法与婚姻家庭伦理的共同的出发点源于何处。基于此，本章首先试图从历史性角度考察婚姻家庭伦理的产生机理，再在此基础上阐释亲属法正当性的进路及其具体内容，以此作为描述实然状态下亲属法伦理问题的逻辑基础。

第一节　婚姻家庭伦理的人性之维

虽然亲属法的伦理性与婚姻家庭伦理不具有同质性，但二者在价值目标、行为规范等方面存在某种程度的同构性。黑格尔认为，"在中国人那里，道德义务的本身就是法律、规律、命令的规定……这道德包含有臣对君的义务，子对父、父对子的义务以及兄弟姐妹间的义务"。① 这从一个侧面表明了婚姻家庭伦理与亲属法同构的关系。然而，两者在发生机理上明显是不同构的，即为异质性。那么，婚姻家庭伦理是如何产生的呢？这个问题很有探讨之必要，因为纯粹以婚姻家庭伦理分析亲属法的伦理性，一般只能很好地说明这些规则是如何维持的，却无法解释这些规则是如何产生的，更无法解释亲属法正当性的根源。正如涂尔干所言，"要想深刻地理解一种规矩或一种制度，一种法律准则或一种道德准则，就必须尽可能地揭示出它的最初起源；因为在现实和过去之间，存在着密不可分的关联"。② 笔者认为，上述问题应当从人性与道德的关系这一伦理学基本范畴着手分析，以便阐释亲属法与婚姻家庭伦理二者之间的共同的、原初的出发点和对象。

---

① ［德］黑格尔：《哲学史讲演录》，贺麟、王太庆译，297 页，北京：商务印书馆，1983。

② ［法］爱弥尔·涂尔干：《乱伦禁忌及其起源》，汲喆等译，3 页，上海：上海人民出版社，2006。

一、人性与伦理

（一）人性预设

何谓人性？[①] 顾名思义，乃一切人具有的普遍属性，亦即一切人的共同性，而非一些人所具有的特殊性[②]。所以，荀子曰："凡人之性也，尧舜之与桀跖，其性一也。君子之与小人，其性一也。"[③] 举例说，怜悯之心，人皆有之，这是一切人的共性；害人之心则是一些人的特殊性，因而不是人性。刚出生的婴儿与行将就木的老人都具有人性。于是可见，人性生而固有。如果人性是后天习得的，则将刚出生的婴儿说成是不具有人性了。所以说到底，所谓人性，也就是一切人与生俱来、生而固有的普遍属性[④]。

先秦诸子百家关于人性的争论尤为激烈，分歧较大，但共同点是他们都认为人性乃人生而固有。性无善恶论者告子曰："生之谓性。"[⑤] 性有善恶论者董仲舒曰："如其生之自然之资谓之性。"[⑥] 性恶论者荀子曰："生之所以然者谓之性。"[⑦] 性善论者孟子也认为

[①] 中西方有关人性的论述可谓浩如烟海。我国先哲们的人性论宗派与源流主要有：性自然论、性无善恶论、性本善论、性本恶论、性善恶混论、性情一致论、理气二元论、纯粹唯心论、知行合一论、知情欲三分论等。西方哲学关于人性论的学说主要有：希腊哲人派的万物权衡论、苏格拉底的道德自觉论、柏拉图的至善观念论、亚里士多德的中庸主义论、伊壁鸠鲁的消极快乐论、斯托亚派的积极制欲论、基督教的人生有罪论、笛卡儿的心物二元论、斯宾诺莎的泛心论、霍布斯的性恶论、洛克的人心白纸论、卢梭的天赋性善论、英国的功用论、康德的实践理性论、德国的古典唯心论、叔本华的悲观论、马克思的辩证法唯物论、早期人类进化论、尼采的超人论、自然主义的人性论、存在主义的人性论、美国实用主义的人性论、罗素的自由主义人性论等。有关评介，参见邓公玄：《人性论》，15~55页，台北：中国文化大学出版部，1952。

[②] 王海明：《人性概念辩难》，载《人文杂志》，1页，2003 (5)。

[③] 《荀子·性恶》。

[④] 王海明：《人性概念辩难》，载《人文杂志》，2页，2003 (5)；王海明：《人性论》，9页，北京：商务印书馆，2005。

[⑤] 《孟子·告子上》。

[⑥] 《春秋繁露·深察名号》。

[⑦] 《荀子·正名》。

人性"非由外铄我也，我固有之也"。① 新儒家冯友兰在论及人性是俱生的还是后得的问题时也这样写道："孟子及亚里士多德以为人之性对于人是俱生的。"② 埃尔伍德在总结西方思想家的人性论时写道："我们所说的人性，乃是个人生而赋有的性质，而不是生后通过环境影响而获得的性质。"③

人生而固有的本性并不仅指人的自然属性，同样也包括人的社会属性。人生而固有的普遍属性也并不是一成不变的。从每一种人性的内部结构来看，人性有质与量的区分。人性的质是普遍的、必然的、一成不变的，人性的量则是特殊的、偶然的、可变的。例如，爱人之心生而固有，但爱人之心的量是后天习得的，每个人的爱人之心是不一样的。即使生性冷酷之人，通过后天努力也可以设法增进自己的爱人之心。对此，苏东坡有云："君子日修其善，以消其不善，不善者日消，有不可得而消者焉。小人日修其不善，以消其善，善者日消，有不可得而消者焉。夫不可得消者，尧舜不能加焉，桀纣不能逃焉；是则性之所在也。"④ 但苏东坡将人性的质与人性等同，而否定人性的量，则是片面的。不过，人性的量也不是要多少就有多少的，其受各种因素的影响，只是在一定限度内才是后天习得的。人性的质与量是内容与形式的关系。人性的质的有无只能通过人性的量的多少来表现。

人的本质是社会本性，但人的本质与人性是两个概念，人性是一个外延大于人的本质的概念。人不仅是人，而且是生物，是动物。人与其他动物相比，人具有特性，但也具有动物性。人的特性是使人与其他动物区别开来而所特有的普遍属性，即人所具有的特殊的、高级的属性，如能够生产劳动、有语言、有意识、有情感、

---

① 《孟子·告子》。

② 冯友兰：《三松堂全集》（第4卷），103页，郑州：河南人民出版社，1986。

③ Charles A. Ellwood, *An Introduction to Social Psychology*, New York：D. Appleton and Company, 1920, p. 51.

④ 张岱年：《中国哲学大纲》，197～198页，北京：中国社会科学出版社，1982。

有理性等。人的动物性是人具有的基本的、低级的属性，是人与其他动物所具有的共同性，如能够自由活动、有食欲和性欲等。新儒家冯友兰说："人之性①是人之理。孟子说：'人之所以为人者几系。'即是就人之性说。此人之性是'人之所以异于禽兽者'，亦即人之所以为人者……凡是一般物，一般生物，一般动物，所同有之性，人亦有之。此诸性虽亦为一切人所同有，但非人之所以为人而所以异于禽兽者，故此只为人所有之性②，而非人之性。"③ 然而，人的动物性是不是人性呢？这是两千年来人性概念的争论焦点。以孟子为代表的主流观点认为人的动物性不是人性，而以告子为代表的非主流观点则认为人生而固有的任何本性都是人性。孟子和告子曾有过一场辩论："告子曰：'生之谓性。'孟子曰：'生之谓性也，犹白之谓白与?'曰：'然。''白羽之白也，犹白雪之白，白雪之白犹白玉之白与?'曰：'然。''然则犬之性犹牛之性，牛之性犹人之性与?'告子曰：'食色，性也……'"④ 确实，狗性、牛性与人性是不同的，但孟子的错误在于将人的特性视为人性，而无视人的动物性。人性与狗性、牛性相比，既有相同的属性，也有不同的属性。人的特性是其他动物所没有的。也就是说，人性包括人的特性和人的动物性这两种类型。

人的动物性不但是人性，而且与人的特性相比，乃是更为重要的人性⑤。人从遗传上讲是动物，从特性上讲是人，所以他既具有

①　此处"人之性"是指人的特性。

②　此处"人所有之性"是指人的动物性。

③　冯友兰：《三松堂全集》（第4卷），92～93页，郑州：河南人民出版社，1986。

④　《孟子·告子上》。译文如下：告子说："天生的资质叫做性。"孟子说："天生的资质叫做性，好比一切东西的白色叫做白吗？"答道："正是如此。""白羽毛的白犹如白雪的白，白雪的白犹如白玉的白吗？"答道："正是如此。""那么，狗性犹如牛性，牛性犹如人性吗？"告子说："饮食男女，这是本性……"

⑤　王海明：《人性论》，17页，北京：商务印书馆，2005。

生物的需要，也具有人的需求①。现代心理学也证明了这一点。美国著名的人本主义心理学家马斯洛把人的基本需要分为生理需要（Physiological need）、安全需要（Safety need）、归属与爱的需要（Belonging need and love need）、自尊需要（Esteem need）和自我实现的需要（Self-actualization need）五类，依次由较低层次到较高层次。由此可见，人类存在两类不同的需要，一类是沿生物谱系上升方向逐渐变弱的本能或冲动，本书称为"生理需要"；另一类是超越生物性而逐渐显现的潜能或需要，本书称为"精神需要"。生理需要，是指人类维持自身生存的最基本要求，包括衣、食、住、行方面的要求。"毋庸置疑，这些生理需要在所有需要中占绝对优势。"② 如果这些需要得不到满足，人类的生存就成了问题。在这个意义上说，生理需要是推动人类行为的最强大的动力，人的一切需要都始源于人的食欲、性欲等生理需要，亦即人最为基本、最为重要的本性是人的诸如食欲、性欲等与其他动物共同的属性，人的动物性。正如告子所说："食色，性也。"精神需要，抑或是人的需求，是指人需要舒适、安逸，以便生活得好，具体包括情感、心理、认识、判断、理性、理想、信仰方面的需要。

基于上述分析，本书采人性无善恶的立场，认同对人性作出"人的动物性"和"人的特性"两重属性的划分，认为与之对应的是人的生理需要和精神需要。概言之，本书所谓的人性，是指人生而固有的普遍属性，涵盖"人的动物性"和"人的特性"两重性，统摄人的生理需要和精神需要这两个层次。

（二）人性的需要

性善性恶是哲学史上的一大问题。但凡此种问题，说的都是人

---

① ［美］穆蒂莫·艾德勒：《六大观念》，郗庆华、薛笙译，204 页，北京：生活·读书·新知三联书店，1998。

② ［美］亚伯拉罕·马斯洛：《动机与人格》（第 3 版），许金声等译，19 页，北京：中国人民大学出版社，2007。

性。如上之人性定义，可见人性与道德是两个不同的概念。道德不是人性。人性本无善恶，其善或恶指的是一种道德的评价结论。人性中的"人的特性"是人独具的，是可以言善恶的，但也不尽然。例如，我们不能根据一个人有同情心就说他善，但一个人的同情心如果比较多，我们就可以说他善①。人性中的"人的动物性"其本身也不存在善恶的问题。"例如所谓饮食男女，俱是由人所有之性发出者。在相当范围之内，吃饭并不是道德的行为，亦不是不道德的行为。这是我们所知者。男女交合亦是如此。"② 如果"饮食"、"男女"越过了"相当范围"，进入了道德判断的范围，则成了不道德的、不善的。那么，人性何以与道德上的终极评价标准（即善恶）有关呢？或者说，人性何以可言善恶呢？如前所述，从人性中的"人的特性"或"人的动物性"本身无法作善恶判断。解决这一问题的途径是要明确道德评价的对象是什么。

道德，众所周知，是规定人的行为应当如何的规范。因此，道德评价的对象是人的行为及基于该行为的心理。但也不是所有的人的行为及其心理都是道德评价的对象。例如，吃饭无论是用筷子还是刀叉，都是人的行为，不能以道德言善恶。纳入道德评价对象的是那些以利害为中介的人与人之间、人与社会之间的行为以及为此类行为的心理。这些行为是外在表现，其心理是内在因素。道德就是从人性的需要，特别是从行为的利益关系中引申出来的。也就是说，道德是以人性为基础的调整人与人之间、人与社会之间利益关系的规范体系。道德使人以人的方式而不是以动物的方式存在着，这就意味着道德是对人的动物性的克服与超越，或者说道德标志着人超越其动物性的努力及其结晶。同时，道德也使人以社会性的人的方式而不是以单个个体的方式存在着，这就意味着道德使人的特性有了行为内容的内在规定性。因此，无论人是以人的动物性还是

---

① 王海明：《人性论》，21 页，北京：商务印书馆，2005。

② 冯友兰：《三松堂全集》（第 4 卷），115 页，郑州：河南人民出版社，1986。

以人的特性所为的那些受利害意识支配的与他人、与社会之间的行为，都是以人性为基础的，其中介是利害关系。此种利害关系体现的是人与人之间、人与社会之间的利益关系。利益，并不以物质利益为限，所有人类的价值感情的满足①，尤其是对正义感情的满足等，都可纳入利益的范畴。利益的内涵虽然随着社会变化而有所不同，但都受各时代社会伦理道德所认定的人类价值观念的调整。简言之，利益就是用来衡量客体对象能否满足主体需要及其满足程度的工具。人类基于利益而为行为，于是人的动物性和人的特性就通过利益而得以体现。"利益"这种起中介作用的工具性价值如何，则直接体现在其行为的道德评价上。

从人的动物性来看，人的生存需要和性的需要等各种生理需要在人类历史各个时期都是最为基本的需要，原始社会更是如此，但是个体与群体生存与繁衍的需要都要服从于并维护他们所处时期一致公认的共同利益。个体与群体在满足这种共同利益的过程中，也就形成了有关生存与繁衍等抑制动物性行为的倡导性和禁止性道德规范。这些道德规范不仅为个体提供了安全的生存环境和有序的性秩序，而且为群体提高了生产和生活的质量，保证了整个种族生存的功能。

从人的特性来看，基于协调人际关系、肯定自我、自我实现与发展的需要，亦即精神需要，作为社会性的利益个体在与他人、社会之间为一定行为时必会出现个人利益与他人利益、个人利益与集体利益的矛盾，由此便产生了协调利益冲突的行为规范，以求得共同实现与发展的需要。道德规范也在调整这些利益关系的需要中得以产生和完善。

从整个人性角度来看，无论是人的动物性衍生出的生理需要，还是从人的特性衍生出的精神需要，道德在某种意义上就是以人的

---

① 如父母爱子感情的满足，即为父母的利益，因而伦理要求父母有监护教育子女的义务。

特性不断提升人的动物性并使之得到合理满足。这里所谓的"合理"是指它反映了人的正当利益。人性的现实生成和完善，需要通过道德规范的引导和塑造才有可能，而为了人性的不断完善，任何既有的道德规范，也应当随着历史生活的发展而调整和变革自身①。每个人都具有利己、利他、害己、害他四种行为目的，利己是必然的，利他、害己、害他是偶尔的。费尔巴哈认为，合理的利己主义是道德的基础，因为"本人的利己主义的满足也是同别人的利己主义的满足有关联性的"②。由此可见，利害意识对人性基础上的行为价值认同是有影响的，因而得以推衍成道德善恶判断，由此进一步衍生出正义与非正义、勇敢与懦弱、荣与辱、福与祸等道德观念。道德的目的，从其社会意义上来看，就是要通过减少过分自私的影响范围、减少对他人的有害行为、消除两败俱伤的争斗以及社会生活中其他潜在的分裂力量而加强社会和谐③。

当今社会提倡"以人为本"地构建"和谐社会"，而人性与道德的关系理论应当是这些理念形成的较为重要的理性基础。在婚姻家庭领域，我们更应提倡这些理念。家庭是构成社会的基本单位，社会是扩大了的家庭。和谐家庭是和谐社会的前提和基础，是对家庭范围内的亲属之间的关系状态的一种要求。无规矩不成方圆，任何一种利益共同体，哪怕它只是两个成员构成的，如果没有道德规范，要存在与发展也是不可能的。

综上所述，任何道德都起源于人性基础上的利益共同体的存在与发展之需要，而道德的终极目的是增进道德共同体中每一个人的利益。因而，人性与道德关系的逻辑线索应是如此：人性→利益驱动→行为←道德善恶评价。

---

①　崔宜明：《道德哲学引论》，85页，上海：上海人民出版社，2006。

②　[德]费尔巴哈：《费尔巴哈哲学著作选集》（上卷），荣震华等译，434～435页，北京：商务印书馆，1984。

③　[美]E.博登海默：《法理学：法律哲学与法律方法》，邓正来译，388页，北京：中国政法大学出版社，2004。

二、人性与婚姻伦理

（一）人性与性伦理

人是社会性的动物。每一个人是这个社会的利益共同体的成员，也是道德共同体的成员。人要结成社会，必须意识到结成社会所带来的益处。促使人意识到这种益处的最原始的原则是两性之间自然的性欲望。"一切有关这个世界上高尚生活的描述，都应当以动物的活力与本能为某种基础，没有这种基础，生活就变得单调平淡，索然无味。"① 在罗素看来，人类的一切活动都发生于两个来源：冲动和愿望②。冲动，是人类本性中偏重本能的部分，本能则是一切人与其他动物共有的生存和发展的需要，但冲动对人有着至关重要的意义，促使人做出吃喝、性爱等行为的不是目的，而是冲动。我们对原始群前期所能推测的两性关系，只能是杂乱性交关系③。恩格斯在论及人类两性关系的历史发展时曾说过："我们所知道的群婚形式都伴有特殊的复杂情况，以致必然使我们追溯到各种更早、更简单的性交关系的形式，从而归根结底使我们追溯到一个同从动物状态向人类状态的过渡相适应的杂乱的性交关系时期。"④ 这种杂乱的性交关系时期的存在，说明人在从动物界升华的过程中，存在一个过渡时期，在这个过渡时期不可避免地会存在动物似的性交，任何一个人的性冲动随时都可能得到满足和宣泄，根本不存在满足性欲的羞耻心理，当然无性伦理可言。

随着劳动创造了人本身、促使人类意识和思维产生之后，人的

---

① ［英］伯特兰·罗素：《为什么我不是基督教徒》，沈海康译，54 页，北京：商务印书馆，1982。

② 在罗素看来，所谓冲动，无外乎生存动机或需要，包括衣食住行及人种的繁衍，对财富和知识的渴望等；所谓愿望，与人的理智相联系，是指人有意识地对一定目标的追求。

③ 李忠芳：《两性法律的源与流》，4 页，北京：群众出版社，2002。

④ 《马克思恩格斯选集》（第 4 卷），30 页，北京：人民出版社，1972。

特性这一人性属性才得以形成，因而人类两性性行为就有了个体性和社会性的冲突。也就是说，两性性行为的社会性带来了个人利益与群体利益的矛盾，有必要解决由性行为带来的精神需要的满足问题。早期人类认识到性杂乱会产生严重的消极后果：其一，在当时生产力低下的情况下，性杂乱不利于男子一同狩猎、女子一同采集的相互合作，会影响到群体的共同生产活动；其二，性杂乱使原始氏族内部人与人之间的性秩序混乱；其三，性杂乱必然带来人种的退化。于是，对原本纯属于动物本能的人类两性性行为有了要受制于社会性的"愿望"。这种社会性的"愿望"表现为对个体之间性行为后果的社会共同利益的理性诉求。正因为人性不完全是社会性的，我们才需要有道德规则来教诲行为，蚂蚁似乎没有这种需要，因为它们总是根据集体的利益去行动[1]。因此，判断人类两性性行为是非善恶的调整个人与群体利益矛盾的性伦理便应运而生了：凡符合社会群体利益的性行为就是善的，而违反社会群体利益的性行为就是恶的。

原始社会的性伦理主要来源于劳动生产期性禁忌[2]、经血禁

---

[1]　[英]伯特兰·罗素：《伦理学和政治学中的人类社会》，肖魏译，6页，石家庄：河北教育出版社，2003。

[2]　例如，性行为会直接削弱男子的勇气和力气，直接影响狩猎的成功与否，于是人们的性行为与能否获取食物与氏族的生存利益发生了联系。因此，狩猎前和狩猎中不许与女子发生性关系，就成了原始人最初的性禁忌，亦即性道德。参见安云凤主编：《性伦理学新论》，61页，北京：首都师范大学出版社，2002。

忌①、场景禁忌、乱伦禁忌②等。"由于乱伦就是亲属关系密切到了要禁止其结合的程度的个体之间的性结合"③，"对于这种禁忌的任何触犯都将遭到极其严酷的惩治"④。自人类产生了第一个有组织的社会即血缘家庭之后，人类便告别了两性杂交的无道德状态。规范两性性关系的某些通行禁忌在长期的实践中被固定下来，就成为调整两性性关系的性伦理规范。

（二）性伦理与婚姻伦理

人类文明发展的历史，蕴涵了人类对自身性活动的认识，经历了从蛮荒时代的性无知、纯粹的动物性满足到性禁忌、性伦理规范、婚姻伦理、两性关系法律规制的文明发展过程。婚姻是一种特殊的规范化的两性关系，它的出现表现出人类在性的社会控制上向前迈出了异常勇敢的一步。任何一种可以称为"婚姻"的两性关系形式，总是与某种或某些"禁忌"联系在一起。无禁忌便无婚姻，更无婚姻伦理。性观念之中必然包括婚姻观念，因而性伦理必然要转化为婚姻伦理。婚姻伦理是规范男女两性婚姻关系的行为体系和评价体系，并且对人的动物性和人的特性有着不同的作用机理。以下分别叙之。

1. 婚姻伦理对人的动物性的规范作用。"性欲"是人性中人

---

① 涂尔干认为，整个乱伦禁忌体系都紧扣着原始人有关月经或经血的观念。参见〔法〕爱弥尔·涂尔干：《乱伦禁忌及其起源》，汲喆等译，44～52页，上海：上海人民出版社，2006。

② 大约在170万年前，即人类蒙昧时期的中级阶段，两性关系开始有了限制，主要是在某个小群体（也可称作最原始的"家庭"）内，限制所有的祖父和祖母，所有的父亲和母亲，所有的子女，他们只能在同一辈分内性交，这样就产生了父母与子女之间的乱伦禁忌，血缘家庭也就随之产生了。与性杂乱相比，这对人类性关系来说无疑是一个极大的进步，由于性关系在血缘家庭中的辈分间有了一定的限制，人类的性活动开始与动物式的群交区分开来。

③ 〔法〕爱弥尔·涂尔干：《乱伦禁忌及其起源》，汲喆等译，11页，上海：上海人民出版社，2006。

④ 〔法〕爱弥尔·涂尔干：《乱伦禁忌及其起源》，汲喆等译，6页，上海：上海人民出版社，2006。

的动物性的体现，是生理需要。不同社会或其不同时期，婚姻伦理都明确限定了性行为的对象范围，抑制了人的动物性的随意发挥。可以说，婚姻伦理的发展史在一定意义上就是一部关于规范人的动物性的历史。从起源来看，婚姻伦理是在性禁忌特别是乱伦性禁忌的基础上形成和发展的。婚姻伦理的演变过程大致可分为三个阶段：（1）群婚伦理。群婚伦理，以群婚禁忌为核心，而群婚禁忌主要表现为乱伦禁忌①。群婚经历了兄妹婚（即血缘群婚）和伙婚（即亚血缘群婚、普那路亚群婚）两种形式。这两种形式恰恰代表了乱伦禁忌的两个连续阶段。兄妹婚时期，禁止直系血亲之间的交合；伙婚时期，则禁止兄弟姐妹之间同代交合，但堂兄弟姐妹或表兄弟姐妹可以婚配。（2）对偶婚伦理。对偶婚伦理的内涵主要有：分属不同氏族的成对男女在一定时间内稳定地实行婚配，从而排除了群婚制下"共妻"或"共夫"的混乱性关系。这只是相对的。一个女子虽有"主夫"，但不排除她同时与其他男子保持两性关系，从而拥有几个甚至十几个"次夫"。反之亦然。（3）单偶婚伦理，又称一夫一妻婚伦理或个体婚伦理。随着母系氏族向父系氏族的演变以及财产私有制的出现，一夫一妻制应运而生。在一夫一妻婚姻模式下，伦理规范集中表现为：婚姻不自由、男尊女卑、夫权统治、片面要求女性的贞操观②。综观婚姻伦理的演变过程，我们可以发现始终有一个因素在起作用，即男女两性的性禁忌。只是在不同时期，男女两性性禁忌的对象和目的有所不同而已。原始社会的性禁忌平等适用于男女两性，其主要目的在于规制基于人的动物性而产生的性自然本能和性生理需要，使之秩序化，以符合群体的生存与发展利益。阶级社会的性禁忌则对男女两性分别适用，其主

---

① 王歌雅：《中国婚姻伦理嬗变研究》，11页，北京：中国社会科学出版社，2008。

② 王歌雅：《中国婚姻伦理嬗变研究》，16页，北京：中国社会科学出版社，2008。

要目的在于维护业已形成的性社会关系的秩序，实现血统的纯正和财产的继承，以稳定男尊女卑的婚姻关系的目的。

2. 婚姻伦理对人的特性的规范作用。"性爱"是人性中人的特性的体现，是超越和升华了"性欲"的人类所特有的一种感情，即精神需要。婚姻伦理虽以规范人的动物性的性禁忌为基础，以规范体现包括情感、意识在内的人的特性的性禁忌为最终目的，但其内涵已远非性禁忌本身。它是通过道德感、品行规约、责任感、义务感、羞耻感、贞节感而调整婚姻关系缔结、维系、解除行为的规范体系。不同社会或其不同时期，男女两性的"性爱"的内涵是不同的。原始社会的"性爱"反映了氏族生存发展的利益，阶级社会的"性爱"在于物质利益的占有和感官欲望的满足。无论社会如何变迁，只要还存在由两性构成的人类，就会有人类对"性爱"精神的不懈追求，因而使得这种规范"性爱"的婚姻伦理才具有文化传承性。现代社会的婚姻伦理与旧时的相比，其内涵已有所变化。恩格斯曾指出，"如果说只有以爱情为基础的婚姻才是合乎道德的，那么也只有继续保持爱情的婚姻才合乎道德"①。因而现代社会纯粹的、真正的"性爱"（即爱情）作为两性结合的基础，才符合人的特性，才可言道德。就历史发展作用而言，我国有学者指出，婚姻伦理实现了"由逐步剔除贬低人性的恶劣道德向张扬人性的优良道德前行"②。

三、人性与家庭伦理

当人类的两性结合摆脱了完全自然的形态而被人为限制、固定时，家庭便产生了。更确切地说，家庭是在原始社会末期，随着私有制的产生和母系制的瓦解、父系制的确立而逐渐形成的。它是基

---

① 《马克思恩格斯选集》（第4卷），78～79页，北京：人民出版社，1972。
② 王歌雅：《中国婚姻伦理嬗变研究》，18页，北京：中国社会科学出版社，2008。

于人类的两性结合和血缘关系等形成的具有特定社会功能的关系形态，是人性的直接产物，也是人类社会最早、最基本、最自然的社会细胞。卢梭认为，一切社会之中最古老且唯一自然的社会，就是家庭①。恩格斯曾指出，"每日都在重新生产自己生活的人们开始生产另外一些人，即增殖。这就是夫妻之间的关系，父母和子女之间的关系，也就是家庭"。② 从人性的角度来说，家庭是情爱、性爱、占有欲、嫉妒心、义务感、责任心共同作用的产物③。家庭伦理是在一定的社会历史条件下形成起来的处理家庭成员之间关系的行为准则。这种行为准则，并不是人们人为杜撰出来的，而是一定社会里共同家庭生活的需要的体现。然而，家庭何以产生有规范亲属关系的家庭伦理呢？这要从人性的两个升华层面即家的生物目的和社会目的进行阐释。

（一）家庭的生物目的与家庭伦理

家庭产生和存在的自然条件是人类生理意义上的两性差别和生物学意义上的血缘关系。男女两性的结合是家庭形成的前提，而家庭又是繁衍后代和养育子女的基本单位，这些即是家庭产生与存在的生物目的。由于道德观念上需要对家庭的以其成员之共同人性为基础的这些生物目的进行规制，因而家庭伦理成为必要。

首先，家庭伦理是使夫妻性结合的利益与家庭利益相一致的决定因素，使得夫妻的秩序纳入了家庭秩序，并把家庭的道德本性中的某些东西强加给了婚姻。这种道德本性的约束体现在两个方面：一方面，家庭伦理将夫妻的性关系限制在家庭范围内，另一方面，家庭伦理又禁止乱伦。就前者而言，如果母亲乱交成性，父亲的身份就会难以确定。如果真的出现这种情况，它必然会使人们的心理发生深刻的变化，可以说后果严重：它将使人类两性性爱变得无足

---

① ［法］卢梭：《社会契约论》，何兆武译，5 页，北京：商务印书馆，2003。

② 《马克思恩格斯全集》（第 3 卷），32 页，北京：人民出版社，1960。

③ 唐雄山：《人性平衡论》，127 页，广州：中山大学出版社，2007。

轻重；它将使人类对自己死后的未来事情难以产生兴趣；它将消除人类对自己历史传统的延续感等。就后者而言，如果允许乱伦，那么婚姻也就不再是婚姻，家庭也就不再是家庭了。涂尔干在论及乱伦禁忌与亲属关系问题时指出："任何对乱伦的压制，其前提条件都是家庭关系要得到社会的承认，并被社会组织起来。只有当社会把一种社会性赋予了这种亲属关系以后，它才能够去阻止亲属间的性结合；否则，这对社会就没有什么意义了。而氏族正是在社会的意义上建立起来的最早的一种家庭。"① 在涂尔干看来，乱伦禁忌应该是社会规制的最初形式，是具有氏族关系意义的家庭最早产生的对乱伦的压制规则。由此可见，家庭生活对乱伦有着天然的道德反感。

其次，家庭伦理是规范人类自身生产的行为的需要。自从文明社会以来，家庭便是人类繁衍的规范形式。人类选择家庭作为族类繁衍的形式，家庭便作为稳定的社会组织承担了养育后代的责任。"家庭存在的理由，在生理方面看来，是因为在母亲怀孕和哺乳期间父亲的帮助是孩子得以生存的必备条件。"② 孩子出生后，其生存和成长都要依赖于父母，需要父母为其提供必要的生活保障。传统中国的旧式家庭侧重于父母子女关系，在家庭的组建和变动中以父母子女取向为主，它反映了传宗接代、生育至上的家庭伦理要求，看重父母与子女间的抚养和赡养的相互义务，父母的终生心愿是养儿防老，子女的最大愿望是延续香火，因而家庭的这种生物目的本身就成为较为合理的追求。当今中国虽提倡男女平等，但传统

---

① ［法］爱弥尔·涂尔干：《乱伦禁忌及其起源》，汲喆等译，11～12 页，上海：上海人民出版社，2006。

② ［英］伯特兰·罗素：《性爱与婚姻》，文良文化译，122 页，北京：中央编译出版社，2005。（除本书选择引注的较新中译本外，此书还有其他中译本，如《科学的性道德》，陶季良等译，商务印书馆，1931；《婚姻革命》，靳建国译，东方出版社，1988；《婚姻与道德》，谢显宁译，贵州人民出版社，1988；《婚姻与道德》，李惟远译，上海文艺出版社，1989；《结婚与道德》，程希亮译，商务印书馆，1990。）

家庭的这种生物目的对人们的道德影响还是存在的。

（二）家庭的社会目的与家庭伦理

家庭的社会目的是由家庭成员以生产劳动和情感交流等人类所具有的特性为基础抽象出来而形成的社会性所决定的。家庭是社会生产和生活的基本单位，其成员又是具有感情的人并有彼此满足情感的需要。因而从家庭的社会目的来看，家庭伦理在某种程度上是家庭成员对满足精神需要的必要和必然。

家庭之所以重要，主要在于它能使亲属之间获得情感，尤其是它能使夫妻之间、亲子之间获得情感，这种自然的情感是社会任何其他群体所没有的。无论对于男人还是对于女人（人自降临人世，首先都是个孩子）而言，父母的情感恐怕都是最重要的东西，因为它最能影响人类的行为。父母的感情是无私的。父母通常都是根据孩子来规划他们的生活，而且孩子最能使普通夫妻变得无私，特别是经济上的无私付出。这就使得父母为了孩子和家庭的发展会积累物质财富，从而在"他们有孩子以后比有孩子以前还贪婪得多。通俗一点说，这种结果是属于本能，这就是说，它是自发的，是从潜意识中产生的"①，是由情感来决定的。同样，父母对于孩子的身心发展极为重要，父母要传授作为一名合格的社会成员的一切知识和技能，使孩子完成从生物人向社会人的转变。一对夫妻真正形成一个家庭以后，特别是有了孩子以后，家庭就变得完满，能够让人感觉到家庭的道德影响，才使得婚姻这种性别社会中最美好、最道德的形式有了家庭情感的特征。婚姻从而也就变成了家庭的一个特定侧面，与家庭密不可分了。

亲属间的情感往往能被爱罩上一种相互尊敬的色彩。爱，不仅仅是亲属间的自然情感，在一定程度上也是一种亲属间的伦理情感。家庭使所有这些情感关系烙上了独特的道德印记，提升到了家

---

① ［英］伯特兰·罗素：《性爱与婚姻》，文良文化译，130～131页，北京：中央编译出版社，2005。

庭伦理的高度。人类所规范的家庭成员情感的一套行为模式和评价方式，则是家庭伦理的最为重要的内容。家庭伦理要求家庭成员爱自己的亲人，使得家庭成了他们爱与被爱的统一体。"作为精神的直接实体性的家庭"，其成员由于意识到自己是爱的伦理性"统一中、即在自在自为地存在的实质中的个体性，从而使自己在其中不是一个独立的人，而成为一个成员"①。

基于上述分析，我们可以说，有关家庭生活的一切以及亲属关系的状态均受家庭道德观念的支配，家庭成员的关系全都由一种道德观念组成的义务之网加以严密规定，因而家庭伦理难免会强加给亲属间一些强制性的道德义务，而这正是道德法则的特征所在。值得注意的是，家庭伦理也不是一成不变的，它会伴随着父权家庭、夫权家庭、平权家庭等家庭形态的变化而变化；同时，婚姻伦理的变化也会不可避免地影响到家庭伦理②，使家庭关系发生或大或小的变化。但家庭伦理的传承性是不会改变的，原因在于导致家庭伦理产生和发展的根本因素不会根本改变，那就是由家庭成员个体人性集合而抽象出来的家庭之生物目的和社会目的。

第二节 亲属法伦理正当性的进路及既有学说

从人性角度来看，婚姻家庭伦理是规制人性两重性的必然和必要，那么从亲属法的角度来看，我们要问的问题是：亲属法为什么

---

① ［德］黑格尔：《法哲学原理》，范扬、张企泰译，175 页，北京：商务印书馆，1961。

② 我国古代家庭伦理的演变主要体现在家庭成员人际关系的行为规范和准则上。奴隶社会的家庭伦理是调节奴隶主和自由民的家庭成员的行为规范和准则，主要表现为：家长统治，家庭成员依附家长，"孝"、"悌"是家庭成员间的行为准则；妻子依附丈夫，要严守贞操。封建社会的家庭伦理以"忠孝节义"、"三纲五常"为基本原则，形成了如下主要家庭道德规范：父为子纲，子女必须顺从父母；夫为妻纲，妻子绝对服从丈夫；三从四德，女子无才便是德；守贞节。

能被遵守？其正当性在哪？如果正当性在于伦理，亲属法又在何种程度上体现或蕴涵以人性为基础的婚姻家庭伦理呢？

一、亲属法伦理正当性的进路

（一）法的正当性问题

如果一个法律规则是有效力的或被判断为有效力的，它所设定的义务就有资格得到它所指向的人们去服从和遵守，它所授予的权利或权力就必须和应当受到尊重，并在遭受侵害时得到司法机关的保护或恢复；如果一个法律规则是无效力的或被判断为无效力的，它所设定的义务和授予的权利就毫无意义①。因此，法的正当性问题是法律秩序乃至法哲学的核心问题。法哲学关于法律正当性的论争主要围绕三个问题展开："问题之一，法律存在于何种类型之实体之中，以及，此种实体通过何种方式联结成为我们所谓的'法律'这一核心实体？答案是，法律是由作为意义承载物的规范组成的一个规范体系。问题之二，法规范作为意义的承载物如何与现实世界相关联？此种关联可通过'权威的颁布'和'社会实效'得到理解，当然，就后者而言，强制或强力也是不可或缺的。问题之三，是关于法的正确性或合法性的，此处又涉及法律与道德的关系。"②

在西方哲学上，各种法学流派都对法律的正当性有不同的正当性论述。上述第一个问题涉及规范和规范体系这两个概念，各法学流派都展开过本体论上的论述；第二个问题属于法律实证主义和社会法学派的领域；第三个问题则是自然法所主导的核心命题。各法学流派由此而形成不同的正当性概念，如自然法学派主张的伦理正

---

① 张文显：《二十世纪西方法哲学思潮研究》，365页，北京：法律出版社，2006。

② ［德］罗伯特·阿列克西：《法哲学的本质》，王凌皞译，载郑永流主编：《法哲学与法社会学论丛》（八），115页，北京：北京大学出版社，2005。

当性、实证主义法学派主张的法的有效性（合法性）①、历史法学派提出的法的"民族精神"、社会法学派提出的法的"合理性"②等。正如有学者指出的，正当性问题涉及一个"问题束"，就是以法的正当性、有效性、权威性的基础、根据、渊源为核心的一组问题，具体包括：（1）法的合法性；（2）法的证成；（3）法的合理性；（4）法的有效性与实效性；（5）法的权威性与服从法律的义务等，按照自然法学的观点，这些问题说到底都是以"正当性"为轴心或者具有某种"家族相似性"的问题③。实际上，自然法、正义论、契约论都可以视为对"正当性"思考的结晶。

一般公认社会学家马克斯·韦伯是对"正当性"问题作出系统阐述的第一人。经他所阐释的"理想类型"和"统治形态论"之后，各学派在寻求法的正当性时基本围绕经验和理性这两个维度进行。其中，最值得注意的是法律实证主义和新自然法学这两大主流学派所展开的"正当性"的论辩。概而言之，法律实证主义坚持纯粹的形式合法性，视法律为政治权威中占优势地位的意志之具有约束力的表达，拒绝承认任何对于实质合法性之诉求超过对于法律效力的追求；而自然权利理论则将实在法之实质合法性直接溯源于更高之道德律令④。应当看到，自然法的伦理正当性理论有助于

---

① 一般而言，法律实证主义的核心观点是任何法律的有效性都要上溯至一个客观的可确证的渊源，观点各不相同，如边沁和奥斯丁的"法律即命令"、H. L. A. 哈特的"法律即社会规则"、汉斯·凯尔森的"法律即规范"、约瑟夫·拉兹的"法律即社会事实"等。

② 如马克斯·韦伯的"形式理性法"。韦伯认为，人为制定的形式理性法逐渐成为法自身的正当性和规范性基础，实在法不再需要诉诸一种"更高级的法"来证明自己的正当性。参见［德］马克斯·韦伯：《经济与社会》（下卷），林荣远译，192、199~216 页，北京：商务印书馆，1997。

③ 刘杨：《法律正当性观念的转变：以近代西方两大法学派为中心的研究》，30 页，北京：北京大学出版社，2008。

④ 参见［德］于尔根·哈贝马斯：《法的合法性——〈事实与规则〉要义》，许章润译，载郑永流主编：《法哲学与法社会学论丛》（三），4 页，北京：中国政法大学出版社，2000。

解决的问题有二：其一，为法律正当性提供一个评价性或规范性的基础；其二，法律的正当性对法律创制和适用的意义。同时，自然法的伦理正当性理论也面临一个问题：法律的界限何在？这也正是法律实证主义为何抛出分离命题、批判自然法理论的原因所在①。从思想渊源来说，"正当性"概念属于古典自然法的传统范畴，一般是为法律、统治秩序寻求伦理论证。"合法性"②一般是法律实证主义的概念，以符合实在法规范为标准所提供的一种正当性证明。

事实上，如果坚持以"合法性"证明法律的合法性（正当性），则势必会出现这样的情况：法律本身是一种秩序，被证明"合法性"的法律就应当是一种好秩序。那么，这种"好"又如何证明呢？只能得出一个答案：好秩序意味着一种符合正义、道德的秩序。在任何社会，任何成员都必须向他人履行道德义务。当这些义务获得一定程度的重要地位时，就会具有一种法律性质。因此，法的伦理正当性是阐释法律正当性的较为理想的模式，而自然法理论无疑为制定法提供了一种价值理性的正当性证明，同时自然法的规范作用也为制定法提供了一种伦理基础，并指导和约束法律的制定和实施。

法律既然可以自然法理论论证其正当性，那么具有特殊性质且不含纯技术因素的亲属法概莫能外。另外，法律实证主义的"合

---

① 本书此处只涉及法的正当性问题，有关亲属法与婚姻家庭伦理的"界限"问题请参见本书第四章的论述。

② 许章润指出："正当性"（实质合法性）相对应的英文是 legitimacy，德文为 legitimität；而"合法性"（形式合法性）相对应的英文是 legality，德文是 legalität。中文世界亦有以"合理性"与"合法性"，或"道统"与"法统"，以及"正当性"与"合法性"，或"合法性"与"合法律性"对译的，以辨明前者主要强调实质意义上的正当、合理及其道义基础，后者则表明实在法意义上对于形式与程序的奉守无违；前者多诉诸自然之"法"或道德之"法"，后者则依准乎俗世的实在之"法律"。参见［德］于尔根·哈贝马斯：《法的合法性——〈事实与规则〉要义》，许章润译，载郑永流主编：《法哲学与法社会学论丛》（三），3页，北京：中国政法大学出版社，2000。

法性"也有其合理的理由，有必要正面应对（见后文分析）。

（二）亲属法伦理正当性的逻辑起点

自然法论者认为实在法根源于自然法，并竭力从人的"本性"中说明自然法，乃至于一切法现象，因而一些自然法学家建议把自然法学家视为实在法之基础和本源的"自然法"一词改为"人性法"①。是故，法律根源于人性和法律必须具有道德性是一回事。正因为如此，自然法学家视法律与道德在本质上是统一的，认为法律是一种特殊的道德，一种实现道德的必不可少的手段②。

与婚姻家庭伦理的基点一样，亲属法也是以人性为基础和出发点的。但人性为什么是亲属法乃至整个法律的基础和出发点呢？学者们一旦涉及这一问题时，几乎所有的回答或假定都是"因为人性是恶的"。其实，这一假设的根基是非常脆弱的。如果人性是善的，就不需要法了；如果人性是恶的，法也是无能为力的。因为如果人的本性是邪恶的，那法也无法引导人向善，也无法让人去恶，除非把人性连根铲除。但那样一来，人性也就不再是人性，人也就不成其为人了。如前所述，人性本无善恶，乃人的动物性和人的特性所组成，婚姻家庭伦理是基于规范人性而产生和发展。对人性的规范或引导，只靠婚姻家庭伦理肯定是有限的。只有将婚姻家庭伦理上升为亲属法，以其合规律性、价值性、明确性、具体性和强制性发挥对人性的引导、调控与提升功能，才可言人性是亲属法的基础和出发点。人们之所以需要亲属法，很大程度上是一种精神需求，是希望婚姻家庭关系有序、和谐、稳定，以增强人们行为的可预期性。

只有基于婚姻家庭伦理上的正当性才是亲属法正当性的本源含

① 严存生：《道德性：法律的人性之维——兼论法律与道德的关系》，8~9页，载《法律科学》，2007（1）。
② 严存生：《探索法的人性基础——西方自然法学的真谛》，载《华东政法学院学报》，90页，2005（5）。

义，而提供这种正当性的恰恰是根植于人性深处的一种理性本能。因为"人生来就具有关于正当和不正当的观念，法律就其本质而言，其依据不是某个统治者专断的意志，也不是多数人的命令，而是自然，也即以先天的理念为基础"。① 一如有学者指出的那样，"法律是社会关系的调节器，它的着眼点是人，如果法律自身不体现一定的道德要求，不体现一定的人权精神，不考虑人的最基本的价值需求（生命、自由、荣誉、幸福），不反映基本的人道主义内容，那么它不仅是违反人性和道德的，而且，甚至会变成社会动荡的直接原因。可以说，法律本身也存在着合理性，即法律应当被人们在内心里得到认同"。②

基于上述分析，笔者认为，亲属法是婚姻家庭伦理在法律上的体现形式，也是发展婚姻家庭伦理的法律基础，亲属法的正当性来源于婚姻家庭伦理的人性基础。质言之，人性基础是亲属法伦理正当性的逻辑起点。

二、亲属法伦理正当性的既有学说

亲属法离不开现实的婚姻家庭道德秩序，或者说亲属法是在与其有一种内在关系的婚姻家庭道德秩序基础上建立的。虽可如此说，但上文也只是初步就亲属法的正当性给出了思考的路径。也就是说，虽"以伦理话语来阐释家庭法有利于洞察该法中最广泛的道德内容"③，但一切从宏观上臆想亲属法的正当性都是不切实际的。在此，有必要考察已有学说是如何证成亲属法正当性的，以便进一步就亲属法的正当性作出内涵界定。

---

① ［德］海因里希·罗门：《自然法的观念史和哲学》，姚中秋译，20 页，上海：上海三联书店，2007。

② 付子堂：《法之理在法外》，272 页，北京：法律出版社，2003。

③ Carl E. Schneider, *Moral Discourse and the Transformation of American Family Law*, Michigan Law Review, Vol. 83, No. 8, 1985, p. 1808.

亲属法的伦理性及其限度研究

（一）亲属法性质多元论

1. 界说

何谓亲属法的性质？对此问题的回答，可以展现学者们对亲属法正当性的基本认定。目前，婚姻法学界的学者们在他们的专著或主编的教材中就亲属法正当性问题都有大致的描述。不过，学者们并不都是从法哲学的角度来探讨这一问题，而是在亲属法的特点、特征、特质或性质这一层面来认识这一问题的。他们认为，亲属法具有习俗性、伦理性、团体性、要式性[①]；"适用范围的广泛性、显明的伦理性以及要式、强制性"[②]；调整对象的普遍性、调整对象的身份性、调整内容的伦理性、法律规定的强制性[③]；适用上的极大广泛性、内容上的强烈伦理性、执行上的强制性[④]；习俗性、差异性、伦理性、团体性、强行性、身份法性[⑤]；亲属法是规范亲属之间身份关系的具有习俗性、伦理性、亲属团体性的强行法、普通法[⑥]。

从学者们所提炼的亲属法性质（或特征）来看，"伦理性"是一致的结论，并无异议。学者们在论及亲属法的伦理性时，写道："夫妻、亲子等相互之关系，伦理的色彩特别浓厚，亲属法之规定，须以合于伦理的规范为适宜，而且有其必要。"[⑦] "在婚姻家庭问题中，道德是基础，法律是保证。婚姻法的主要特色之一，就在于它具有鲜明的伦理性。法律上的每项规定，也是道德要求。"[⑧]

---

① 史尚宽：《亲属法论》，5 页，北京：中国政法大学出版社，2000。
② 巫昌祯主编：《婚姻家庭法新论——比较研究与展望》，55 页，北京：中国政法大学出版社，2002。
③ 夏吟兰主编：《婚姻家庭继承法》，20 页，北京：中国政法大学出版社，2004。
④ 陈苇主编：《婚姻家庭继承法学》，10~11 页，北京：群众出版社，2005。
⑤ 余延满：《亲属法原论》，2~4 页，北京：法律出版社，2007。
⑥ 杨立新：《亲属法专论》，4~5 页，北京：高等教育出版社，2005。
⑦ 史尚宽：《亲属法论》，5 页，北京：中国政法大学出版社，2000。
⑧ 巫昌祯主编：《婚姻家庭法新论——比较研究与展望》，18 页，北京：中国政法大学出版社，2002。

"由于以两性关系和血缘联系为特征的婚姻家庭关系的实质是一种伦理关系，具有深刻的伦理性，这种法律与道德的一致性在婚姻家庭法中就得到了突出的体现"①，因而"在一定意义上说亲属法堪称道德化的法律或法律化的道德，古今中外概莫能外。从历史上来看，中国古代亲属法以儒家的伦理观为其思想基础，欧洲中世纪的亲属法则以基督教的道德为其精神支柱"。②"婚姻家庭法属于身份法的范畴，无论是人身关系，还是财产关系，其权利义务大都是根据我国人民长期形成的良好的伦理道德上升为法律关系的。"③因此，"亲属法的规范，必须合乎于伦理的要求，伦理性具有特别的必要性。"④

2. 评说

除"伦理性"外，学者们所提炼的亲属法性质（或特征）主要体现在两个方面：一是法律形式规范上的特性，如适用上的广泛性（或称普遍性）、调整对象的团体性和身份性、规范本身的要式性和强行性；二是法律形式规范以外的特性，如习俗性、差异性（或称民族性、地域性）。依笔者愚见，这些所谓的亲属法性质有待于重新认定。

首先，亲属法的性质要从"形式"与"实质"这一对范畴来进行思考和认定。从法律形式来看，"广泛性或普遍性并非是亲属法的特性，因为作为普通法的民法的其他组成部分如物权法、债法、继承法亦具有适用上的广泛性或普遍性的特点"，"要式性"也"并非亲属法的特点，而是身份行为的特征"。⑤另外，即使亲属法具有团体性、身份性以及强行性，也只是其表面特质而已，其

---

①　巫昌祯主编：《婚姻家庭法新论——比较研究与展望》，56页，北京：中国政法大学出版社，2002。

②　杨大文主编：《亲属法》（第4版），24页，北京：法律出版社，2004。

③　陈苇主编：《婚姻家庭继承法学》，11页，北京：法律出版社，2002。

④　杨立新：《亲属法专论》，5页，北京：高等教育出版社，2005。

⑤　余延满：《亲属法原论》，4页，北京：法律出版社，2007。

亲属法的伦理性及其限度研究

深层的原因在于亲属法调整对象和调整内容的伦理性，即婚姻关系和家庭关系的伦理实质。也就是说，亲属法具有的形式特征是其伦理实质的表征。至于亲属法的习俗性，也与亲属法的伦理性存在千丝万缕的联系。婚姻家庭习俗是人们在日常生活中创造、积累并共同享有的，它可以反映出一定社会的经济发展形态、民族心理特征、伦理道德、宗教观念等多种因素。婚姻家庭道德规范大都以风俗习惯的形式出现，并以社会舆论作为其强制手段。韦伯也在很大程度上将习惯和惯例等同于道德，他认为"在社会学的意义上，每一个伦理体系的有效性在很大程度上都依赖于惯例的支持，也就是说，违背道德的行为将受到谴责"。① 罗素在论及道德、习俗和法律的关系时写道："积极的道德（指类乎法律的道德——笔者注）比个人的道德出现得早，或许比法律和政府也早。它最初是部落的习俗，法律就是从这些习俗中逐步发展起来的。试想一下如今在极原始的野蛮人中还可看见的关于谁能与谁结婚的特别详细的规则……这同我们的禁止乱伦结合的规则使我们感到的道德上的强制力一样。这些规则的起源是不清楚的。"②

其次，亲属法的性质要从亲属法的正当性角度来思考和认定。如前所述，法的正当性的论证进路有二：一是从法律形式证成"合法性"；二是从法律实质证成"正当性"。这两条进路的选择，实际上是事实判断还是价值判断的选择。如选前者，必然会造成法律与道德的分离。由于法律具有"合法性"，守法的道德义务则无必要，因为法律本身已被视为是正当的。如选后者，伦理道德就是法律价值判断的依据。依前文之逻辑，笔者当然持后种立场，并认为亲属法的性质与其价值判断是一个问题的两个方面。我们知道，

---

① 郑戈：《韦伯论西方法律的独特性》，载李猛主编：《韦伯：法律与价值》，61页，上海：上海人民出版社，2001。

② ［英］伯特兰·罗素：《权力论》，吴友三译，161页，北京：商务印书馆，1991。

亲属法规范的是婚姻关系和家庭关系。婚姻关系和家庭关系是一种特殊的社会关系，它与一切其他的社会关系一样要受到社会道德规范的制约。那么，亲属法的价值判断依据在何方？对此，我国有学者进一步提出："婚姻家庭法的道德基础，本人认为，也可以称其为基本价值，就是要讨论婚姻家庭法的正当性是什么？人们为什么更愿意处于由婚姻家庭法调整所确认的社会状态之下，而不是处于无这类法律的状态之下？……婚姻家庭实践是否应该受法律保护？或者人们是否应该被合法迫使或受到法律鼓励去组织家庭？"①

基于以上认识，本书认为，亲属法的实质是其伦理性，其他特征是其伦理性的表征。

（二）婚姻本质论

1. 界说

婚姻关系是亲属法调整的重要内容。婚姻是家庭的前提和基础，对其性质的认定更有助于认定亲属法的性质，继而更进一步说明亲属法的正当性。有关婚姻性质的学说可谓众说纷纭②，现择几种主要学说，概述如下：

（1）契约说。此说是西方国家至今仍占统治地位的重要学说，其代表人物是康德。康德认为，婚姻"是依据人性法则产生其必

----

① 蒋月：《婚姻家庭法前沿导论》，17页，北京：科学出版社，2007。
② 参见［美］威廉·J. 欧德耐尔、大卫·艾·琼斯：《美国婚姻与婚姻法》，顾培东、杨遂全译，2～15页，重庆：重庆出版社，1986；史尚宽：《亲属法论》，98～111页，北京：中国政法大学出版社，2000；巫昌祯主编：《婚姻家庭法新论——比较研究与展望》，29～32页，北京：中国政法大学出版社，2002；王丽萍：《婚姻家庭法律制度研究》，14～20页，济南：山东人民出版社，2004；巫昌祯、夏吟兰主编：《婚姻家庭法学》，2～5页，北京：中国政法大学出版社，2007；蒋月：《婚姻家庭法前沿导论》，32～51页，北京：科学出版社，2007；余延满：《亲属法原论》，134～135页，北京：法律出版社，2007；陈苇（项目负责人）：《改革开放三十年（1978～2008年）中国婚姻家庭继承法研究之回顾与展望》，73～77页，北京：中国政法大学出版社，2010。

要性的一种契约"①，"它是由两个人，仅仅根据彼此占有而结成一个性关系的联合体。"② 康德的逻辑观点是：当夫妻之间互用性器官时，要将人格全面倾注于该物件（性器官）之中，人格只能在相互性和契约上得到恢复③。费希特对于婚姻的见解，较康德更合乎人伦，他认为婚姻为基于两异性人格的性的冲动的完全结合，婚姻以其自身为目的，别无其他目的；婚姻不是习惯或任意制度，而是依自然及理性所规定的必然的及完全的关系；婚姻不仅是法的共同体、法的制度，而且是自然的及道德的制度④。契约说又有特种契约说⑤、制度契约说和状态关系契约说之别。⑥

（2）伦理说。黑格尔是此说的创始人。在黑格尔看来，"婚姻实质上是伦理关系"⑦，这种伦理精神是婚姻和家庭的基础。黑格尔指出，"婚姻作为直接伦理关系首先包括自然生活的环节。因为伦理关系是实体性的关系，所以它包括生活的全部，亦即类及其生命过程的现实"。"其次，自然性别的统一只是内在地或自在地存在的"，"它在它的实存中纯粹是外在的统一，这种统一在自我意

① ［德］康德：《法的形而上学原理——权利的科学》，沈叔平译，96 页，北京：商务印书馆，1991。

② ［德］康德：《法的形而上学原理——权利的科学》，沈叔平译，99 页，北京：商务印书馆，1991。

③ ［日］大井正：《性与婚姻的冲突》，张治江译，108 页，长春：吉林人民出版社，1988。

④ 参见王丽萍：《婚姻家庭法律制度研究》，15 页，济南：山东人民出版社，2004。

⑤ 例如，《法国民法典》第 146 条规定："没有合意，不成婚姻。"（《法国民法典》，罗结珍译，53 页，北京：北京大学出版社，2010。）《葡萄牙民法典》第 1591 条也明确规定婚姻的契约性质："男女双方所订立之承诺缔结婚姻之合同……"（《葡萄牙民法典》，唐晓晴等译，276 页，北京：北京大学出版社，2009。）

⑥ 参见史尚宽：《亲属法论》，99～103 页，北京：中国政法大学出版社，2000。

⑦ ［德］黑格尔：《法哲学原理》，范扬、张企泰译，177 页，北京：商务印书馆，1961。

识中转变为精神的统一，自我意识的爱。"① 他批判了"从婚姻的自然属性方面"、"仅仅是民事契约"② 和"仅仅建立在爱的基础上"来看待婚姻本质的三种观点，进而指出"婚姻是具有法的意义的伦理性的爱，这样就可以消除爱中一切倏忽即逝的、反复无常的和赤裸裸主观的因素"。③ 他指出，"婚姻的主观出发点在很大程度上可能是缔结这种关系的当事人双方特别爱慕，或者出于父母的事先考虑和安排等；婚姻的客观出发点则是当事人双方自愿组成为一个人，同意为那个统一体而抛弃自己自然的单个的人格。在这一意义上，这种统一体乃是作茧自缚，其实这正是他们的解放，因为他们在其中获得了自己实体性的自我意识"。④ 马克思在批判地继承黑格尔的婚姻法思想的基础上，把婚姻关系的本质归结为摆脱夫妻双方主观任性的客观伦理理性，他认为，"如果立法者认为婚姻足以承受种种冲突而不致丧失其本质，那他就是尊重婚姻，承认它的深刻的合乎伦理的本质"。⑤

（3）身份关系说⑥。该学说认为，婚姻法律关系本质上是一种身份关系，婚姻双方在财产上的权利义务是附随于人身上的权利义务。创设这种关系的婚姻行为是一种身份法上的行为，行为人须有结婚的合意；但是，婚姻成立的条件和程序，婚姻的效力，婚姻解

---

① ［德］黑格尔：《法哲学原理》，范扬、张企泰译，176～177 页，北京：商务印书馆，1961。

② 黑格尔认为，婚姻不应被降格为按照契约而相互利用的形式。就人的意志来说，导致人去缔结契约的是一般需要、表示好感、有利可图等，但是导致人去缔结契约的毕竟是自在的理性，即自由人格的实在（即仅仅在意志中现存的）定在的理念。参见［德］黑格尔：《法哲学原理》，范扬、张企泰译，80 页，北京：商务印书馆，1961。

③ ［德］黑格尔：《法哲学原理》，范扬、张企泰译，177 页，北京：商务印书馆，1961。

④ ［德］黑格尔：《法哲学原理》，范扬、张企泰译，177 页，北京：商务印书馆，1961。

⑤ 《马克思恩格斯全集》（第 1 卷），185 页，北京：人民出版社，1956。

⑥ 也有学者将此学说称为"制度说"。参见余延满：《亲属法原论》，134 页，北京：法律出版社，2007。

除的原因等，都是法定的，而不是当事人意定的；因此，婚姻自为婚姻，不应当将婚姻行为视为契约，婚姻关系视为契约关系①。身份关系说曾是中国婚姻法学界的通说②。

（4）身份契约说。该学说认为，婚姻是男女双方自愿缔结的有关夫妻身份的特殊契约，它是缔约双方以建立夫妻关系为目的，以夫妻间的权利义务为内容的身份协议③。尽管我国《合同法》第二条第二款规定"婚姻、收养、监护等有关身份关系的协议，适用其他法律的规定"，但《合同法》也第一次在我国法律中明确婚姻是有关身份关系的契约。与一般的财产契约不同，婚姻关系负载着人类社会繁衍发展、子女后代抚养教育、社会伦常尊重维护的责任，因此，当事人之间缔结婚姻的合意受到了更多的法律规定的限制。但不可否认的是，在现代社会是否缔结婚姻关系，与谁缔结婚姻关系的意思表示均须由当事人自行做出，意思表示不真实或有瑕疵的将会导致婚姻的无效或被撤销，而且，婚姻效力中的身份关系和财产关系的内容已经有了越来越多的缔约空间④。因此，婚姻具有双重性，即它既具有身份性，又具有契约性⑤。

---

① 杨大文主编：《亲属法》，71 页，北京：法律出版社，1997；杨大文主编：《亲属法》（第 4 版），66 页，北京：法律出版社，2004。

② 巫昌祯、夏吟兰主编：《婚姻家庭法学》，4 页，北京：中国政法大学出版社，2007。

③ 巫昌祯、夏吟兰主编：《婚姻家庭法学》，4 页，北京：中国政法大学出版社，2007。

④ 巫昌祯、夏吟兰主编：《婚姻家庭法学》，4~5 页，北京：中国政法大学出版社，2007。

⑤ 参见王洪：《婚姻家庭法》，62 页，北京：法律出版社，2003；杨立新：《亲属法专论》，83 页，北京：高等教育出版社，2005；巫昌祯、夏吟兰主编：《婚姻家庭法学》，5 页，北京：中国政法大学出版社，2007；余延满：《亲属法原论》，135 页，北京：法律出版社，2007。我国台湾地区学者也早已指出："婚姻关系之内容如何，效力如何，应依亲属编之规定及其特性以定之，其与为契约与否并无关系，故以认结婚为亲属上之身份契约为妥。"（史尚宽：《亲属法论》，111 页，北京：中国政法大学出版社，2000。）

2．评说

从以上学说可见，婚姻概念是在两个含义上使用的：一是结婚行为；二是婚姻效力。个人主义的契约说（含身份契约说）侧重于前者，身份关系说侧重于后者，而超个人主义的伦理说则两者兼顾。"亲属的身份关系与伦理及道德关联最切"[1]，因而身份关系说强调婚姻效力的非契约性，但似乎难以说明婚姻契约约定的不是结婚行为本身。而"婚姻是契约的解释也存在明显缺陷及消极作用：首先，约定与现实的距离无法消除……其次，对配偶双方而言，婚姻契约模式的积极作用值得怀疑……再次，按照婚姻契约论，夫妻性生活就是依契约产生的一项权利或义务，这容易导致夫妻特别是丈夫一方的纵欲甚至婚内强奸，从而使妻子在肉体和精神上受到伤害，并带来痛苦。最后，白纸黑字写明的契约永远无法穷尽生活，当事人将不得不经常地修改或增补约定内容，以避免因生活或自身行为远远地超出了契约内容而引发冲突，或者尽力避免自己的行为被配偶另一方指责为破坏婚姻"[2]。这种批评意见虽然在指出婚姻契约论的错误认识上具有一定的合理性，但也混淆了结婚行为的契约与婚姻效力的契约之间的区别。因此，此种批评意见又难以说明婚姻契约约定的就是结婚行为本身。笔者认为，对契约说的批判还要结合对伦理说的评述一起进行。对契约说或伦理说而言，对于它们的简单肯定或否定都太武断了[3]，应当深究它们深层的理论背景或根源。以下以康德和黑格尔的学说为分析蓝本。

---

① 史尚宽：《亲属法论》，3 页，北京：中国政法大学出版社，2000。

② 蒋月：《婚姻家庭法前沿导论》，42～43 页，北京：科学出版社，2007。

③ 在恩格斯看来，婚姻是以合乎道德的性爱为基础的。同时，恩格斯在对资本主义婚姻进行批判的同时，并没有否认婚姻的契约本质。他认为，"按照资产阶级的理解，婚姻是一种契约……这种契约那时在形式上确是自愿缔结的……不过人人都明白，这一同意是如何取得的，实际上是谁在订立婚约"，"在婚姻关系上，即使是最进步的法律，只要当事人在形式上证明是自愿的，也就十分满足了"。参见《马克思恩格斯选集》（第 4 卷），69，76，78～79 页，北京：人民出版社，1972。

首先，应当注意到康德的契约说和黑格尔的伦理说的主要差异。经笔者总结，其主要区别表现在：其一，在人的动物性层面，二人对生理需要的满足有不同看法。黑格尔认为婚姻的"本性冲动降为自然环节的方式，这个自然环节一旦得到满足就会消灭"，并认为"蓄妾主要是满足自然冲动，而这在婚姻却是次要的"①；康德却认为，"互相利用性官能的欢乐是婚姻的目的"②。其二，在人的特性层面，二人对精神需要的满足有不同认识。黑格尔认为婚姻是伦理之爱，康德却只认为婚约应依据"人性法则"。因而在婚姻成立上，黑格尔坚持形式和实质的统一，即"契约的订定本身就包含着所有权的真实移转在内，同样，庄严地宣布同意建立婚姻这一伦理性的结合以及家庭和自治团体对它相应的承认和认可，构成了正式结婚和婚姻的现实。只有举行了这种仪式之后，夫妇的结合在伦理性上才告成立"。③康德则只重形式，认为婚姻契约在标的物即性器官上只有相互占有（交付）后才可成立，即"婚姻的契约只有夫妻同居才算完成"④。

其次，应当注意康德的契约说和黑格尔的伦理说虽有所区别，但二者都建立在理性⑤的道德基础之上。黑格尔是从意志自由来谈法的。抽象的法、道德、伦理是黑格尔法哲学中三个不同形式和阶段上的法或权利。在黑格尔看来，自由意志借外物（特别是财产）以实现其自身，就是法（抽象的形式的自由）；自由意志在内心中

---

① ［德］黑格尔：《法哲学原理》，范扬、张企泰译，179 页，北京：商务印书馆，1961。

② ［德］康德：《法的形而上学原理——权利的科学》，沈叔平译，96 页，北京：商务印书馆，1991。

③ ［德］黑格尔：《法哲学原理》，范扬、张企泰译，180 页，北京：商务印书馆，1961。

④ ［德］康德：《法的形而上学原理——权利的科学》，沈叔平译，98 页，北京：商务印书馆，1991。

⑤ 在黑格尔那里，"客观精神"是理性的承载者；他认为理性在不同的历史时代有其不同的表现形式。在康德那里，理性、道德、自由是统一的。

实现，就是道德（主观的自由）；自由意志既通过外物，又通过内心，得到充分的现实性，就是伦理（法和道德的真理和统一）。黑格尔推崇合乎伦理的爱，似乎与其主张的意志自由、人格平等有所矛盾①。虽然黑格尔所理解的"伦理"、"道德"与我们中国社会普遍认知的伦理道德有所差异，但他主张的自由意志在伦理上的"双方人格的统一体"，实际上指出了婚姻具有基于爱情并由法律固定下来的道德关系的性质。康德是从讨论道德形而上学开始，进而分析法律和权利问题的。在康德的思想体系内，道德是一个与自由截然不分的领域。康德认为，自由的最完美形态是道德中的自由，或道德人的自由②。康德的婚姻契约说建立在理性的人性、人格上。而"道德的人格不是别的，它是受道德法则（指先验的、普遍的绝对命令，即纯粹实践理性的法则——笔者注）约束的一个有理性的人的自由"。③ 康德的道德原则的核心是"人性的尊严"，就是把人当做目的而不是手段④。由于"性官能的交出"会与"本人的人性权利相矛盾"，"而后一个人也同样对等地获得前一个人"的"性官能"，"这就恢复并重新建立了理性的人格"。正因为如此，互相利用性器官的婚姻契约必须是"依据人性法则产生其必要性的一种契约"。康德认为，道德原则所以是契约规则的评判标准，所以成为人们遵守规则的根据，原因在于这些原则本身具有绝对的必然性，这种绝对必然性存在于道德本身之中，它是理性的最高形式或先验理性，"伦理命令我必须履行由契约规定的诺

---

① 黑格尔认为，"我的整个人格、我的普遍的意志自由、伦理和宗教"是不可转让的。参见［德］黑格尔：《法哲学原理》，范扬、张企泰译，73页，北京：商务印书馆，1961。

② 康德有时干脆把自由称为"一个纯粹理性的概念"。参见［德］康德：《法的形而上学原理——权利的科学》，沈叔平译，23页，北京：商务印书馆，1991。

③ ［德］康德：《法的形而上学原理——权利的科学》，沈叔平译，26页，北京：商务印书馆，1991。

④ ［德］康德：《实践理性批判》，邓晓芒译，119～120页，北京：人民出版社，2003。

言……遵守契约规定的诺言是一种外在的义务"①。概言之，康德契约说②的道德原则是抽象的普遍性，主张脱离感情和欲望，为义务而义务；而黑格尔伦理说的道德原则是具体的普遍性，他所主张的道德则是包含性爱和性欲在内的，是有内容的。

不管如何去解释婚姻的本质，有一个基本的事实是我们无法否定的：它满足了人们的生理需要和精神需要，使人充分体验到男女结合的重要性。从伦理道德这一人性的升华层面来看，强调人的动物性意义上的人性完整必会导致康德所言的契约论，而强调人的理性意义上的人性完整则会导致黑格尔所言的伦理之爱的统一体。依笔者观点，将两种学说加以整合，更能体现婚姻的本质。笔者认为，婚姻是指人类实现男女两性结合的为当时伦理道德所公认的且为当时法律所承认的夫妻关系；它不仅以性为缔结的前提，同时又是广泛地满足社会成员性的欲望、实现人类性爱需要的伦理途径。结婚行为的本质是伦理性契约，婚姻效力的本质是契约性伦理。"真正的人域法必同时具有契约性和伦理性的双重特征。"③ "以他人的人格补充自己的不完全，即构成婚姻、亲子、亲族关系"④，因而婚姻契约比任何其他契约更具伦理性。归结为一点，婚姻契约是指对结婚行为的契约，是缔约双方当事人由此而形成伦理实体的

---

① ［德］康德：《法的形而上学原理——权利的科学》，沈叔平译，21 页，北京：商务印书馆，1991。

② 从自然法的角度来说，康德哲学和黑格尔哲学中的人性、理性都是自然法的基本范畴。在康德之前的自然法强调人的权利是与生俱来的，经康德强调人的权利来自于人所具有的实践理性之后，自然法转为规范层面的理性法、道德法，进而又导致新自然法与法律实证主义的对峙。在社会和政治领域中，霍布斯、洛克、卢梭从生存、自由、平等三个不同层面由自然法阐发"自然权利"，即契约自由，但这种自由主义缺乏道德感，而康德则为霍布斯、洛克、卢梭的自由主义提供了道德感的理论支持。因此，正是由于康德和其他一些思想家的努力，权利观念才具有了深刻的合理性。

③ 江山：《广义综合契约论——寻找丢失的秩序》，载梁慧星主编：《民商法论丛》（第 6 卷），258 页，北京：法律出版社，1997。

④ 梁慧星：《民法解释学》，53 页，北京：中国政法大学出版社，1995。

前提。质言之，婚姻是伦理性的契约和契约性的伦理实体，其表征是契约性，实质是伦理性。

综上所述，无论是亲属法的性质还是婚姻的本质都间接说明了亲属法的伦理正当性。但这只是从定性角度来说的，至于亲属法究竟蕴涵何种程度和范围的伦理性，还得进一步探讨。

第三节　亲属法伦理正当性的两重维度

鉴于上文分析的亲属法性质和婚姻本质的特殊性，对亲属法伦理正当性的深层论证既不能仅从抽象层面寻求实质正义，也不能仅从具体层面诠释形式正义，而是两者的结合。因此，很重要的一点是要处理亲属法自身的及其伦理性中的形式和实质问题。而这类问题的关联性全在于"理性"一词的逻辑展开：为抑制婚姻家庭领域的"非理性"，需仰仗亲属法的形式理性和实质理性，而这两种"理性"又根源于亲属法形式上和实质上的伦理理性。关于形式伦理和实质伦理的问题在德国的哲学传统中是常见和典型的，但在中国儒家理论传统中，可以说还有点陌生。当然，这个差别并不是说这个问题在中国社会不存在，而是理论上能否对其有所把握以及如何把握。因此，为对"亲属法伦理正当性"内涵进行深层论证。笔者认为，首先有必要从德国思想家有关论述着手，分析亲属法的形式理性和实质理性，进而才可能探讨亲属法的形式伦理和实质伦理。

一、亲属法的形式理性与实质理性

"理性"一词来源于古希腊词语 logos（罗各斯）、nous（努斯），具有规律、思想、言辞等含义。纵观从阿那克萨哥拉到黑格尔等众多思想家对"理性"的理解，其中包含三个根本规定：（1）理性是人特有的一种能力和行为方式；（2）理性不同于感知，而是对事物本质和规律的把握；（3）理性是合乎人类本质和内在目的的合理行为选择。因此，所谓理性，就是人所特有的一种性质和能力，是建立在人的理智和思维基础上的主体合规律性与合目的性的认知方式和行为方式。① 从法律产生之日起，"理性"就是作为评判法律正义与否的标准，但在西方，法律理性有过从实质理性向形式理性的转变过程。

　　"形式"和"质料"是亚里士多德哲学的基本范畴，欧洲思想史上的基本范畴之一。在这方面，德国社会学家马克斯·韦伯的研究具有奠基性的意义。韦伯在他的《经济与社会》一书中探讨了西方法律的发展与特色，可称得上是社会学家开创以"形式理性法"观点对法律进行专门研究之先河，深远地影响了现代法社会学的研究领域以及研究方法。鉴于主张事实与价值相分离的观点，韦伯认为法社会学应研究社会行为，而不应从事价值判断。韦伯根据行为的动机，把社会行为分为四种类型：目的合理性行为、价值合理性行为、传统行为、情感行为②。从社会行为出发，韦伯探讨了法律与社会的关系。在法律的社会作用方面，韦伯认为法律是实现某类"理想类型"③ 的工具。在韦伯看来，法律可以从形式

---

　　① 李建华：《法治社会中的伦理秩序》，38 页，北京：中国社会科学出版社，2004。

　　② ［德］马克斯·韦伯：《经济与社会》（上卷），林荣远译，56 页，北京：商务印书馆，1997。

　　③ ［德］马克斯·韦伯：《经济与社会》（上卷），林荣远译，42 页，北京：商务印书馆，1997。

和实质①、理性②和非理性的角度分为四种典型的理想类型，依次是：形式非理性法、实质非理性法、实质理性法和形式理性法。在韦伯看来，上述四种理想类型的法律，在当代社会中，"非理性"的法律已不复存在，而"形式理性法"和"实质理性法"则仍在发挥作用。

"形式理性法"体现在法律秩序的规则层面，不仅指法律规则体系逻辑清晰、内容一致、严谨完整，以最大的可能性消灭法律漏洞，而且还能在现实生活中有效地实施。这类法律类型的主要形式是与"目的合理性"的社会行为相一致的"逻辑形式"法律，即"建立所有由分析所获得的法的原则的联系，使它们相互之间组成一个逻辑上清楚、本身逻辑上毫无矛盾的和首先是原则上没有缺陷的规则体系，也就是说，这种体系要求，一切可以想象的事实在逻辑上都必须能够归纳到它的准则之一的名下，否则，它们的秩序就

---

① 这里的"形式"是指对于判决的制作拥有效力的规则和程序；这里的"实质"则是指宗教、伦理、政治价值等外在的尺度或准则。"形式的法律"是指严格根据法律规定运作的法律体系，它意味着在事先制定好的一般规则基础上作出决定。"形式的法律"又可分为两种：一种是外在特征的形式主义，即"具有感觉上直观的性质。对这些外在特征负有连带责任：说出某一句话，签过字，采取某种特定的、其意义永远固定的象征性行动，这意味着最严格方式的法的形式主义"；另一种是逻辑抽象的形式主义，即"通过逻辑的意向阐释挖掘法律上重要特征的含义，并据此严格抽象规则的形态，构建和运用固定的法的概念"。参见［德］马克斯·韦伯：《经济与社会》（下卷），林荣远译，17 页，北京：商务印书馆，1997。

② "理性"是韦伯社会学理论中的一个核心概念，但该理论使用这一概念来表示的含义却不甚统一。根据安东尼·克隆曼的总结，韦伯所称的"理性"大致有四个含义：（1）在许多场合，韦伯用"理性"一词来表示受一般性或原则的约束。（2）"理性"的第二个含义是指法律的体系化特征。（3）"理性"的第三个含义是用来说明"基于抽象阐释意义的法律分析方法"。（4）"理性"的最后一个含义是"可以为人类智力所把握"。韦伯所经常使用的是第一个含义，也是合理性的最基本的含义。参见郑戈：《韦伯论西方法律的独特性》，载李猛主编：《韦伯：法律与价值》，75～76 页，上海：上海人民出版社，2001；吕世伦主编：《现代西方法学流派》（上卷），337 页，北京：中国大百科全书出版社，2000。

失去法的保障"。① 在韦伯看来，"逻辑形式理性"代表着法学价值中立的形态，因为法律被专业技术训练的法律人理性化之后，法律本身就成为一种能内在自足的逻辑理性形式，适用法律或解释法律时单纯以形式逻辑推理的方式就可以证成，而无须借助任何法律以外的道德价值予以判断，或借助政治、宗教等予以判断。正如韦伯所说："特殊的法的形式主义会使法的机构像一台技术上合理的机器那样运作，它为有关法的利益者提供了相对而言最大的活动自由的回旋空间，特别是合理预计他的目的行为的法律后果和机会的最大的回旋空间。"②

"实质理性法"的重要特点是除法律的一般规则和程序外，更重视决定这些规则和程序的伦理、宗教、政治等价值观念，法律的实施必须符合这些观念。很显然，这一法律类型与"形式理性法"忽视宗教、道德等价值观念且认为法律的合理性来自自身系统严密的逻辑结构的观点，形成鲜明对比。由于韦伯强调价值中立，因而他所强调的人类社会行为应当是符合目的合理性的，而非价值合理性的行为。毫无疑问地，在目的理性等于形式理性的结构下，韦伯主张"形式理性法"就是现代法学理论应当采取的立场。在韦伯看来，只有采取"形式理性法"的立场，才可避免对法律进行价值判断。

由于韦伯坚持事实与价值的分离命题，因而他的法律理性化（正当性）理论也有先天性的缺陷。例如，对法律规则背后的客观价值关系视而不见，或者把价值等同为伦理或教义并从法律的形式方面的要求出发予以批判。这就等于在其理论体系自身之中就否定了两种理性化取向并存的可能性，同时他将行为合理化等同于法律

---

① ［德］马克斯·韦伯：《经济与社会》（下卷），林荣远译，16 页，北京：商务印书馆，1997。

② ［德］马克斯·韦伯：《经济与社会》（下卷），林荣远译，140 页，北京：商务印书馆，1997。

秩序的理性化，从而否定法律自身的工具性与价值性这两种属性①。因此，我们应对韦伯的法律理性化理论有所扬弃，主张法律应当兼具目的合理性和价值合理性，以实现法律的形式理性和实质理性的辩证统一。

就亲属法而言，也应当兼具形式理性和实质理性。在亲属法的形式理性层面，亲属法体系化的法律形式特征应当体现为：亲属法规范的形式性、规范效力的普遍性、规范适用的一致性、规范体系的确定性、规范运用的程序性等。这些形式特征彼此之间相互联系：只有承认并赋予个人以平等、自由，亲属法规范才是形式的；而形式亲属法规范区别于特权法，在于它的效力的普遍性；而亲属法规范效力的普遍性，必然要求规范适用的一致性；而规范适用的一致性又必然要求规范体系的确定性；最后，亲属法规范的形式性，规范效力的普遍性，规范适用的一致性及体系的确定性只有由规范运用的程序性所承载，才具有其直接现实性。所以，没有这一系列特征所标明的亲属法律秩序的机械性，就不会有依据合理预期的理性主义的行为。

亲属法律规范并不是总是明确的，其应当是有价值取向的。当行为人在追求自我目的的同时，还要服从亲属法的实体价值的导向。这意味着行为人在主观上还应具备一种亲属法律规范或原则意义上的价值或实质合理性特征。于是，我们就触及了属于亲属法律价值而非亲属法律规范的另一个领域，即由诸如公序良俗、公平、

---

① 哈贝马斯对此批判韦伯的合理性理论，指出"马克斯·韦伯面临着这样一种选择：要么，淡化他关于没有丝毫道德——实践内涵的'铜墙铁壁'的观念，要么，把道德和法律归入不同的合理性结构。韦伯选择了后者，缩小了道德发展与法律合理化之间的结构相似性。韦伯认为，法律和物质供给以及正当的权力斗争一样，主要是一个可以获得形式合理化的领域。不过，韦伯在这里又一次把价值模式和有效性要求混淆了起来……韦伯就是沿着这样一条路径把法律等同于一种目的理性的组织手段，并把法律的合理化与道德——实践的合理性结构脱离开来，进而还原为一种纯粹的目的——手段——关系的合理化。"参见［德］尤尔根·哈贝马斯：《交往行为理论：行为合理性与社会合理化》，曹卫东译，240、251页，上海：上海人民出版社，2004。

正义、自由、平等、人道及实体性的正当程序等法律理念及原则构成的共同基本价值观念。法律既然只是"理性的某种命令",法律与理性实际是一回事,并具有同样的归属关系①。所以,亲属法律秩序中非但不能排除价值判断的存在,而且其理性化过程必然包含一个客观价值体系的普遍形成过程。

二、亲属法的形式伦理与实质伦理

法律的形式理性和实质理性是现代法中的两个基本范畴,两者要么是辩证统一的,要么陷入二元论困境。法律程序主义便成为消解形式与实质二元论的有效范式,因而有学者认为程序理性是一种"扬弃形式理性和实质理性的反思理性"②。就本书命题而言,笔者主张,形式理性和实质理性是辩证统一的关系,这种关系统一于自然法意义上的伦理理性。伦理理性是人在进行道德活动时认识社会现实和人自身的一种高度发展的能力。在伦理理性中,人的道德认识能力、道德实践能力、道德修养能力都已经系统化和稳定化。伦理理性具体是指人性上的道德性,即是指人的一种自然的能力,是行为的正当理由,是评定善恶是非的能力。理性行为应与一定社会的伦理相联系。理性要表明性质和具体的内容、目标,理性行为要符合一定社会的伦理要求。法律理性作为法治之下的制度之德与人格之德,才与伦理理性结合在一起。亲属法的伦理理性是婚姻家庭领域内的人使人之所以得以与动物相区别、使人的特性得以升华且有能力自觉认识并践行的婚姻家庭道德法则及其价值追求。亲属法的法律理性在于其伦理理性,其价值体系和制度建构就根源于此,既有形式上的道德法则,又有实质上的价值理念。因此,亲属法的

---

① 梁治平:《法辨:中国法的过去、现在与未来》,185 页,北京:中国政法大学出版社,2002。

② 季卫东:《法律程序的形式性与实质性——以对程序理论的批判和批判理论的程序化为线索》,载《北京大学学报》(哲学社会科学版),112 页,2006 (1)。

伦理正当性就是在区分其形式理性和实质理性的基础上，经由与这一对范畴相一致的形式伦理和实质伦理加以阐明，最终予以证成的。

亲属法的形式伦理是关于"怎样做"方面的伦理，是以实质伦理的存在和要求为前提，通过形式合理性规范实现目的合理性的伦理，以使亲属法的实质伦理得到始终如一的贯彻和落实。亲属法在形式理性的基础上，对夫妻、亲子等关系的伦理要求首先也是一种形式的伦理要求，即它首先要求家庭成员普遍性地遵循婚姻家庭生活的规则和程序。具体而言，亲属法的形式伦理，是指对亲属法形式方面的道德要求，表现为法律和道德对结婚、离婚以及夫妻、亲子等关系的具体行为规范和要求。这种形式伦理可视为一种可普遍化为基本要求的形式伦理学理论的具体化。在欧洲伦理学史上，这种形式的义务伦理学的典型就是康德的绝对命令伦理学，而哈贝马斯的商谈伦理学则可视做这一传统在当代社会的新发展①。康德的形式伦理学在对人的理性功能的深度挖掘、极度弘扬的基础上，突出地论证了人的自由本性、人以自己为目的、普遍立法和意志自律的原则②。康德从超验的自由作为决定意志的本体原因这个最高原理出发，引申出"普遍立法"、"人是目的"和"意志自律"这三项纯粹形式的道德律令即命题，再由它们规定一系列对一切理性存在者都有效的普遍必然的实践法则，从而决定人们的道德行为。对人的伦理行为作出客观且普遍的"绝对命令"的要求，亦即纯粹实践理性的基本法则的要求是："要这样行动，使得你的意志的准则任何时候都能同时被看作一个普遍立法的原则。"③从方法论上而言，康德的形式伦理学的理论意义在于，它提出了一种论证人

---

① 陈泽环：《论经济伦理中的形式和实质问题》，载《上海社会科学院学术季刊》，102 页，1998（4）。

② 唐凯麟主编：《西方伦理学名著提要》，222 页，南昌：江西人民出版社，2000。

③ ［德］康德：《实践理性批判》，邓晓芒译，39 页，北京：人民出版社，2003。

们行为善恶最终根据的全新哲学方法，亦即一种论证普遍、客观、必然的道德命令的全新哲学方法，确立了一种自律、理性主义、绝对主义、动机论的伦理学。从亲属法伦理命题的角度来看，康德的道义论有助于将亲属法的形式理性确立在以绝对命令为核心的形式规则的基础上。由此而形成的亲属法的形式理性，有助于使以人性为基础的婚姻家庭伦理规范真正达成"人是目的"而不是手段的纯粹理性，从而保证亲属法形式伦理的普遍有效性。

亲属法的实质伦理是关于"是什么"、"为了什么"方面的体现价值合理性的伦理。从哲学、伦理学的宏观角度来说，实质伦理会因社会历史条件的不同及思想家们的各自主张而有所不同，如罗尔斯的"作为公平的正义"、功利主义者的"最大多数人的最大幸福"、共同体主义者追求的公共利益、马克思主义者追求的人的自由和解放，都是此种伦理。在欧洲伦理学史上，如果说康德的形式伦理学是对亚里士多德的德性伦理学的否定，那么马克斯·舍勒的实质的价值伦理学则是对康德的形式伦理学的否定①。马克斯·舍勒在批判康德的形式伦理学的基础上，提出了价值序列理论②。在舍勒看来，所有的价值都是质料性的、实质性的。从亲属法伦理论题的角度来看，舍勒的非规范、非命令式的价值伦理学的意义在于：在相应于亲属法形式理性要求的形式伦理学的基础上，这种伦理为相应于亲属法的实质理性提供了一种伦理学研究范式，更为亲属法的形式理性和实质理性在伦理上实现统一提供了前提和依据。

必须指出，本书此处对康德伦理学和舍勒伦理学的归纳和分析，仅仅是从一种典型的伦理学研究范式的角度阐明亲属法正当性问题的两个维度，并不意味着本书必须对这两种伦理学理论及其社

① 陈泽环：《论经济伦理中的形式和实质问题》，载《上海社会科学院学术季刊》，103页，1998（4）。
② 参见［德］马克斯·舍勒：《伦理学中的形式主义与质料的价值伦理学：为一门伦理学人格主义奠基的新尝试》，倪梁康译，127～134页，北京：生活·读书·新知三联书店，2004。

会意义予以全面分析或者简单肯定或否定。然而，亲属法的形式伦理和实质伦理本身毕竟又是内涵丰富的范畴，上述简要分析显然不能充分证成亲属法的伦理正当性，为此，本书以下设两章分别展开论述"亲属法的实质伦理"和"亲属法的形式伦理"。

第二章 亲属法的实质伦理

第一节 亲属法的伦理价值

亲属法的伦理价值涉及的是其存在的真正根据，也就是亲属法的伦理正当性论证的逻辑起点。一言以蔽之，亲属法的这种真正根据是支撑和确证亲属法是否具有"合理性"与"合法性"的终极性原因。在这个意义上，亲属法是有价值取向和价值体系的。

一、亲属法的伦理价值取向

家庭关系体现出一定时期人们伦理道德的价值取向。家庭伦理的价值性及其实践性和超越性构成了一切伦理的起点，其价值目标决定了亲属法的伦理价值取向，并为亲属法的正当性提供伦理精神和价值支撑。

（一）亲属法的终极价值目标

1. 家庭伦理是正义秩序的渊源

家庭是伦理原理、伦理生活的范型，家庭伦理①乃是一切德性的始发点，也是一切社会规范的渊源。儒家之伦理原则由家庭伦理上升为一种社会伦理，并与法律结合，积淀成为一种行之有效的外

---

① 本章所谓的家庭伦理，是一种广义概念，既包括代际伦理关系和同辈子女之间等的伦理关系，又包括两性关系的婚姻伦理。

在约束机制和内在社会调控力，成为维系中国家庭、社会甚至国家的最重要纽带①。家庭伦理的始点则是夫妻伦理，其基础是出自人自然本性的情欲，人类的伦理文明也始于对人们自然情欲满足的文明开化的制度安排②。迄今为止，论做人做事的行为规范，唯有家庭伦理最为大众化、最为稳定持久。人类最初、最一般的习性都是由家庭培育出来的。为培养子女的优良品质以及出于生存发展和血统繁衍的需要，父母会诉求规范、伦理、道德、习俗。利他、自爱、互利、自主、公正等德性，都是受家庭伦理教育而使人们具有了社会活动的善良本质。作为血缘人伦关系原型的家庭是典型的初级社会群体，是人类伦理关系的最初实体。血缘人伦既是人的生物性的自然，又是人的社会性、伦理性的自然，家族血缘的人伦关系，是元人伦关系，而且由于家庭是社会的细胞，家庭伦理在社会伦理生活中确实具有基础的意义③。家庭特有的血缘关系因先天与传承而产生神圣与不朽，因现实性和自组织性而优越于宗教，成为价值合理性预设的最佳选择④。亚里士多德曾指出，家庭是一种"义理结合"，他认为"人类所不同于其他动物的特性就在于他对善恶和是否合乎正义以及其他类似观念的辨认（这些都由言语为之互相传达），而家庭和城邦的结合正是这类义理的结合"。⑤ 罗尔斯也认为，家庭是正义主题的实例之一。他指出，"正义是社会制

---

① 刘云生：《中西民法精神文化本源刍论》，载《现代法学》，48 页，2002（6）。

② 詹世友：《公义与公器：正义论视域中的公共伦理学》，12 页，北京：人民出版社，2006。

③ 樊浩：《中国伦理精神的现代建构》，315 页，南京：江苏人民出版社，1997。

④ 石亚军主编：《人文素质论》，272 页，北京：中国人民大学出版社，2008。

⑤ ［古希腊］亚里士多德：《政治学》，吴寿彭译，8 页，北京：商务印书馆，1983。

度的首要价值，正像真理是思想体系的首要价值一样"①，正义的首要主题是"社会主要制度分配基本权利和义务"，"对于思想和良心自由的法律保护、竞争市场、生产资料的私人所有、一夫一妻制家庭就是主要社会制度的实例"②。"家庭之所以成为社会主要制度的原因之一，在于其为社会及其文化的秩序化提供了建构基本结构的实质作用。"③ 只有当制度的确立获得普适性的伦理内涵，人们依家庭伦理首要价值所铸就的内在品质，整个社会才会有得以建设的主体性前提，全社会才能形成一种团结合作、共同发展的良好秩序。从这个意义上说，制度正义的前提是制度应当体现正义的伦理精神，正义的社会是一种基于制度的正义安排与公正实践所达成的理想状态。基于此，我们可以说，整个社会的正义秩序都是源于家庭伦理的，正义是家庭伦理与社会伦理追求的最高境界，是一种包容性最大的伦理价值目标。

2. 家庭伦理的价值目标是和谐幸福

中国传统伦理精神之一，便是"和与中"，即强调一切关系的和谐与均衡。"礼之用，和为贵。"④ 历代政治家和思想家都极为重视家庭伦理的作用，强调"修身"、"齐家"与"治国"、"平天下"的关系，所谓"教先从家始"、"家之不行，国难得安"、"齐家而天下定矣"、"家和万事兴"等格言说的就是这个道理。虽然传统社会的"父慈子孝"、"兄友弟恭"、"长幼有序"、"夫妇有别"等家庭伦理规范不可避免地有其历史局限性，但也对维护家

---

① ［美］约翰·罗尔斯：《正义论》，何怀宏等译，3 页，北京：中国社会科学出版社，1988。译者在最新翻译修订版的《正义论》中，将原"价值"一词译为"德性"。参见［美］约翰·罗尔斯：《正义论》（修订版），何怀宏等译，3 页，北京：中国社会科学出版社，2009。

② ［美］约翰·罗尔斯：《正义论》（修订版），何怀宏等译，6 页，北京：中国社会科学出版社，2009。

③ John Rawls: *Justice as Fairness: A Restatement*, edited by Erin Kelly, Cambridge MA, London: The Belknap Press of Harvard University Press, 2001, p. 162.

④ 《论语·学而》。

庭关系的稳固和社会的稳定，发挥了一定的作用。应当说，中国古代家庭的和谐伦理与现代家庭的和谐伦理有着某些共通之处，却有着质的差别。古代家庭伦理所规范的家庭成员互尽义务虽有着优良传统在其内，但体现的是家长制之下的互尽义务。古代家庭伦理所规范的单向服从，即子女对父母、妻对夫、家庭成员对家长的绝对服从，则与当今家庭的平等关系有着格格不入的色调。当今社会，随着社会经济结构、生活方式和价值观念的变化，家庭关系中男女平等、人格独立、长幼平等、权利与义务平等等思想观念不断形成。家庭伦理所强调的和谐理念仍是当今社会和谐的前提和基础，家庭和谐自然也是社会和谐的前提和基础。现代家庭伦理要求我们注重自我修炼，将一系列外在的规则内化为自身的要求，培养自控型人格，注重家庭实践，提倡尊老爱幼、男女平等、夫妻和睦，以形成平等、文明、团结、和睦的家庭关系。这是现代家庭伦理对构筑和谐家庭生活所提出的价值追求。在这种家庭伦理之和谐理念的推动下，我们才能实现传统之"老吾老以及人之老，幼吾幼以及人之幼"、"修身、齐家、治国、平天下"的理念，才能达到构建现代和谐社会的理想目标，即"一种基于却又高于正义秩序的社会组织结构状态和社会发展状态"。① 基于此，可以说，家庭成员以和谐的人际关系模式为蓝本，以此类推至社会，从而构成和谐社会目标得以实现的逻辑起点与内在动力。

　　家庭伦理的另一个价值目标则是幸福。幸福是什么？这是一个古老又常新的话题。人的最终目的是追求快乐和幸福，这不仅仅是道德哲学家们的话题，也是现实生活中每一个人共同关心的话题。在西方，其价值观念的总体目标是幸福。自古希腊以来，幸福一直是西方的终极价值目标。以德谟克利特、伊壁鸠鲁为代表的自然主义幸福论把幸福定义为"灵魂平静地、安泰地生活着，不为任何

---

① 万俊人主编：《清华哲学年鉴·2004》，301 页，保定：河北大学出版社，2006。

恐惧、迷信或其他情感所扰"①、"身体的无痛苦和灵魂的无纷扰"②。近代西方伦理学肯定个人利益的伦理正当性，认为人人有权追求自己的幸福。培根提出人人要"自爱"，洛克认为追求个人幸福是人的本性，霍布斯认为人生的幸福在于不断地满足欲求，斯宾诺莎认为理性的命令就是要求自爱、利己，越能自爱，获利越多，德性就愈好③。"幸福概念是如此不确定，以致尽管每一个人都希望达到幸福，但他从来都无法明确地、前后一贯地说出他真正希望和意愿的是什么。所以如此的原因在于，所有属于幸福概念的因素都毫无例外地是经验的。"④幸福的内涵如此不确定，这使得伦理范导幸福成为必要，幸福的实现须以合乎伦理为前提。康德认为，"尽管幸福使拥有幸福的人感到愉悦，但它本身并不是绝对的、全面的善；相反，它总是以合乎伦理的行为为其前提条件"。⑤西方价值目标以个人主义为思想基础，所以西方式的幸福就是个人的幸福。在这一点上，"中西方对构成幸福的要素的看法大致相同，都从个体的角度谈论幸福，认为幸福由两部分组成：物质欲望的满足和精神生活的快乐"。⑥儒家伦理也有自己的幸福观。在它看来，幸福的标准在于精神或道德，幸福只是道德的伴随物或附属物，并不具有完全的独立意义；个人应"反求诸己"，克制欲望，

① 周辅成编：《西方伦理学名著选辑》（上卷），72 页，北京：商务印书馆，1964。

② 北京大学哲学系外国哲学史教研室编译：《古希腊罗马哲学》，368 页，北京：商务印书馆，1961。

③ 江畅、戴茂堂：《西方价值观念与当代中国》，531 页，武汉：湖北人民出版社，1997。

④ Immanuel Kant, *Grounding for the Metaphysics of Morals*, trans. James W. Ellington, Indianapolis: Hackett Publishing Company, 1993, p. 27.

⑤ Immanuel Kant, *Critique of Practical Reason*, trans. and ed. Mary Gregor, Cambridge: Cambridge University Press, 1997, p. 93.

⑥ 王引兰：《伦理学初探》，252 页，北京：中国社会出版社，2007。

在心性修养中达到幸福的极致①。幸福说到底是一种伦理的幸福，伦理和幸福应该而且必须统一起来。在道德中，私人的欲望和冲动是被接纳的，从而使幸福的自然基础得以成立；另一方面，理性的制约和他人的利益又是主要的，因而幸福的社会基础受到确认②。作为人的存在方式，家庭伦理所涉及的价值问题显然与家庭成员的个体幸福息息相关。幸福是个体的价值，但"如果一个部分本身有价值，并且不管怎么说它有一个价值，这个价值恰好不受这个整体的部分存在决定，而且在这个部分存在中是有效的，那么它对于整体的价值来说先验地是'意义重大'的。在它自身价值本性中所发生的每个变更，都会影响着整体的价值"③。因此，家庭成员的个体幸福是一种个人需求与家庭和谐统一的状态，家庭整体的幸福就是一种和谐。

3. 和谐幸福是亲属法的终极价值目标

法律是基于正义这一道德要求所设计的制度。正义制度的确立就必然要求理性的立法者依据一定的伦理精神为法律的构成与完善提供内在尺度与依据。美国社会法学派代表人物罗斯科·庞德认为，正义并不意味着个人的德性，也不意味着人们之间的理想关系，正义乃是这样一种关系的调整和行为安排的制度，即"它能使生活物资和满足人类对享有某些东西和做某些事情的各种要求的手段，在最小阻碍和浪费的条件下尽可能多地给予满足"，这种制度的安排形式就是法律④。因此，正义是法律追求的终极价值目

---

① 江畅、戴茂堂：《西方价值观念与当代中国》，533 页，武汉：湖北人民出版社，1997。

② 宋希仁主编：《中国伦理学百科全书·西方伦理思想史卷》，408 页，长春：吉林人民出版社，1993。

③ ［德］埃德蒙德·胡塞尔：《伦理学与价值论的基本问题》，艾四林、安仕侗译，118～119 页，北京：中国城市出版社，2002。

④ ［美］罗斯科·庞德：《通过法律的社会控制》，沈宗灵译，32～33 页，北京：商务印书馆，2008。

标，法律是正义的具体化。从某种意义上来说，法律必然要反映或者体现人类共同生活的某些最低程度的伦理精神、道德原则和生活准则，这是人类作为一个独立而特殊的"物种"的共同情感的反映，这是弥漫在人们生活的方方面面、纠缠于人们身心的经验事实，这也正是为什么从古至今人们都不约而同地将"正义"作为法律的永恒价值追求的根本原因。

亲属法的伦理正当性同样与正义概念存在密切联系。通常情况下，"正义"与正当性概念可换用。一如我国学者指出的那样，"对正义的思考总是与社会正当性或正当性批评联系在一起。不同的社会有不同的正义观，正义是一种起源于社会，受制于社会的正当性观念"。① 法律是正义的底线，包容最大多数人能够遵守的行为规则，而正义既是现实可以实施的行为规范，也是方向性的东西。人类是家庭伦理培育出来的社会动物，人们"只需知道真理，就能够服从"，家庭伦理权威是服从亲属法的社会基础。没有家庭伦理自律为基础，亲属法也会无能为力。没有亲属法保护的家庭伦理同样也苍白无力。此为亲属法何以具有权威的正当性来源。

亲属法的伦理正当性与正义概念相关联的另一方面更在于实现正义。在现实生活中，家庭暴力、虐待、遗弃家庭成员等现象时有发生。对于这些事实上的侵害行为，普遍民众都会加以否定，这源于人们心中的正义感，即人们心中的自然法则。人们能否确证有关规范婚姻家庭关系的经验性事实是形成正义感的前提，"因为这些事实问题关系到对规范的正义问题的解答"②。婚姻家庭领域还存在不是靠事实判断就可以直接确定是否正义的现象，如胁迫结婚。这涉及的是关于自由的价值判断问题。假定法律把可以胁迫结婚作为一种规范来采纳或默认，我们马上会判定这一规定为"恶法"。

---

① 徐贲：《正义和社会之善》，载《开放时代》，127 页，2004（1）。

② ［美］E. 博登海默：《法理学：法律哲学与法律方法》，邓正来译，273 页，北京：中国政法大学出版社，2004。

因为如果真的存有这一规定，则我们社会的绝大多数人都无法保证自己的结婚自由乃至人身自由。由此可见，婚姻家庭领域的正义问题并不是假议题，而可在事实判断和价值判断上进行法律层面的理性论证和思考。同时，亲属法还需关注人们业已形成的对婚姻家庭关系的一些普世的伦理价值倾向，如"百年好合"、"家和万事兴"等。这是亲属法在正义问题上的关注点。美国学者博登海默指出，"正义的关注点可以被认为是一个群体的秩序或一个社会的制度是否适合于实现其基本的目标"。① 亲属法虽在每个社会及其各个阶段的正义关注点是有差异的，但确实存在一些最低限度的正义要求。这些要求根源于人的生理需要和精神需要，根源于家庭的生物目的和社会目的。人的动物性使人具有性欲，禁止男女性结合的法律都是与人性相违背的，而提倡性杂乱的法律也是与人性相违背的。因而，绝大多数社会都将婚姻视为男女性结合的正义要求，尽管婚姻所采取的形式可能有群婚制、对偶婚制、单偶婚制。家庭的生物目的使得各社会必须禁止近亲之间的乱伦、虐待、遗弃等行为，以防止紊乱家庭关系和破坏家庭和睦，而家庭的社会目的使得各社会必须维持亲属间基本的亲情秩序。如果法律允许亲属间乱伦、虐待、遗弃，又如果法律鼓励亲属间钩心斗角、相互利用，那么人们的身份信息、人格尊严、人伦情感就会遭受到严重侵害。如果婚姻的功利性增强、家庭的责任淡化、家庭的稳定性降低、家庭暴力增多等，这些都直接影响到亲属法正义目标的实现。

综上所述，本书认为，亲属法的正义目标就是在满足个体生理需要和精神需要，满足家庭的生物目的和社会目的的需要的同时，维系婚姻家庭生活所必需并达致个体幸福与家庭和谐的理想状态。简言之，亲属法的正义目标在于实现个体幸福与家庭和谐，这就是亲属法的伦理价值取向。我国《婚姻法》第四条规定的"夫妻应

---

① ［美］E. 博登海默：《法理学：法律哲学与法律方法》，邓正来译，261 页，北京：中国政法大学出版社，2004。

当互相忠实，互相尊重；家庭成员间应当敬老爱幼，互相帮助，维护平等、和睦、文明的婚姻家庭关系"应被看做亲属法伦理价值取向的法条表达。

（二）亲属法之基本制度的伦理价值取向

在亲属法的正义目标下，如果亲属成员之间认同团体、包容奉献并互信互助，则家庭就会和谐、稳定，成员的人格发展即有更大的空间，个人权利也能得到尊重和保护，最终达到家庭每个成员都幸福。因而，亲属法的正义目标给人们提供了一种达致个体幸福与家庭和谐的指引和评价，如什么样的行为能实现个体幸福与家庭和谐，什么样的行为会摧毁个体幸福与家庭和谐。符合个体幸福与家庭和谐的行为，即为"好"的、"善"的，是亲属法应加以确认的；反之则否定。亲属法由结婚、离婚、夫妻、亲子等基本法律制度构成，亲属法的正义目标应当而且必须体现在这些基本法律制度中。亲属法如果离开这些基本法律制度的伦理价值取向①之支撑，其正义目标则会成为"空中楼阁"，无实现之可能。

1. 爱情幸福：婚姻法的伦理目的

性作为一种自然本能是人性的一部分，无所谓善也无所谓恶，而性本能的宣泄方式和手段却有道德与不道德之分。如果只强调两性关系的自由发展，并认为这才是人性的自由，其结果不过是回到动物的层次上去，反而抛弃了人性的自由。可见，伦理对两性关系的约束是必要的。人类社会正常的、健康的性爱，需要伦理的指导和规定，性伦理的指导和规定必须与健全正确的性爱要求相适应。同时，当性欲与性爱问题联系在一起时，我们会很自然地提出婚姻的意义问题。

婚姻是作为性爱伦理的目的和归宿被庄严确认的，与其他伦理性制度一样，是以理性为根据的。当一个男人和一个女人由其对称

①　为凸显亲属法的伦理价值取向与其基本制度的伦理价值取向之间不同的位阶，本书以下将后者称为"伦理目的"。

性别而结合时，婚姻成为互补性的连续生活区间。人并非只能在婚姻生活中补足自己的德行，但结了婚就是选择了借助于性别来实现德的互补性的道路①。由于男女双方婚前所处的环境、所受的教育以及生活经历的不同，双方的性格、气质、能力、兴趣、爱好等方面必然表现出不同程度的差异性。这种差异只能通过婚后双方自身的合理调节和互补来达到和谐。可以说，结婚是与交接性爱不同的一组日常连续存在，这样的单位进行德的互补时，在人类全部历史上就构成了结婚的道德意义，促进道德之发展与那种发展生命传宗接代的生物学上的进展分属两个层次②。就性爱而言，婚姻应被看做经过理智调节过的情感。男女两性如要由原来两个独立的个人融合成为一个和谐幸福的生活共同体，就必须由爱来加以维持。黑格尔指出，爱是一种认识性的自我意识，男女两性要获得"自己实体性的自我意识"，客观使命和伦理义务就在于缔结婚姻，男女两性只有在婚姻统一性中才"自我意识"到了"自己的实体性"；因为婚姻的主观出发点是当事人双方的"特殊爱慕"，或"父母的事先考虑和安排"，"婚姻的客观出发点则是当事人双方自愿组成为一个人，同意为那个统一体而抛弃自己自然的和单个的人格"③。在黑格尔看来，只有在"自我意识"中"自然的性的统一"才能转变为"精神的统一，自我意识的爱"④。只要爱的情感是不稳定的、容易波动的，性的自然冲动就很容易受偶然因素的支配，它一旦满足就立即消逝。恒久的伦理关系又怎么能建立在这样一种瞬间

①　［日］今道友信：《关于爱》，徐培、王洪波译，153页，北京：生活·读书·新知三联书店，1987。

②　［日］今道友信：《关于爱》，徐培、王洪波译，154页，北京：生活·读书·新知三联书店，1987。

③　［德］黑格尔：《法哲学原理》，范扬、张企泰译，177页，北京：商务印书馆，1961。

④　［德］黑格尔：《法哲学原理》，范扬、张企泰译，176~177页，北京：商务印书馆，1961。

的动物式的激情上呢？因此，"婚姻不应被看成为了获得个人的欢乐，或是为了私利、或是为了别的诸如此类的目的而作的单纯的发明，它的根本性质是伦理性的结合，性的满足是次要的"。① 也就是说，婚姻无疑是以感情为根据的，但只能以其核心具有理性的感情为根据。

婚姻是具有法的意义的伦理性的爱②。黑格尔说，那种具有法的意义的爱，也就是得到社会以法律的形式承认的两性之间的爱，作为感觉的爱外化出来，就成为社会承认的通过婚姻所结成的家庭③。夫妻在精神上的统一是由爱的情感来推动的，是通过意志的行为实现的，但只有通过伦理——法律的表达，婚姻的伦理目的才能明确和经久不变。法律婚姻的目的在于实现当事人双方的恩爱、信任。如果婚姻当事人双方不再恩爱、信任，那法律必须准许这些人提出离婚要求。因为婚姻制度立足于性的自然欲望之中，也会受到自然的任性的冲击。各种婚外情、"包二奶"、"包二爷"等现象的出现显然是对婚姻本质的冲击。这种自然欲望的冲击必然会影响到精神层面上的"爱"的消减，甚至达致感情破裂的程度。精神性的结合如果受到来自人性之动物性的挑战，那么，作为具有"已超越自然欲望而达致思想性和合理性的精神融合"④ 意义的婚姻也就没有继续维持的必要。失败的婚姻对于夫妻双方而言恐怕都是噩梦，所以尽快结束也是一种解脱，并重新选择自己合宜的伴侣。但也有许多人婚姻破裂以后，生活陷入困境，感情和日常生活

---

① ［美］W. T. 司退斯：《黑格尔哲学》，廖惠和、宋祖良译，366 页，北京：中国社会科学出版社，1989。

② ［德］黑格尔：《法哲学原理》，范扬、张企泰译，177 页，北京：商务印书馆，1961。

③ ［德］黑格尔：《法哲学原理》，范扬、张企泰译，175 页，北京：商务印书馆，1961。

④ Patrick T. Murray, *Hegel's Philosophy of Mind and Will*, Lewiston, N. Y.: Edwin Mellen Press, 1991, p. 98.

遭受双重的灾难。所以，不管离婚后能否重新组织家庭，就婚姻失败本身而言，显然是件不幸的事，允许解除婚姻实际上是法律对婚姻生活的一种补充性措施。

2. 忠实互助：夫妻关系法的伦理目的

由于家庭的核心化，家庭的稳定性就成了对夫妻感情忠诚度的考验。夫妻双方要更加重视双方的情感，相互敬爱、相互欣赏，因此对核心家庭下的夫妻提出忠实互助的伦理要求，不仅是家庭关系中合乎道德的走向，也是夫妻关系法的伦理目的，反映了亲属立法上的伦理价值取向，我国《婚姻法》第四条规定："夫妻应当互相忠实，互相尊重……"这一规定就是亲属法的伦理价值取向之一，也是夫妻关系法的伦理目的。单以伦理而言，夫妻间的总的道德规范是：夫妻和睦，互爱互敬，即夫妻应当互相信任、互相关心、互相了解、互相吸引、互相支持、互相珍惜、互相尊重。"忠实互助"只有在我国《婚姻法》第十三条规定的"夫妻在家庭中地位平等"的前提下才能真正实现。夫妻之间互敬互爱、忠实互助，才能体现出夫妻双方建立在平等基础上的人格和尊严，才能使家庭和睦稳定。

夫妻关系是构成家庭人伦关系的根本，可以说是家庭其他伦理关系的母体。夫妻和睦是婚姻美满、家庭幸福的标志。我国古人常说"夫妇和，家之肥也"[1]，即是说夫妻和睦，家道就能兴旺。正所谓"一阴一阳之谓道"[2]。一男一女结成夫妻，家庭人伦关系的雏形也就建立起来了。虽然传统夫妻道德讲究"夫妇有别"、"夫义妇听"，并把女性置于从属地位，但传统夫妻道德包含着"爱"与"敬"的美德。在"夫尊妻卑"原则的制约下，"爱"与"敬"多半是对妻子单方面的要求，难以实现双方的互爱互敬。当今社会，夫妻关系已成为家庭关系的轴心。夫妻之间的"爱"与

---

[1] 《礼记·礼运》。
[2] 《周易·系辞上》。

"敬"，也成了夫妻道德的主旋律。在夫妻平等的基础上，新的"互爱互敬"形成了，并成为"夫妻和睦"的前提和基础。

在现代家庭中，夫妻能否和睦相处，关键在于能否做到"互爱互敬"。"互敬"不是形式上或仪式上的恭敬，而是双方对彼此的人格、气质和个性等发自内心的向往和仰慕，从而产生亲近和爱恋之情。丈夫或妻子都是家庭中平等的一员，这就要求夫妻双方互相尊重对方的权利和义务，尊重对方的价值和尊严，尊重对方的工作和劳动，尊重对方的兴趣和爱好。任何一方不能因为社会地位、工作职业、文化程度、经济收入的差异而轻视或贬低对方，也不能以自己的意志、个性去"统一"对方。"互爱"则是道德直接对夫妻感情的要求。从人性的两重性来说，夫妻感情是"性欲"和"性爱"的统一体。"性欲"只有上升到"性爱"，夫妻双方才能产生精神的交融和和谐，达到肉体和灵魂的合一。性爱是男女之间建立在性本能基础上的精神心理和道德审美关系，性爱本身既符合于美的规律，又应是合乎伦理要求的精神心理交融。因此，夫妻感情或性爱不是道德本身，而是道德的评价对象。如果夫妻达不到"性爱"的程度，我们就会认为这不符合人性。夫妻间对爱情不背叛、忠实如一、白头偕老，这总是千百年来人们的美好愿望。正因为如此，我们的道德要求夫妻"互爱"。正如黑格尔所说：婚姻这种"伦理结合则完全在于互爱互助"[①]。恩格斯也说："如果说只有以爱情为基础的婚姻才是合乎道德的，那么也只有继续保持爱情的婚姻才合乎道德。"[②] 夫妻感情从形式上看是感性的，更多的是实质上的理性内容，其中包括互相尊重敬慕、理解信任、关怀照料、忠实扶助等道德理性内容。如果夫妻双方不能相互理解与支持，不能互相信任与扶助，夫妻感情就会受到损害，婚姻就会产生危机。

---

① ［德］黑格尔：《法哲学原理》，范扬、张企泰译，180 页，北京：商务印书馆，1961。

② 《马克思恩格斯选集》（第 4 卷），78 ~ 79 页，北京：人民出版社，1972。

"互爱互敬"这种道德规范把夫妻间的感情演变为一种道德情感，再把道德情感升华为一种道德理性，从而形成"情"与"理"的统一。只讲"情"不讲"理"，难以保证婚姻的长久与稳定。只讲"理"不讲"情"，则会造成束缚人性的僵死婚姻。实现"情"、"理"的融通，是创造美满婚姻的道德保障。

综上，以"互爱互敬"为基础的忠实互助不仅是对夫妻的伦理范导，也是亲属法上的调整夫妻关系的伦理价值取向。归结为一点，就是《婚姻法》第四条规定的"夫妻应当互相忠实，互相尊重"。

3. 父母慈爱、子女孝敬：亲子法的伦理目的

传统亲子伦理强调"父子有亲"，从而形成"父慈子孝"的道德规范。"父慈子孝"是伦常天性，是古人处理家庭伦理的优良传统。所谓"父慈"，即要求父母以仁爱之心对待子女，对子女承担起抚养教育的责任；所谓"子孝"①，即要求子女善事父母，对父母尽尊敬和赡养的义务。传统的"父慈子孝"在"父尊子卑"原则的制约下，往往用"天下无不是的父母"、"子女无违父母命"等说教，把子女置于父母的严格控制之下，要求子女绝对服从父母，压抑了子女的独立人格和个性的自由发展，故而形成有害人性发展的"严慈"和"愚孝"。

现代亲子伦理反对"父尊子卑"原则下的"严慈"和"愚孝"，但并不排斥中华民族优良的"孝慈"文化。我们应该对传统

---

① "孝"道这一伦理观念最初始于家庭，是子女对父母的敬奉行为，而后通过"内推"与"外衍"而扩大为兄弟姐妹、伯叔姑舅最后推及为广义的尊老爱幼的社会性道德，并在此基础上上升为忠君爱国的政治性伦理，从而构成了孝道的三个层次，即家庭性伦理、社会性伦理、政治性伦理。也正因为它具有了这些多层次的含义，才成为中国传统家庭乃至传统社会的伦理核心。尽管"孝"道始于人类本性，是人类发自自然的道德行为，但由于后世人给它加上了过多的外在内容，因而日益走向了消极、走向了伦理的反面。因此，在现代社会，"孝"之伦理应该"归位"，即从传统社会中那种无限推广转化为回归其应占据的位置，恢复其作为家庭伦理的地位。参见王恒生主编：《家庭伦理道德》，128～133页，北京：中国财政经济出版社，2001。

的"父慈子孝"，取其精华去其糟粕，将现代的人性平等、人身自由、人格独立观念注入其中，形成现代社会所要求的"父母慈爱，子女孝敬"的亲子伦理。在这种伦理中，我们一方面强调父母对子女的慈爱、养护、引导、培育，同时也要求子女对父母的孝敬情感的回应。在这种伦理情感的相互呼应中，子女的感情才能变得越来越深厚、广大。"父母慈爱"，要求父母把对子女的仁慈之爱，用亲情加友情的平等姿态表现出来，并承担起对子女抚养教育的责任。父母在抚养教育子女的过程中，不能像以往那样居高临下地说教、训斥和打骂，也不能随心所欲地偏爱、溺爱，而要以自己的天然爱心和道义责任去关怀爱护、培养教育他们，为他们的成长提供必要的生活、学习条件。"子女孝敬"，也是在亲子平等的基础上，使子女在身心自由的状态下承担起尊敬和赡养父母的责任。子女对父母的孝敬，不只是为了回报父母的养育之恩，也是肯定父母一生的操劳以及对家庭和社会的贡献。因此，子女尊敬父母，不仅要有和气、温顺、恭敬的态度，还要尊重父母在多年工作和劳动中形成的威望、经验和成就，聆听父母的教诲，体谅父母的艰辛，分担父母的家务重担等。子女赡养父母，既要进行物质赡养——"养其身"，也要进行精神赡养——"乐其心"。更重要的是要理解父母的内心世界，经常与父母作思想交流和精神沟通，用自己的爱心在感情上给父母以体贴和慰藉，使年老体衰的父母能在安宁幸福中度过晚年。尊敬和赡养父母，是中华民族从古至今绵延不断的美德。无论子女处于何种境况，无论结婚生子、贫困失业还是远离家乡，都不能忘记生养自己的父母。经济上接济他们，生活上关怀他们，精神上安慰他们，是子女不能推卸的责任，不赡养甚至遗弃、虐待父母，应为世所不容。

现代亲子伦理之"父母慈爱，子女孝敬"，既是对传统"父慈子孝"的继承，也是对它的发展和超越。它将亲子间自然的血缘亲情，赋予彼此不能推卸的道德责任，也是一种"情"与"理"的统一。总的来说，"父母慈爱，子女孝敬"是亲属法的伦理价值取向之一，也是亲子法的伦理目的，即《婚姻法》第四条规定的"家庭成员间应当敬老爱幼"。

二、亲属法的伦理价值体系

如前所述，亲属法的正义，不仅表现为亲属法正当性来源的正义性，而且也表现为亲属法所实现的正义以及其所确立的正义目标。基于亲属法正义目标的提出，我们还有必要厘清这一目标下的伦理价值体系，即正义要素。亲属法正义目标的实现离不开其本身所具有的实体价值（即实质正义要素）和秩序价值（即形式正义要素）的支撑，而此两大类价值即构成了亲属法的价值体系。

（一）亲属法的实质正义要素

平等、自由、人道是亲属法正义目标下的实质内容。如前所述，任何情况下，正义都不是一个简单的概念。正如博登海默所说，"正义有着一张普洛透斯似的脸（a Protean face），变幻无常、随时可呈不同形状并具有极不相同的面貌。当我们仔细查看这张脸并试图解开隐藏其表面背后的秘密时，我们往往会深感迷惑"。[①]对正义主题的探讨大多是从亚里士多德的主张开始的。亚里士多德强调平等是正义的尺度。他认为，同等情况应同等对待、"不同情况"根据其不平等的比例区别对待，就是正义；他还区分了矫正正义和分配正义[②]。德国哲学家康德从自由是属于每个人的自然权利这一前提出发，认为"自然权利，它被简单地理解为不是法令所规定的，是纯粹先验地被每一个人的理性可以认识的权利，包括分配正义和交换正义"，"可以理解权利为全部条件，根据这些条件，任何人的有意识的行为，按照一条普遍的自由法则，确实能够

---

① ［美］E. 博登海默：《法理学：法律哲学与法律方法》，邓正来译，261 页，北京：中国政法大学出版社，2004。

② 参见［古希腊］亚里士多德：《尼各马可伦理学》，廖申白译注，126～164 页，北京：商务印书馆，2003。

和其他人的有意识的行为相协调".① 与亚里士多德视平等为正义和康德视自由为正义不同,罗尔斯则试图将平等和自由这两种价值结合提出正义理论。罗尔斯的"公平的正义"理论根植于自然法理念,他把社会契约上升到一个比霍布斯、洛克、卢梭和康德的契约论更为抽象的水平。罗尔斯的正义理论由两个基本原则构成:第一个原则是平等自由的原则,即"每个人对与所有人所拥有的最广泛平等的基本自由体系相容的类似自由体系都应有一种平等的权利"②;第二个原则是差别原则和机会的公正平等原则的结合,即"社会和经济的不平等应这样安排,使它们:①在与正义的储存原则一致的情况下,适合于最少受惠者的最大利益;并且,②依系于在机会公平平等的条件下职务和地位向所有人开放"③。罗尔斯认为,虽然正义两原则都是最基本的社会伦理原则,但两者之间仍有分别和先后顺序。正义的第一个原则优于第二个原则,而第二个原则中的机会公正平等原则又优先于差别原则,且这种优先性秩序是"词典式的",一如词典条目间的先后顺序一样不可颠倒。这就意味着,平等自由的原则是第一位的、绝对的。正义的社会必须无条件地确保每一个社会成员的自由平等,每一个人都必须尊重他人同样的自由平等权利。自由和平等并不是正义仅有的指导原则。根据功利主义者的观点,正义存在于幸福的最大化。杰里米·边沁认为,是非标准和因果联系俱由快乐和痛苦定夺,由于在日常生活中我们力求快乐、避免痛苦,所以我们也应当"把它当作旨在依靠

---

① [德]康德:《法的形而上学原理——权利的科学》,沈叔平译,40、122页,北京:商务印书馆,1991。
② [美]约翰·罗尔斯:《正义论》(修订版),何怀宏等译,237页,北京:中国社会科学出版社,2009。
③ [美]约翰·罗尔斯:《正义论》(修订版),何怀宏等译,237页,北京:中国社会科学出版社,2009。

理性和法律之手建造福乐大厦的制度的基础"[1]。当然，对正义的界定远不止以上这些学说，正义仍是一个仁者见仁、智者见智的争议问题。本书只是择其典型观点予以介绍，目的是要探讨同样被正义衡量的亲属法如何达致"善"的问题。

正义为何会有一张普洛透斯似的脸呢？最为根本的原因是正义是一个主观评价性范畴，其含义往往指向它自身以外的世界。盲人摸象似就正义而谈正义，自然难以准确把握正义的内涵，因此必须从多重维度把握正义的关联性范畴。我们看到，上述普洛透斯似的正义"变脸"也有不变的面向，即自由或平等。因此，可以说平等或自由是正义的首要价值或德性。虽然罗尔斯试图将平等和自由这两种价值结合提出正义理论，但他的两个正义原则表露出的却是一种平等主义的倾向。因为两个原则的要义是平等地分配各种权利和义务。边沁的功利主义用合意的可感知的人类幸福感取代道德直觉作为正义的衡量标准，这一点具有一定的影响力。这种功利主义只把人看成手段而非目的，尽管功利主义平等对待个体，但个体在作为快乐或幸福的体验者时才具有价值。罗尔斯尤其强调正义问题优先于幸福问题。在罗尔斯看来，只有当某种幸福是正义的，才能判断它是否有任何价值。因而，幸福应当以人为本，而不能把人看做手段。

鉴于以上这些认识，依据亲属法调整对象的性质以及人性中根深蒂固的理性要求，本书认为其实质正义所体现的是亲属法有序化的目的或目的价值，其依次是平等、自由、人道。[2]

（二）亲属法的形式正义要素

亲属法的形式正义要素即为秩序价值。在罗尔斯看来，社会制

---

①　[英] 杰里米·边沁：《道德与立法原理导论》，时殷弘译，57 页，北京：商务印书馆，2000。

②　从法律层面而言，这些目的价值同时也可作为法律原则来使用。因此，本书此处暂不论述，而是单列"亲属法的伦理原则"一节加以阐释。

度的正义就是实质正义，而形式正义，也称为"作为规则的正义"，是指"对法律和制度的不偏不倚且一致的执行，不管它们的实质性原则是什么"。① 法律在形式上应当具有的、值得肯定的或"好"的品质，这是法律的形式正义，即形式价值。例如，美国学者富勒认为"道德使法律成为可能"，任何法律都必须具备一般性、明确性等八项"内在道德"，否则就根本不宜称为法律制度②。法律如符合了八项形式特点或品质，则往往被认为是有价值的；反之则否，甚至还被普遍视作一种应予拒斥的"恶"。对于实现法律的目的价值而言，法律的形式价值的确具有特别的重要性。如果一个法律制度不具备形式上的某些优良品质，我们就完全有理由断定它不是"良法"，即使它所追求的是良好的社会目的，这些目的也必然会归于虚幻。这种形式价值主要是指"良法"的有序化，即秩序价值。

秩序不仅是自然界的一种普遍现象，也是人的一种内在需要。人作为自然界的物种之一，人际关系的秩序也要受自然法则支配。将社会交往置于规则支配之下的倾向，其更深层的心理基础乃植根于人们在受到他人专横待遇时所会产生的反感之中③。没有秩序，人的行为方式就无章可循，人的生命就有可能变得卑下而短促。人是一种群居性动物，人的活动首先离不开家庭。婚姻家庭生活的秩序化不仅是一种伦理要求，也是人们创立亲属法的目的之一。中国古代家庭秩序主要是由"礼"、"乐"来维持的，以达到宗法人伦的和谐。现代家庭秩序主要是由亲属法来维持的，以达到平等、自由、人道，进而实现个体幸福和家庭和谐。博登海默指出，在价值

① ［美］约翰·罗尔斯：《正义论》（修订版），何怀宏等译，45、184页，北京：中国社会科学出版社，2009。

② 参见［美］富勒：《法律的道德性》，郑戈译，55～111页，北京：商务印书馆，2005。

③ ［美］E. 博登海默：《法理学：法律哲学与法律方法》，邓正来译，240页，北京：中国政法大学出版社，2004。

等级体系中，"避免暴力和伤害……协调家庭关系"就是社会有序化的基本要求，它们"被认为是必不可少的、必要的，或极为可欲的"①。没有秩序，家庭成员相互间的预期与信任就会荡然无存，亲属法所追求的自由、平等、人道等价值也就无从谈起。此谓"皮之不存，毛将焉附"。

亲属法是私法，也是权利法，规定的内容应以权利为本位，但亲属法中蕴涵的婚姻家庭道德规范一般只具义务性，不大可能以道德权利的形式出现，因而，亲属法中的法律权利与道德义务是融合的，这也铸就了亲属法的一种秩序品质，即权利规范和义务规范的一致性。这是其一。其二，亲属法的秩序品质还体现在连续性、稳定性和普遍性上。

概言之，亲属法的秩序侧重于婚姻家庭制度的形式结构，它意味着婚姻家庭行为模式有序化，意味着权利义务规则体系在某种程度上的一致性、连续性、稳定性和普遍性。也就是说，亲属法应该逻辑严谨，而不自相矛盾；应当简明扼要，而不含混烦琐；应当明确易懂，而不神秘莫测，等等。形式价值的意义也就在于此了。

（三）亲属法的正义价值序列

在强调亲属法的理性时，就意味着应当探究以理性为基础的亲属法的伦理价值体系。这种体系内的平等、自由、人道这三个"内在善"和秩序这一"外在善"是有位阶、层次的，其间的关系可从两个角度进行两种"排序"，即表现在正义价值的序列上。

从亲属法的形成过程来看，其正义价值序列是人们对婚姻家庭关系的正义观念在亲属法上的体现，具体由正义目标、实质正义和形式正义构成。这种正义观念又是由多个层面的因素有机构成的，具体包括正义目标和正义原则这两个层次。如前所述，亲属法的正义目标是指"维续婚姻家庭生活所必需并达致个体幸福与家庭和

---

① ［美］E. 博登海默：《法理学：法律哲学与法律方法》，邓正来译，392 页，北京：中国政法大学出版社，2004。

谐的理想状态"，亲属法的正义原则是指由平等、自由、人道这三个目的价值在指导立法时所形成的准则。这种两个层次的正义观念还必须外化为行为准则，才能制约和指导婚姻家庭行为。正义观念的外化有两个环节。第一个环节是由正义目标向目的价值的转换环节，不过这还只是伦理观念的逻辑发展。第二个环节是一个伦理法转变为实在法的过程，具体是指由目的价值过渡到正义原则，经正义原则转变为亲属法的立法原则，再经立法原则外化为比较明确且具有约束力的婚姻家庭行为规则，最终达致形式正义。

从静态的价值内涵来看，亲属法的正义价值序列可以被看做由一组相关价值互相关联而构成的整体，具体来说，亲属法的正义价值序列就是由亲属法的目的价值、形式价值所构成的系统。无论是亲属法的形式伦理还是其实质伦理，都表现为价值形态。不过，二者的价值形态是有位阶的。实质伦理的价值是亲属法的目的价值，形式伦理的价值是目的价值所体现的秩序要求，而这两种价值又是对亲属法形式层面的权利义务规范的总体概括（下一章阐释后一问题）。亲属法的目的价值在整个价值体系中占据突出的基础地位，它是亲属法规制婚姻家庭关系所要达到的目的，反映着亲属法所追求的必不可少的规制理想。因为平等、自由、人道这三个价值深深地植根于人的本性之中，如果婚姻家庭制度根本无视"正义观念所隐含的主要实质性价值中的某个价值，那么这也会妨碍它成为一种法律制度"①。亲属法的形式价值则是保障目的价值能够有效实现的必要条件，如亲属上的平等要求法律规则的一般性。离开了形式价值的辅佐，目的价值能否实现就要完全由偶然性的因素来摆布。

综上所述，亲属法的伦理价值体系是"内在善"和"外在善"的辩证统一，无论是从亲属法的形成过程还是从静态的价值内涵来

---

① ［美］E. 博登海默：《法学：法律哲学与法律方法》，邓正来译，338 页，北京：中国政法大学出版社，2004。

考察，这两种"善"都是有位阶的、有层次的，其间关系如下图：

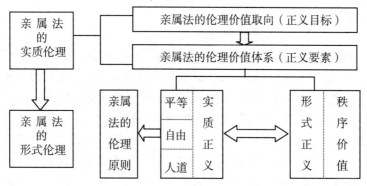

第二节　亲属法的伦理原则

为保证婚姻家庭行为的合理性、道德性，我们必须确立一些具有普遍性的伦理原则，以作为处理人们婚姻家庭伦理道德关系的根本准则。所谓亲属法的伦理原则，即调整婚姻家庭关系的根本指导原则。一方面，亲属法的实质正义体现了一种诉求，即要求亲属法以目的价值来确立一些伦理原则，再经伦理原则转化为立法原则，进而调整婚姻家庭关系。另一方面，亲属法本身的基本原则又源于亲属法的伦理原则，是亲属法在目的价值上对所有婚姻家庭规范的归纳和提炼。质言之，亲属法的伦理原则为亲属法本身的法律基本原则提供了伦理支持。亲属法的伦理原则贯彻于婚姻家庭各项道德规范之中，是整个亲属法体系和道德体系的总纲和灵魂，也是衡量婚姻家庭行为善恶美丑的根本标准。

一、平等原则

基于正义观念上的平等价值而对人予以适用的平等原则，不仅是重要的伦理原则，而且也是重要的法律原则。平等是一个复杂的概念。古今中外，思想家们对平等内涵的探讨是不尽相同的。为更好地阐释亲属法的平等原则，本书以下仅从伦理学的角度简要探讨平等的伦理内涵和法律要义。

（一）平等原则的伦理内涵

同样的情况应当同样地对待，或者说平等的应当平等地对待，不平等的应当不平等地对待。这项基本原则通常称为正义的平等原则，有时称作"正义的形式原则"。这种平等的正义具备三个重要共同特征：首先，它表明了个体的重要性；其次，它表明个人应当受到始终如一的无偏见的对待；最后，个人应当受到平等对待。正如正义女神总是一只手抓住一把剑，另一只手拿着一架天平。剑象征着占据司法职位者的权力；天平则象征着中立和无偏私，这正是正义得以实现的保证。

如前所述，人的动物性和人的特性是人性的两个方面。从这个意义上来说，作为人，他们都是平等的，他们都具有人类这个物种的性质，尤其是那些属于人所有的特殊性质。也就是说，人生而平等，这个命题所包含的最终根据在于人的本性，这种权利是人生而具有的。如果人不是生来就具有意志的自由和自由选择能力，且能履行道德义务及追求终极的善的话，那么他们就不会有天赋的行动自由。"作为人，我们有权享有的平等是环境平等，不是个人平等，是条件的平等，如身份、待遇和机会上的平等。我们的人性怎么能证明我们有权得到这些平等呢？这个问题的答案是，作为人，我们都是平等的。我们作为个人是平等的，在人性上也是平等的。一个人，在人性和个性上都不可能超过他人或低于他人。我们认为，人，（而不是物）所具有的尊严是没有程度差别的。世间人人平等，是指他们作为人在尊严上的平等。"① 一切人的动物性和一切人的特性都是平等的，也就是说，人们在共同人性上是平等的。与其他动物相比较，人的特性起着决定性作用，如人的自由选择能

---

① ［美］穆蒂莫·艾德勒：《六大观念》，郗庆华、薛笙译，200 页，北京：生活·读书·新知三联书店，1998。

力和理性思考能力。因此可以断言，平等之所以能成为现代法律的普遍价值，自有其深厚的人性基础。"人的平等感的心理根源之一乃是人希望得到尊重的欲望。当那些认为自己同他人是平等的人在法律上得到了不平等的待遇时，他们就会产生一种挫折感，亦即产生一种他们的人格和共同的人性遭到了侵损的感觉。"①

不管个体的先天和后天是否平等或不平等，社会的条件平等则是人人都想要的。从另一个角度来说，单个个体的平等与不平等是无所谓"好的"或"不好的"、正义或非正义的，因为它只是个事实判断的问题；只有在人际间或社会的条件平等或结果不平等等方面才会有正义或非正义，才是价值判断的问题。正义会通过建立一种社会条件的平等来纠正个体的不平等。不受社会条件影响而达到的实质平等或许只有通过法律衡平机制，才能确保每个人得到这种平等。一个由个体所参加的社会，其成员"应然"是平等的。只要所有参加的人们都认为他们是完全平等的，并达致一种社会契约，一个有组织的社会便可以在这种社会契约的法理基础上成立。然而，这只是"平等的原初状态"的一种"纯粹假设"，只是为了得出某种"正义概念"。"无知之幕"下订立的社会契约只是为了得到关于社会基本结构的正义原则。② 于是，就有可能出现两种对平等价值的倾向：拥有先天或后天优势的人们认为形式平等是正义的，"法律面前人人平等"是人类基本的善的平等；相反其他的人则可能认为真正的善是"法律平等"意义上的实质平等。

正义在某种程度上是一般的，但平等在实际上是没有的，平等始终是实际不平等的一个抽象③。如果所有人都在拥有相同的特定人性上一样，同时在拥有相同的物种特性上也一样的话，他们就是

① ［美］E. 博登海默：《法理学：法律哲学与法律方法》，邓正来译，311 页，北京：中国政法大学出版社，2004。

② 参见［美］约翰·罗尔斯：《正义论》（修订版），何怀宏等译，11 页，北京：中国社会科学出版社，2009。

③ 沈宗灵：《现代西方法理学》，43 页，北京：北京大学出版社，2003。

在种类上平等。不过，一个人的天赋就可能在某种程度上比另一个人高，所以人们个人之间的不平等是程度上的不平等，即所有的人均属于同一类，但每个人又彼此不相同。① 对有平等地位的人平等对待，对地位不平等的人根据他们的不平等给予不平等待遇，这是正义②。因此，社会正义的原则首先应适用于这种不平等，其关键是要实质性地分配权利和义务，以达到实质平等。

（二）平等原则与亲属法

平等原则作为亲属法的伦理原则和法律原则，就是家庭成员之间身份人格、具体权利义务等方面的平等。所谓身份人格的平等，是说家庭成员之间虽有性别、年龄、辈分之分却没有主从尊卑和高低贵贱之别。每个人都是人身自由、人格独立的主体，都有独自处理自身事务的自由，他人不得随意干涉；每个人都有自己的人格尊严，都有追求个体价值和个性发展的自由，他人应该予以尊重。实现家庭关系平等的重要途径，就是尊重人、理解人、关心人、爱护人，一切鄙视人、训斥人、辱骂人、殴打人的行为，都是对平等原则的破坏。所谓权利义务的平等，是说家庭成员之间无论社会地位高低、收入多寡，都是权利和义务相统一的主体，相互间享受同等权利，承担同等义务。实现家庭关系的平等，必须主动尊重他人的权利，自觉承担个人的义务。任何剥夺他人权利、逃避个人义务的行为，都是对平等原则的破坏。

早在明末清初时期，思想家唐甄就强调了人伦贵平等，他说："父母，一也；父之父母，母之父母，亦一也。男女，一也；男之子，女之子，亦一也……人之于父母，一也；女子在室于父母，出嫁于父母，岂有异乎！重服于舅、姑、夫，轻服于父母，非厚其所

---

① ［美］穆蒂莫·艾德勒：《六大观念》，郗庆华、薛笙译，197 页，北京：生活·读书·新知三联书店，1998。

② ［美］穆蒂莫·艾德勒：《六大观念》，郗庆华、薛笙译，213 页，北京：生活·读书·新知三联书店，1998。

薄而薄其所厚也。"① 如今，在现行亲属立法上，平等原则是指《婚姻法》第二条关于"实行……一夫一妻、男女平等的婚姻制度"的规定。亲属法的几乎所有规则都包含一定形式层面的平等要求，如夫妻相互扶养、夫妻财产约定、夫妻相互继承遗产、父母抚养教育子女等规定为所涉及的所有夫妻、父母都设定了一致的义务，并被法律期望一视同仁地适用于所有属于其效力范围之内的情形，即实现同样的情况同样地对待这一平等要求。因为"通过规范性制度本身的运作，就可以在各地实现某种程度的平等"②。

　　性别平等是平等原则的首要要求。两性之间最根本、最概括的利益关系就是男女是否平等。平等伦理原则就是对这个问题的态度与回答。道德作为"类"的一种标志，表示的是人性的完善与优越。道德深植于社会历史，具有社会的根源性。因此，人类的伦理原则究其根源是社会历史的产物。在家庭史上，几乎所有的时代和民族都把男性主宰地位的最初起源归于其体能上的优势，从而把女性置于低于男性的社会地位上。但某一特定时期的人们并不觉得男女不平等是不正义的，相反被认为合理的，这源于该时期的性别伦理。在我国固有的伦理道德上，"夫唱妇随"以及妇女"三从四德"是中国妇女的最高美德。妻子听从丈夫的指使，从不敢有所违抗，即妻子的人格在婚姻关系存续期间被丈夫的人格所吸收，因而妻子在法律上也是无人格的。随着生产力的发展、人类文明的进步，男性的优势已经渐渐地消失，男女平等的呼声日益强烈，当性别不平等被认为不再必要、不再可以接受或不再正当的时候，性别平等的正义感就会逐渐强烈地表现出来。性别平等只有在"当女性能够取得同男性一样的智识成就的状况变得明显之时，为女性在

---

　　① 《潜书注·备孝》。

　　② ［美］E. 博登海默：《法理学：法律哲学与法律方法》，邓正来译，308 页，北京：中国政法大学出版社，2004。

社会中获得参与政治、就业和教育生活的平等权利而进行的斗争，便得到了强有力的动力，结果冲破了许多早先妨碍女性获得平等待遇的法律上的障碍和非法律上的障碍"①。最初对男女平等的论证只是自由思想的一般论证的应用，而这种一般论证之所以适用于妇女是因为她们与男人之间的亲密关系；男女之间的关系越亲密，彼此就越不应当剥夺对方的自主性，彼此就越不应当伤害自尊和自立②。这是其一。其二，婚姻伦理道德与妇女的政治解放有着重要的联系。在古代社会，人们一直用束缚妇女的方式保持她们的道德，从不设法使她们的内心得到自制的能力，所以最初的男女平等要求，不仅涉及政治问题，而且与性别伦理有关③。以玛丽·沃斯通克拉夫特为代表的一些女性主义者认为，男女两性的道德是相同的，男女具有相同的理性能力，以往妇女在历史上的劣势是人为造成的，"不仅男女两性的德性，而且两性的知识在性质上也是相同的，即使在程度上不相等；女人不仅被看作是有道德的人，而且是有理性的，她们应当采取和男人一样的方法，来努力取得人类的美德……"④持这一观点的人追求的是道德自由中的平等，认为女性应当争取包括性别伦理在内的所有历史上被剥夺的平等权利。而后来的"那些争取妇女权利的积极分子……是一批极为严厉的道德家，他们希望用曾经束缚女人的那些道德来束缚男人"⑤。持这种观点的人追求的是道德束缚上的平等。罗素并不赞同这一观点，他从女性主义理论引申出男女性别伦理平等以及婚姻关系中的男女平

① ［美］E. 博登海默：《法理学：法律哲学与法律方法》，邓正来译，315 页，北京：中国政法大学出版社，2004。

② 肖巍：《罗素是女性主义者吗?》，载《博览群书》，26 页，2002（5）。

③ 肖巍：《罗素是女性主义者吗?》，载《博览群书》，27 页，2002（5）。

④ ［英］玛丽·沃斯通克拉夫特：《女权辩护》，王蓁译，48 页，北京：商务印书馆，1996。

⑤ ［英］伯特兰·罗素：《性爱与婚姻》，文良文化译，62 页，北京：中央编译出版社，2005。

等的结论。因此，他倡导的性别伦理实际上是解放两性的性别伦理，而不是用从前捆绑女性的道德绳索捆绑男性，是给女性松绑，让她们获得与男性一样的自由和权利，但罗素由此走向极端，主张两性的性解放和性自由，认为女性也可以像从前的男性一样有一种开放的性态度和性生活，并赋予"婚外恋"等现象以合法性①。这种"以其人之道还治其人之身"的做法是有欠理性思考的。我国《婚姻法》虽规定"男女平等"、"夫妻在家庭中地位平等"，但现实生活中"夫唱妇随"的社会风俗根基很深，社会上夫权思想犹存，妻子在日常生活中的地位与法律的规定还是有不小的距离。但是，如果我国完全摆脱传统思想的束缚而实现现代女性主义的平等理想，也是不太现实的。不管实行何种模式的平等，"规范两性社会关系的原则（一个性别法定地从属于另一个性别）其本身是错误的，而且现在已经成了人类进步的主要障碍之一。我认为这个原则应代之以完全平等的原则，不承认一方享有权力或特权，也不承认另一方无资格"。②

一夫一妻是平等原则的必然逻辑。婚姻本质上是一夫一妻制，因为置身在这个关系中并委身于这个关系的，乃是人格，是直接的排他的单一性；因此，只有从这种全心全意的相互委身中，才能产生婚姻关系的真理性和真挚性③。因此，一夫一妻制是彻底实现男女平等的重要条件，是婚姻道德的必然要求④。一夫一妻制的起源很早，在私有制社会中，剥削阶级国家的法律一般是以一夫一妻制为标榜的，但当时的一夫一妻制是片面的，名不副实的，是专对妇女而言的；我国历代封建法律均禁止有妻更娶，而纳妾却为礼、律

① 肖巍：《罗素是女性主义者吗？》，载《博览群书》，27～28页，2002（5）。
② ［英］约翰·斯图尔特·穆勒：《妇女的屈从地位》，汪溪译，255页，北京：商务印书馆，1996。
③ ［德］黑格尔：《法哲学原理》，范扬、张企泰译，183页，北京：商务印书馆，1961。
④ 陈苇主编：《婚姻家庭继承法学》，49页，北京：群众出版社，2005。

所不禁①。一夫一妻多妾制是男尊女卑的一个重要体现。废除以纳妾为主要形式的多妻制，实行真正的一夫一妻制，是新中国亲属法律制度改革的重要成果之一。按照我国《婚姻法》之规定，我国实行一夫一妻原则，禁止任何公开的或隐蔽的一夫多妻或一妻多夫，禁止有配偶者与他人同居等有违婚姻伦理的行为。为贯彻执行一夫一妻原则，我国《婚姻法》以及相关法律提供了相应的法律保障。我国《婚姻法》规定了"禁止重婚。禁止有配偶者与他人同居……"（第三条第二款），并对重婚（第十条、第三十二条、第四十六条）、有配偶者与他人同居（第三十二条、第四十六条）的民事后果进行了规定；相应地，《刑法》也对重婚（第二百五十八条、第二百五十九条）、有配偶者与他人同居（第二百五十九条）明确了其刑事责任。

家庭成员权利义务平等是平等原则的实质内容。何谓权利？从伦理学角度而言，对权利的界定应当从人性平等的规定性中予以提炼。对人的尊严和公平社会来说，获得平等关注和尊重的权利是最为基本和重要的。平等应当有优于自由的地位，平等权利思想对个人和社会有着重大的影响。罗尔斯认为，基本平等被认为是在受尊重方面的平等②；尊重一个人，就是把他作为道德人，试图从他的立场来理解他的目的和利益，向他提交一些理由以使他接受对他的行为的约束③。德沃金指出，在所有个人权利中最重要的是平等的权利，个人权利是"个人享有得到平等关心和尊重的权利"④。亲属法上的个人权利也是亲属主体间相互尊重的平等权利。我国

---

① 杨大文主编：《新婚姻法释义》，10 页，北京：中国人民大学出版社，2001。

② ［美］约翰·罗尔斯：《正义论》（修订版），何怀宏等译，400 页，北京：中国社会科学出版社，2009。

③ ［美］约翰·罗尔斯：《正义论》（修订版），何怀宏等译，264 页，北京：中国社会科学出版社，2009。

④ ［美］罗纳德·德沃金：《认真对待权利》，信春鹰、吴玉章译，242 页，上海：上海三联书店，2008。

《婚姻法》中的各项具体制度都是以平等原则为立法宗旨的。男女双方在结婚和离婚问题上的权利义务是平等的。在夫妻关系上，双方都有使用自己姓名的权利，子女可以随父姓或随母姓；都有参加生产、工作、学习和社会活动的自由，一方不得对他方加以限制或干涉；都有实行计划生育的义务；对共同财产有平等的处置权；都有抚养教育子女的权利和义务；有相互扶养的义务和相互继承遗产的权利。在父母和子女关系上，父母都有抚养教育子女的义务，都有受子女赡养扶助的权利；子和女都有接受父母抚养教育的权利，都有赡养扶助父母的义务；父和母、子和女的继承权都是平等的。我国《婚姻法》还规定了其他亲属间平等的权利和义务，如兄弟姐妹间的相互扶养①、祖孙间的相互扶养②等。所有这些制度均不因性别、父系亲和母系亲、男系亲和女系亲的不同而有所区别。亲属法所界定的亲属间的权利义务平等根植于主体的身份平等，而身份的平等又是人性平等的直接产物，因此"从这个角度来看，法律平等所意指的不外是凡是法律视为相同的人，都应当以法律所确定的方式来对待"③。但是，由于社会经济文化发展水平的制约和某些传统观念的影响，男女两性法律地位的平等和实际生活的完全平等之间，还有相当的差距，婚姻家庭生活也不例外④。因此，实现真正的平等是一项长期的任务，需要全社会共同努力。

---

　　① 《婚姻法》第二十九条规定："有负担能力的兄、姐，对于父母已经死亡或父母无力抚养的未成年的弟、妹，有扶养的义务。由兄、姐扶养长大的有负担能力的弟、妹，对于缺乏劳动能力又缺乏生活来源的兄、姐，有扶养的义务。"

　　② 《婚姻法》第二十八条规定："有负担能力的祖父母、外祖父母，对于父母已经死亡或父母无力抚养的未成年的孙子女、外孙子女，有抚养的义务。有负担能力的孙子女、外孙子女，对于子女已经死亡或子女无力赡养的祖父母、外祖父母，有赡养的义务。"

　　③ ［美］E. 博登海默：《法理学：法律哲学与法律方法》，邓正来译，308～309页，北京：中国政法大学出版社，2004。

　　④ 杨大文主编：《新婚姻法释义》，12页，北京：中国人民大学出版社，2001。

二、自由原则

自由（freedom，liberty）一词在东西方都古已有之。在西方，freedom 来源于日耳曼民族，其意指原始社会中无任何羁束的自然生活状态；liberty 来源于罗马法，含有权利和义务双重含义。在东方，汉语中的"自由"意指不受拘束地自如行动，即在没有外在强制的情况下，能够按照自己的意志进行活动的能力。追求权利、向往自由是人的天性，正所谓："生命诚可贵，爱情价更高，若为自由故，二者皆可抛。"一般来讲，自由是主体在认识、顺应客观规律的基础上控制和驾驭客体，以及凭借理性和社会规范进行思维、选择自己的行为并承担由此带来的责任的权利或状态①。自由首先是一项重要的伦理原则，其次才是由此而产生的评价法律规范之善恶标准的一项法律原则。

（一）自由原则的伦理内涵

从伦理学角度而言，自由作为一项伦理原则，其既具有自由之价值上的抽象性，也具有自由之内容上的具体性。从自由的价值来看，可以说"自由是最深刻的人性需要"②。人性是平等且无差异的，人与人之间的关系也是平等且无差异的，没有任何个体有任何理由或资格限制其他个体的自由。自由是人类的一种基本需要、基本欲望、基本目的，这是自由的内在价值；自由的外在价值在于它是达成自我实现和社会进步的根本条件③。因此，人对自由的最起码的价值追求无疑是人所具有的一种普遍特性。正如英国历史学家汤因比指出的那样，"没有一种最低限度的自由，人就无法生存，这正如没有最低限度的安全、正义和食物，人便不能生存一样。人

---

① 胡平仁等：《法律社会学》，152 页，长沙：湖南人民出版社，2006。

② 王海明：《公正　平等　人道：社会治理的道德原则体系》，145 页，北京：北京大学出版社，2000。

③ 王海明：《公正　平等　人道：社会治理的道德原则体系》，150～151 页，北京：北京大学出版社，2000。

性中似乎存在着一种难以驾驭的意向……这种意向要求获得一定的自由，并且在意志被刺激得超出忍耐限度时知道如何设定自己的意志"。① 自由是人性内在的要求，无须更多的理由。因而就性质而言，自由不过是意味着人们有权做自然、理性和社会所不禁止的那些事情和有权不做这三者所没有要求人们做的事情；自由必须从属于自然、理性和社会的无数规范②。从自由的内容来看，随着人类历史的发展，其内涵在不断地演变、不断地丰富。至近代，基于人性的内在要求，自由涵盖了人身自由、财产自由、言论自由、结社自由、出版自由、游行示威自由等诸多方面。

　　一般来说，对自由内涵作出明确界定是很难的，正如美国学者拉蒙特形象地比喻，"人生恰可以比作下象棋。有一些规定和约定的象棋规则来代表决定论，每一下象棋者都必须遵循。但是，在那个宽泛的框架范围内，个别棋子却有很多种可能的走法；实际上走动的那些棋子显示了选择的自由"。③ 即便如此，另一位美国学者艾德勒还是从伦理学角度将自由分为三种形式或内涵：第一种是人性固有的自由，如同理性或概念思维以及符号组成的语言一样存在于我们的意志自由中，这种自由是人所特有的，它使我们的行为不像其他动物完全受那些影响我们发展的外界环境所左右与制约；第二种是与才智和伦理美德相关的自由，只有那些在个人发展过程中获得了某种美德和才智的人才具有的，这种自由可以被称为后天获得的自由，有时也被称做"道德自由"，在于有一种由于美德而习惯性地做自己该做的事情的意志；第三种自由完全取决于有利的外在环境，一个人对这种自由的获得会因时因地而不同，主要看对行

---

① ［美］E. 博登海默：《法理学——法律哲学与法律方法》，邓正来译，301 页，北京：中国政法大学出版社，2004。

② ［法］埃蒂耶纳·卡贝：《伊加利亚旅行记》（第二卷），李雄飞译，132 页，北京：商务印书馆，1982。

③ ［美］科利斯·拉蒙特：《人道主义哲学》，贾高建等译，152 页，北京：华夏出版社，1990。

使自由的外在环境是有利还是不利，我们可以称这种自由为环境制约的自由。① 在艾德勒看来，前两种自由与正义无关联，只有第三种自由受正义控制。因为，一个人的行为有可能对他人产生伤害，即可能做出违背正义法则的行为，这时需要正义来加以支配。

伦理美德是我们正当欲求的伦理性倾向，亦即一个人应该追求其需要的真正的善。然而，一个人合理且正确地做出符合伦理美德之行为，有可能受到人的动物性之欲望等不理性因素的挑战，因为欲望与需要常常会发生冲突，会引诱我们采取错误的行为。人被欲望所奴役，这是低级人性的表现，而人的自由是一种伦理自由，其意义在于能以理性控制欲望、以道德约束欲望、以后天获得的品行去为正确行为。假如一个人事先不具备自由意志和自由选择这种天赋人性，那么，这个人就不会获得其应该拥有的意志自由或选择自由的能力。如果没有其他选择，人们又怎么去抵御享乐或色欲的诱惑，为自己的行为而负起道德责任呢？如果我们不对自己的行为负道德责任，我们将以何种标准来评价人的品质或行为呢？因此，意志自由和选择自由并不是行为自由赖以存在的先决条件，而是行为自由的基础，自由在意志自由、伦理自由向行为自由的转化或过渡中是受社会制约的。个人绝对自由只有当他完全与世隔绝时才能实现，社会中的成员是不可能享有这种自由的。英国学者彼得·斯坦和约翰·香德强调，任何社会都不会允许其成员享有不受正义控制的完全自由，认为"如果每一个人都可以不顾其他人的利益而自由地追求自身利益，那么一些人就会征服另一些人，并把自由作为一种压迫其他人的手段。进一步说，如果把自由看作一种价值观念的主要理由是出于对人的尊敬的话——我们正是这样认为的——那么，自由也必须明确每个人尊重其他人的义务。因此，个人自由的原则必须永远与平等原则结合在一起，以使社会中的所有人都有平

① ［美］穆蒂莫·艾德勒：《六大观念》，郗庆华、薛笙译，171～172页，北京：生活·读书·新知三联书店，1998。

等的能力做自己想要做的事，其限度就是其他每一个人也都可以做同样的事"。①　基于此，我们可以说，一个有组织的社会要存续并发展，必须借助于有效的管理以及强制性的法律制度。

（二）　自由原则与亲属法

从法律角度而言，自由作为一项重要的法律原则，它是人性自由之伦理价值在法律上的体现。自由价值意味着法律应当以自由为目的和内容。博登海默认为，整个法律和正义的哲学就是以自由观念为核心而建构起来的②。约翰·洛克宣称，"法律按其真正的含义而言与其说是限制还不如说是指导一个自由而又智慧的人去追求他的正当利益……法律的目的不是废除或限制自由，而是保护和扩大自由"③。杰斐逊确信，自由是人生来就享有的和不可剥夺的一项权利④。卢梭痛苦地疾呼，"人是生而自由的，但却无往而不在枷锁之中"⑤，并强调"唯有道德的自由才使人类真正成为自己的主人，因为仅只有嗜欲的冲动便是奴隶状态，而唯有服从人们自己为自己所规定的法律，才是自由"⑥。根据自然法理论，自由是人的一种自然权利，自由先于国家，国家或社会应该为其成员提供不容侵犯的活动范围，在这些范围内，每个人都是自己的国王，不容侵犯，这些自由也不得转让与放弃，因为它是人类生存的最基本条

---

① ［英］彼得·斯坦、约翰·香德：《西方社会的法律价值》，王献平译，173～174 页，北京：中国人民公安大学出版社，1990。

② ［美］E. 博登海默：《法理学——法律哲学与法律方法》，邓正来译，299 页，北京：中国政法大学出版社，2004。

③ ［英］洛克：《政府论》（下篇），叶启芳、瞿菊农译，35 页，北京：商务印书馆，2005。

④ ［美］菲利普·方纳编：《杰斐逊文选》，王华译，66 页，北京：商务印书馆，1963。

⑤ ［法］卢梭：《社会契约论》，何兆武译，4 页，北京：商务印书馆，2003。

⑥ ［法］卢梭：《社会契约论》，何兆武译，26 页，北京：商务印书馆，2003。

件，"是其余一切的基础"①，而对自由的侵犯与剥夺等行为是对人格的否定。康德指出，"自由是独立于别人的强制意志，而且根据普遍的法则，它能够和所有人的自由并存，它是每个人由于他的人性而具有的独一无二的、原生的、与生俱来的权利"。② 自由为人人平等享有的价值表明：自由是人之所以为人的根本条件，是每个人都应该得到的基本权利。因而，1789 年法国《人权宣言》宣示，"在权利方面，人生来是而且始终是自由平等的"。③ 马克思教导我们，法律不是与自由相背离的东西，更不是压制自由的手段，法典是人民自由的圣经；在法律中自由的存在具有普遍的、肯定的、合乎人的本性要求的性质；"哪里的法律成为真正的法律，即实现了自由，哪里的法律就真正实现了人的自由"。④

与伦理上的自由一样，法律上的自由也是有限制的。法律设定的目标之一就在于保障并扩大自由。如果没有自由，法律仅仅是一种强制性规则，无法真正体现人的价值、尊严。任何法律都在确认人们自由的同时，禁止或限制某些自由。依法禁止或限制某些自由也是为了保护和扩大自由。孟德斯鸠曾精辟地指出，"我们应该牢记，什么是不受约束，什么是自由。自由是做法律所许可的一切事情的权利；倘若一个公民可以做法律所禁止的事情，那就没有自由可言了，因为，其他人同样也有这个权利"。⑤ 博登海默也认为，自由应当受到某些对社会有益的合理合法限制，"如果我们从正义的角度出发，决定承认对自由权利的要求乃是植根于人的自然倾向

---

① ［英］洛克：《政府论》（下篇），叶启芳、瞿菊农译，12 页，北京：商务印书馆，2005。

② ［德］康德：《法的形而上学原理——权利的科学》，沈叔平译，50 页，北京：商务印书馆，1991。

③ 王德禄、蒋世和主编：《人权宣言》，14 页，北京：求实出版社，1989。

④ 《马克思恩格斯全集》（第 1 卷），71～72 页，北京：人民出版社，1956。

⑤ ［法］孟德斯鸠：《论法的精神》（上卷），许明龙译，165 页，北京：商务印书馆，2009。

之中的，那么即使如此，我们也不能把这种权利看做是种绝对的和无限制的权利……人们出于种种原因，通常都乐意使他们的自由受到某些对社会有益的控制，他们愿意接受约束，乃是同他们要求行动自由的欲望一样都是自然的，只是前者源于人性的社会倾向，而后者则植根于人格自我肯定的一面"。① 在法律要求或禁止的行为范围之内，一个具有意志自由和道德自由的人是能够得偿所愿地为一定行为，他能够自由地避免法律所禁止的行为。公正的法律不但不会剥夺我们的自由，相反它会以其强制性力量和束缚来保障我们的自由，使我们不受非法因素的干扰和破坏。最大限度地扩大人们按自己意愿行事的环境制约自由是公正的法律赋予人类真正伟大的善事②。总的来说，"法律被用来调和相互冲突的自由或被用来使自由的价值同社会秩序中相互抵触的目的达成平衡"。③

自由也是亲属法追求的价值目标，它具有多方面规定性，如人身自由和财产自由。在亲属法上，自由原则主要体现在婚姻自由原则。婚姻自由是我国《宪法》和《婚姻法》确认公民享有的一项基本权利④。婚姻自由，是指自然人在道德上对缔结或解除婚姻关系有意志自由和选择自由，并有权在法律规定的范围内自主自愿地决定自己的婚姻问题，不受任何强制或干涉。婚姻自由可以分为意志自由权、人身自由权和性自主权三项基本要素。意志自由权或称意志自主权，是人性固有的权利，具体指道德主体有意志决定自己的终身大事。人身自由权和性自主权是道德主体的行为自由，是意

---

① ［美］E. 博登海默：《法理学——法律哲学与法律方法》，邓正来译，302～303页，北京：中国政法大学出版社，2004。

② ［美］穆蒂莫·艾德勒：《六大观念》，郗庆华、薛笙译，180页，北京：生活·读书·新知三联书店，1998。

③ ［美］E. 博登海默：《法理学——法律哲学与法律方法》，邓正来译，306页，北京：中国政法大学出版社，2004。

④ 《宪法》第四十九条第四款规定："禁止破坏婚姻自由……"《婚姻法》第二条第一款规定："实行婚姻自由……的婚姻制度。"

志自由权在道德和法律限度内的具体表现。结婚或离婚，无论在什么时代，或者无论在什么样的社会制度下，它首先是一种确定男女之间人身关系的方式。男女要正确处置自己的这种特定人身关系，就必须要有人身自由的权利。结婚本身这种人身关系的处置，存在必然的性的处分。倘若一个人根本不愿过婚后性生活，那么这种婚姻就失去了其应有的意义，也是不可能的。倘若是一种对对方性自主权实施了侵犯情景下的婚姻，那就根本谈不上法律上的婚姻自由。

婚姻自由是相对于婚姻的不自由而言的。霍布豪斯对自由与不自由的认识有助于阐释婚姻自由的产生根源。他认为，我们的本性在行为方面不是自由的，"我们可能会成为我们的原则的奴隶，也会成为我们的冲动的奴隶，而且共同的经验实际上告诉我们：有些人如果没有他们的那些原则，即只要他们能使自己的自然情感不受限制，就会成为更好的人。可是，受盲目的冲动支配的人不可能是自由的，因为不加控制的若干冲动不仅会互相抑制，还会完全破坏和毁灭对方……总之，如果说我们的本性有一部分是自由的，则不管它是一个冲动，还是一个信念，都会意味着其他部分要受支配。如果说我们的整个个性是自由的，那么，它的各个部分能起作用的机会就应该是和它们合起来起作用的机会相当的。这不能解释为各个部分都有绝对的自由，因为任何部分都不应当压倒其他部分"。①从霍布豪斯这段话可见，我们的本性（人性）作为一个各部分组成的整体，其外在形态是本性的各个部分之间自由与不自由相互制约的结果。男女两性的差别与人类所固有的性的本能是婚姻的生理基础。如前文所述，性冲动也是人性中的动物性。受性冲动支配的人是不自由的。"性自由"是许多人追求的潜在目的，除了与妻子或丈夫为性行为之外，许多男人（女人）可能需要与更多的女人（男人），特别是漂亮女人（英俊男人）有性关系，这是人的动物

---

① ［英］L. T. 霍布豪斯：《形而上学的国家论》，汪淑钧译，29 页，北京：商务印书馆，1997。

性的内在要求。也就是说，这种所谓的"性自由"只是性冲动而已，非人的特性。真正的性自由要受到人性中的特性的制约。正因为如此，未婚或丧偶、离婚男女的性自由只有通过缔结婚姻的形式，才符合道德，才算得上是婚姻自由。已婚男女更要受到婚姻给予夫妻的道德性的制约。在婚姻问题上的喜新厌旧、移情别恋，甚至玩弄异性、发生婚外性关系都是不道德的，应该受到社会道德的谴责，严重的行为也要受到法律的制裁。

婚姻自由作为一项伦理原则，内含结婚自由和离婚自由两个方面。结婚自由要求道德主体将婚姻建立在爱情、信任与责任的基础之上；离婚自由则要求道德主体在感情确已破裂的前提下，能够正确处理权利与义务、责任与自由的关系，诚信公平地解决离婚纠纷[①]。结婚自由与不自由、离婚自由与不自由又各有其不同的规定性。结婚自由是未婚或丧偶、离婚的男女根据自己的意愿而建立幸福美满的婚姻关系的一种自然权利和法律权利。为保障结婚自由，我国《婚姻法》第三条第一款规定："禁止包办、买卖婚姻和其他干涉婚姻自由的行为。禁止借婚姻索取财物。"未婚或丧偶、离婚的男女行使结婚自由的权利还要符合法律规定的条件和程序，这是法律对结婚自由的制约。我国《婚姻法》规定的结婚条件是：男女双方必须完全自愿；须达到法定的结婚年龄；男女双方不是直系血亲和三代以内的旁系血亲；男女双方都未患有医学上认为不应当结婚的疾病。此外，根据《婚姻法》总则禁止重婚的规定，要求结婚的，必须符合一夫一妻制。男女双方具备了以上法律规定的条件，还要办理结婚登记手续。结婚自由是婚姻自由的主要方面，而离婚自由是结婚自由的必要补充，两者都是婚姻自由不可缺少的方面。它们从不同的前提出发，为着一个共同的目标服务，即建设和谐幸福的婚姻家庭关系。由于我国封建社会延续了两三千年，封建

---

① 王歌雅：《中国亲属立法的伦理意蕴与制度延展》，151 页，哈尔滨：黑龙江大学出版社，2008。

主义伦理道德观念的残余影响仍然存在，有些人对离婚持否定态度，把离婚看成是坏事，是人生的悲剧、家庭的不幸，主张人为限制离婚。某些社会舆论对离婚抱有偏见，尤其是歧视妇女离婚。有些妇女本身也囿于传统的贞节观，在逆境中忍气吞声，在隐忍中苦度一生，成为不幸婚姻的牺牲品。列宁指出，"实际上离婚自由并不会使家庭关系'瓦解'，而相反地会使这种关系在文明社会中唯一可能的坚固的民主基础上巩固起来"。① 从某一家庭来看，由于离婚而被拆散，但从整个社会来看，许多分裂、破碎的家庭将由此得到重新组合，从而使整个社会的婚姻家庭关系不断得到改善和巩固。因此，我们要正确理解离婚自由的积极意义，并能正当行使法律赋予的离婚自由的权利。但是，保障离婚自由并不等于提倡离婚。轻率离婚对双方当事人及其子女、社会同样造成不利影响。离婚自由是有限制的，不是随心所欲的绝对自由。对离婚自由在法律上予以适当限制，这是世界上许多国家婚姻立法的通例，其中，确定离婚的条件、离婚的程序是最重要的限制路径②。

自由原则体现在我国《婚姻法》总则上的，除了婚姻自由原则之外，还有计划生育原则。在亲属法上，计划生育原则是针对夫妻的生育自由及其限制而言的。从伦理的角度出发，人人都有生儿育女、繁衍后代的欲望，这是人的生理需要，也是男女双方均享有生育权的伦理基础。生育的自由或权利可以分为四种类型：（1）是否有生育的选择，以及与谁生育，以什么方式生育的选择；（2）选择在何种社会环境中生育的权利；（3）决定何时生育以及生育几个的权利；（4）选择生育怎样的孩子的权利③。从夫妻关系角度而言，夫妻共同生育权是一种共同享有权和互相配合权，它包含着夫妻生育协商权、生育配合请求权、生育配合承诺权、生育配

---

① 《列宁选集》（第2卷），534页，北京：人民出版社，1960。
② 夏吟兰：《离婚自由与限制论》，103页，北京：中国政法大学出版社，2007。
③ 孙慕义等主编：《新生命伦理学》，80页，南京：东南大学出版社，2003。

合拒绝权①。从应然的人格权到实然权利，夫妻的生育自由或生育权的实现就是一个被适当限制的过程。我国《婚姻法》第十六条规定："夫妻双方都有实行计划生育的义务。"一个国家对生育自由是否限制，取决于该国的社会政治、经济发展水平、文化传统、道德信仰等情况。我国实行计划生育，对生育数量有一定的限制，另外，为防止男女性别比例失衡，还限制胎儿性别鉴定，以防止一些重男轻女的人随意堕女婴的行为。目前有关计划生育的伦理争议主要集中在计划生育政策与生育自由、生命权的关系上：计划生育是否剥夺了人的出生权、贬低了人的生命价值；计划生育是否破坏了人的生育权②。现代生命观认为，减少"多余"生命的诞生，是社会和父母考虑未来未出生生命情感、教育、健康、物质等需要后做出的理性抉择，正体现了对未出生生命的生命价值和生命尊严的维护和尊重，以更广阔的眼光看，这恰恰是对全人类长远生存权利的尊重③。我国传统生育观倡导"早生、多生、重男轻女、有子万事足、传宗接代"的生育意愿和生育行为，"百子千孙"、"四代同堂"、"五世其昌"是国人理想的家庭生活图景。传统生育观还将生育赋予了深刻的伦理道德意义，"不孝有三，无后为大"是传统孝亲伦理的核心。在当代中国社会，随着新的人口观的出现和经济

---

① 郭卫华：《性自主权研究：兼论对性侵犯之受害人的法律保护》，90 页，北京：中国政法大学出版社，2006。

② 在计划生育与人的生育自由或权利的关系问题上目前主要有四种观点：（1）人权主义者认为，生育是个人的私事，政府有意识地控制人口出生的政策违背了基本的人权和伦理法则；（2）女权主义观认为，生育是妇女的权利，应该由妇女本人决定是否生育以及生育的数量等问题，国家不应该对其进行干涉；（3）国家主权的观点认为，在国家与个人的关系上，国家要求与个人愿望之间的矛盾长期且普遍存在，政府的功能之一就是在社会需求和个人利益之间进行有机的调节，各国政府有权制订和实行自己所需要的人口政策，这是各国的内政，他国无权也不应该干涉；（4）多元化的观点认为，对生育的国家控制政策涉及了不同的价值观念，各国的情况不同，难以形成统一的定论。参见何宪平主编：《护理伦理学》，109 页，北京：高等教育出版社，2007。

③ 何宪平主编：《护理伦理学》，108 页，北京：高等教育出版社，2007。

的发展，生育观也相应发生改变，少育观和不育观得以逐渐发展。目前，我国实行计划生育，有效地控制人口生产，具有重要的伦理意义。计划生育有利于促进我国现代化建设，有利于减少资源消耗、改善生态环境，并有利于个人的完善和家庭的幸福。

自由的伦理原则远不止以上几点内容，还涉及夫妻之间、亲子之间、祖孙之间、兄弟姐妹之间在权利享有上的自由及其限制问题。在家庭中，伦理就是个人自由的自我限制，在该伦理下，私法中那些抽象的自由一同收缩，或者更准确地说，抽象的自由丧失了异常部分，在简单观察中即可发现，该抽象的自由通过其异常部分极其排斥我们①。

三、人道原则

（一）人道原则的伦理内涵

人道，顾名思义，就是"人之道"，就是人的行为所应当遵循的"道"。在汉语中，"人道"一词的语义有以下几种：（1）中国古代哲学中与"天道"对立的概念，指为人之道、社会道德规范。《易·系辞下》："有天道焉，有人道焉。"（2）为人的常理、常道。《礼记·丧服小记》："亲亲、尊尊、长长、男女之别，人道之大也。"（3）爱护人的生命、尊重人的人格和权利的道德。（4）男女交合。（5）现代意义上的人道，亦指人道主义。②我国古代的"人道"概念，外延宽泛且道德与法混为一体。今日中文的"人道"，众所周知，外延已演进得相当狭窄——它仅仅是"人道主义"概念中的"人道"，因而仅仅是一种道德原则，亦即人道主义道德原则："人道"与"人道主义道德原则"是同一概念③。英文

---

① ［德］罗尔夫·克尼佩尔：《法律与历史——论〈德国民法典〉的形成与变迁》，朱岩译，106 页，北京：法律出版社，2003。

② 参见李伟民主编：《法学辞源》，32 页，哈尔滨：黑龙江人民出版社，2002；纪一主编：《中国婚姻家庭词典》，13 页，北京：中外文化出版公司，1988。

③ 王海明：《伦理学原理》，234 页，北京：北京大学出版社，2009。

的人道（humanity）概念既不具有中文"人之道"的含义，也不具有法律的含义，而只与人道主义（humanism）概念一样，只具有道德含义。英文的人道主义（humanism）是从拉丁文中人的、人性的（humanus）和人类、人性、人道精神（humanitas）演化而来的，是指把人和人的价值置于首位的观念，肯定人的权利或尊严的价值理论，以及倡导人的身心全面发展，主张人与人之间的互助、友爱的精神的道德原则①。

　　在西方，人道主义思想萌芽于古希腊时期。类似于普罗泰戈所主张的"人是万物的尺度，是是其所是的事物的尺度，也是不是其所不是的事物的尺度"②，都凸显了人道的价值，是古希腊朴素的人本主义思想的体现。人道主义作为一种思潮，以人文主义形态表现出来，则兴起于欧洲14世纪的文艺复兴时期。到了15世纪、16世纪，人道主义思潮在欧洲广泛传播，并形成了鲜明的时代特点：冲破中世纪教会统治下以神为中心的禁欲主义的束缚，极力倡导以人为中心的思想，肯定人的独立、平等，注重人的权利、尊严和价值，强调个人自由和幸福，崇尚理性等。人道主义就成为人类反封建、争自由、求解放的武器。可以说，这是整个欧洲的一次精神革命。美国哲学家梯利曾如此描述人道主义思潮在欧洲蔓延的景象："人文主义传入教廷和皇宫，甚至大学也受到它的影响。一些教皇本人感受到新文化的影响……据说列奥十世（1513～1521年）研究古典著述比研究基督教神学更感兴趣。人们对人类的成就发生兴趣，尊重人，推崇人类天才；人的才能不再被认为是无足轻重或可鄙的，因此当时的诗人、演说家和历史学家屡屡享有荣誉。好像艺术和建筑学也人文化了，表现厌世、苦难和死亡的精神的中世纪

---

①　倪愫襄编著：《伦理学简论》，113页，武汉：武汉大学出版社，2007。
②　[古希腊]第欧根尼·拉尔修：《名哲言行录》，马永翔译，588页，长春：吉林人民出版社，2003。

艺术，让位给表现人生自然快乐的文艺复兴的艺术。"① 自文艺复兴之后，人性论一直是人道主义的主题。特别是到 18 世纪法国资产阶级革命之后，启蒙运动的思想家们又进一步将人道主义原则具体化，提出了"自由、平等、博爱"的口号。政治伦理意义上的人道主义和哲学人本主义的人道主义构成了西方近代人道主义思潮的主要内容。20 世纪人类经历了两次世界大战，人道主义也渡过了一个痛苦的时期。一些正直的思想家公开反对战争、暴力，给人道主义赋予了新的含义。由于资本主义工业机械化、管理组织化、官僚化以及技术化对人类生活的全面影响，人的自由再次受到了威胁，异化问题成为许多流派议论的焦点。20 世纪以来，哲学流派此起彼伏，新康德主义、存在主义、实用主义、西方马克思主义、新托马斯学派、人格主义以及哲学解释学等众多学派对人道主义都有各自不尽相同的论述②。其中，后经验主义哲学逐渐成为西方当前的主要思潮，绝对的客观主义和机械的决定论普遍受到质疑，在哲学的本体论和认识论中，人的因素再次被重新审视，这对哲学上人道主义的未来取向将产生深远影响。

如前所述，人道主义在西方有着十分明确的含义。例如，充分肯定人的独立、人的尊严、人的自由、人的平等，充分发展人的个性和才能，要求把任何人都要当人看，以真正对待人的态度和方式对待人等。如果以西方的人道主义的特定形式、标准来框定中国的传统思想，那么，就会认定中国古代的思想中没有什么人道主义，不但没有，而且更多地还是与人道主义相对立的东西。但应当看到，在中国绵延了数千年的思想文化传统人性之中，有着十分丰富的人性和人道主义的思想内容，只是与西方人道主义有着不同的特

---

① ［美］梯利：《西方哲学史》（增补修订版），葛力译，254 页，北京：商务印书馆，1995。

② 参见罗国杰主编：《人道主义思想论库》，475～842 页，北京：华夏出版社，1993。

点。简单地说，西方的人道主义是以个人为本位的人道主义，所以它侧重强调个人的尊严、自由、个性和快乐，反对任何外在因素对个人的控制和限制。中国的人道主义的主流是以社会为本位的人道主义，它强调社会整体的利益、尊严、秩序和社会全体的幸福，强调人之为人的特点，强调人之道与禽兽之道的分别，因而也就必然强调人的自我约束，反对个人的放纵。应当说，这两种类型的人道主义都是人道主义，不能简单地肯定一种而否定另一种。

　　注重人道而远离神道，是孔子乃至整个封建文化的基本特点。"爱人如己"是孔子仁学的出发点。胡适先生在《中国哲学史大纲》中说："'仁者人也'，只是说仁是理想的人道，做一个人，须要能尽人道。能尽人道，即是仁。"① 总的来说，中国古代的人道主义思想主要体现在这样几个方面的内容：一是所谓"人之道"，也就是中国古代思想家心目中的所谓人与禽兽相区别、人之所以为人的道理和规则，如仁、义、礼、智、信之类；二是以人为本、重人轻物；三是自爱、爱人、敬老、慈幼、扶弱、同情病残孤独鳏寡、怜惜物；四是以民为本的"仁政"、"德政"。近代西学东渐中，西方人道主义思潮在中国得以传播，在某些思想家那里，中国的人道思想和西学思想有着某种程度的融合。以我国近代思想家康有为为例。他认为"最有益于人道的"立法是为了确立自主之权、人类平等、互相逆制（即相互制约）、兴爱去恶、赏信罚诈、民主、教与治互不干涉，而从师后不认父母、弟子从师后不能自立、长幼有尊、君主威权无限、以君纪元等则是最不人道的。② 康有为也以其人道思想阐述了对于婚姻制度的看法。在对待封建婚姻制度方面，他表现出一种矛盾：一方面他反对凡婚约期满者"可更与他人立约，亦可再与原人换约"，夫妇间"有故仍许离异，又一人

　　① 胡适：《中国哲学史大纲》，105 页，北京：团结出版社，2006。

　　② 参见康有为：《实理公法全书》，载谢遐龄编选：《变法以致升平——康有为文选》，101～113 页，上海：上海远东出版社，1997。

117

不得与二人立约，男女各有自主之权"的做法，认为这种立法"不合实理，无益于人道"；另一方面他又认为，"凡男女之约，不由自主，由父母定之。立约者终身为期，非有大故不离异，男为女纲，妇受制于其父。又一夫可娶数妇，一妇不可配数夫"，"此更与几何公理不合，无益人道"；而"禁人有夫妇之道"，则"与实理全反，不惟无益人道，且灭绝人道矣"①。这种矛盾反映了西方人道主义思潮对近代中国的影响，也反映了康有为那个时代的思想家们在吸取西学思想时所能达到的理论深度。近代以来，特别是马克思主义的人道主义传入中国之后，理论界对人道主义的理解与西方趋于一致，并且中国传统人道思想与马克思主义的人道主义得到了较好的融合。人道主义作为一项道德原则自 20 世纪 80 年代的人道主义及其异化问题探讨以来，已得到社会的认同。当代中国学者较为普遍地认为，"人道主义本质上是一种价值观念，它的基本原则是'人的价值是第一位的'"。②有学者甚至将人道原则凌驾于自由原则之上，作为总的道德原则，认为人道主义是"视人本身为最高价值而主张善待一切人的思想体系"，是"视人本身的自我实现为最高价值从而把使人成为人奉为道德原则的思想体系"，"给人自由"是"人道正面根本原则"，"消除异化"是"人道负面根本原则"③。

综上所述，我们注意到，人道主义是人类历史上既源远流长又永远常新的道德原则。美国著名的人道主义者拉蒙特就曾解释道："人道主义不外是这样一种主张，即认为人生只有一次，人们应该充分利用它去进行创造性的工作和追求幸福；人的幸福本身就是对

---

① 康有为：《实理公法全书》，载谢遐龄编选：《变法以致升平——康有为文选》，103～104 页，上海：上海远东出版社，1997。

② 王若水：《为人道主义辩护》，245 页，北京：生活·读书·新知三联书店，1986。

③ 王海明：《公正　平等　人道：社会治理的道德原则体系》，124～166 页，北京：北京大学出版社，2000。

它自身的确证，而不必通过超自然的途径去寻求许可和支持；通常以上帝或天神的形式想象出来的超自然的东西，无论如何是不存在的；人类能够利用自己的智慧和相互间的自由协作，在这个地球上建立起和平美好的永久城堡。"① 在拉蒙特看来，如果孔子尚健在的话，他老人家也会赞同这种说法的。因为拉蒙特认为，孔子在道德方面对人道主义传统做过有重大价值的贡献，"对于中国人来说，人生的目的不在于死后的生活，因为像基督教所教导的'生即为了死'这样的观念是不可理解的；这个目的也不在于所谓天堂，因为它太过于虚荣；而也不在于为了进步而进步，因为那毫无意义。中国人以异常清醒的态度所确定的真正目的，在于享受人生本身，特别是家庭生活和和睦的社会关系"。②

概言之，作为一种价值追求，人道主义则比较完整地表达了人的各个层次的需要和利益，概括反映了人们共同追求的理想目标。人道主义重视对人的本性以及人生意义和目的进行探索，是人类追求自由幸福的根本保证。人道主义肯定人追求幸福的合理性，主张人发展其个性和能力，提高人的价值和尊严。人道主义对蕴藏于人自身的潜力的揭示带来了人的自信，它从人性两重性对人予以全面肯定，使人性得到舒展。人道主义使人对自己具有一种特殊的自我认识，对周围事物具有一种审视意识，它标志着人的主体性空前增强。人道原则要求善待他人，而这得首先要尊重人。孔子说："己所不欲，勿施于人。"对一个人来说，尊重自己和尊重他人都是十分重要的。尊重是人类在漫长历史发展中逐渐沉淀形成的基本伦理理念或最起码的道德共识。"尊重人就是承认人有一种基于正义基础之上的不可侵犯性，即使以社会整体的福利之名也不可以践踏。

---

① ［美］科利斯·拉蒙特：《人道主义哲学》，贾高建等译，13～14 页，北京：华夏出版社，1990。

② ［美］科利斯·拉蒙特：《人道主义哲学》，贾高建等译，45～46 页，北京：华夏出版社，1990。

尊重人就是确认：一部分人的自由的损失不可能因其他人的更大福利而变得正当。"[①] 人道主义作为一种道德精神，注重"以人为本"，否定自我扩张的利己主义，拒绝"把人的动力归结为经济动力、性的动力、寻求享乐的动力"[②]，因而确立了人们彼此交往的基本原则，它就是一个无条件的道德律令，即要求每个人在追求自己幸福的时候必须尊重他人的权利，不得损害他人的利益。

（二）人道原则与亲属法

人道原则对前述亲属法伦理价值取向的促成有着非常重要的意义。人道主义道德促进家庭成员的互爱、互助的发展，使家庭成员以家庭利益为重，并在寻求家庭和谐的同时体现自己的平等、自由，体验自己的幸福。可以说，人道主义明确并肯定个体幸福与家庭和谐，应当是婚姻家庭最高的伦理目的。之所以如此，主要有三个原因：其一，家庭成员的互助可以使他们过一种高质量的精神生活和物质生活，这可以为个体的幸福和发展提供最广泛的基础。其二，合作、互助是与人性之人的特性相符合的，并使人的特性有量的规定性，从而促进人性的满足与发展。在家人的交往中，可以感受到家人最深沉、最持久的快乐，即便是夫妻单纯的性爱，也是人性的满足。其三，家庭成员的爱、忠诚对于家庭而言，是家庭稳定与和谐的最为基本的因素。一个人，不论在什么地方，不论做什么工作，不论他的成就如何，都是通过他在家庭感受并表达爱、忠诚等方面的人性体验而对工作、社会表示忠诚和作出奉献，进而使他的生活有了意义，并有了幸福。

在家庭领域中，人道主义能使家庭成员的人性得以舒展。人道主义承认两性关系的高标准要求的必要性，但绝不会把夫妻的性欲

---

① ［美］约翰·罗尔斯：《正义论》（修订版），何怀宏等译，463 页，北京：中国社会科学出版社，2009。

② ［美］科利斯·拉蒙特：《人道主义哲学》，贾高建等译，14 页，北京：华夏出版社，1990。

本身看做罪恶。丈夫和妻子都有感情上和肉体上的深切欲望和需求，它们的满足是美好家庭生活所不可缺少的组成部分。藐视或者压制正常的欲望，就可能导致偷偷摸摸地、粗野地或变态地发泄欲望的行为。正因如此，历史上，在某些国家或地区曾将"不能人道"作为禁止结婚的理由之一，其目的在于考虑婚后另一方的正常欲望有可能导致婚姻失去其本应有之意义。以上是从人的动物性而言的。我国现行《婚姻法》虽没有将"不能人道"作为一种禁婚理由，但基于考虑对婚姻另一方可能造成身体危害，该法第十条第三项规定"婚前患有医学上认为不应当结婚的疾病，婚后尚未治愈的"，其婚姻无效。另外，人道主义更为重要的是对人的特性的影响。人性中的特性诸如男女的、父母的怜悯或同情心，是在家庭成员的交往中发展并演进的，是非感、善恶感首先是在家庭出现并发展的，进而扩展至整个社会。

在亲属法律制度上，人道原则体现在以人为中心的家庭成员相互尊重方面的道德倡导规定、有关具体权利义务规定及其禁止性规定。具体而言，主要有以下几个方面的内容：

首先，在亲属法伦理价值取向层面，人道原则要求"家庭成员间应当敬老爱幼"。敬老爱幼是我国的传统美德，是婚姻家庭道德中的人道主义原则的重要体现。古人云："养长老，慈幼孤，恤鳏寡，问疾病，吊祸丧，此谓匡其急。"① "老吾老，以及人之老；幼吾幼，以及人之幼。"② 这不仅要求尊老爱幼，还要求推己及人。从家庭演化出家族，家族又扩大为社群。中华民族的凝聚力之一，便是家庭的纽带。中国传统文化历来以家庭为中心，重视和睦和秩序，强调群体，力求社会和谐的生活方式，是一个优良的传统。这样就能使社会成员能够树立以人为本的思想，做到尊老爱幼，和睦融洽，互相关爱，使社会变得更加美好和谐。正因如此，我国

---

① 《管子·五辅》。

② 《孟子·梁惠王上》。

《婚姻法》第四条作出了"家庭成员间应当敬老爱幼"的规定，在道德上具有倡导性，在法律上具有宣言性。尊老首先是养老。我国传统历来就讲"孝"道，正所谓"夫孝，德之本也"①。社会保障劳动者丧失劳动能力以后，能够安度晚年、老有所终。除此之外，做儿女的应尽力使老人晚年幸福，即生活上有保障，精神上有慰藉，情感上有寄托，百年后有所终，这是做儿女的基本道德义务。在中国传统文化中，对于孝道中的人道及作为家庭道德的某些合理内容，我们还是应该批判地继承的。我国目前的社会福利事业不够发达，国家和集体还不能全面解决老年人的养老问题。尤其在农村，绝大多数老年人的养老问题还要靠子女和亲属来承担，即以家庭赡养方式为主。我国《婚姻法》第二十一条规定："子女对父母有赡养扶助的义务"，"子女不履行赡养义务时，无劳动能力的或生活困难的父母，有要求子女付给赡养费的权利。"该法第二十八条规定："……有负担能力的孙子女、外孙子女，对于子女已经死亡或子女无力赡养的祖父母、外祖父母，有赡养的义务。"这就从两个层面明确了赡养责任，即通常情况下是子女，特殊情况下是孙子女、外孙子女。不论从道德层面，还是从法律层面，后代都必须为自己的老人提供养老的生活资料，晚辈都对长辈承担着责无旁贷的养老责任。如果说"养老"重在物质上赡养，那么"敬老"则意在精神上慰藉。当前，人民群众的生活水平大幅提高，从物质上赡养老人基本都能够解决养老问题，但从某种意义上来说，"敬老"比"养老"更重要。因此，我国《婚姻法》第四条中的"敬老"二字更为强调对老人的人文关怀。在敬老爱幼道德规范中，有人做不到敬老，却能做到疼爱自己的孩子。爱幼是父母的天性，也是每个父母应尽的道德义务和法律义务。例如，我国《婚姻法》第二十三条规定："父母有保护和教育未成年子女的权利和义务……"实际上，关心、爱护和教育孩子不仅仅是家庭的私事，

---

① 《孝经·开宗明义章第一》。

更是家长作为公民的社会责任和义务。

其次，在亲属法原则层面，人道原则表现为弱者保护原则，而弱者保护原则就是现行《婚姻法》第二条第二款规定的妇女、儿童和老人合法权益保护原则。在婚姻家庭关系中，相对弱势者主要是指妇女、儿童和老人。我国《婚姻法》一直重视对家庭中弱势成员的保护。1950年《婚姻法》将保护妇女和儿童合法权益作为基本原则之一，1980年《婚姻法》将该原则的保护范围扩大到老人，2001年修正后的《婚姻法》不但将保护妇女、儿童和老人的合法权益作为重要的基本原则之一，而且制定具体规定对他们的权益给予特别重视，保障它们的真正实现。我国有学者认为，亲属法"具有弱者保护功能，这一命题的合理性至少源于三个方面：一是婚姻家庭的社会功能；二是法律的价值；三是婚姻家庭法的特点"[1]。此种认识颇具洞察力。纵观现行《婚姻法》的规定，弱者保护原则主要体现在对象保护和权利保护这两个方面的内容上。

从对象来看，毋庸置疑，妇女、儿童和老人的合法权益是应当给予特别的重视和保护的。保护妇女的合法权益是男女平等原则的必要补充。现代社会还不可能短时间内完全消除旧社会遗留下来的"男尊女卑"的旧习惯、旧思想，男女两性在经济社会生活等诸多领域还存在实际上的差别，特别是由于男女在生育上的自然分工，作为母亲的妇女在生育、抚养子女后代中起着父亲所不能替代的作用。因此，我们不能仅仅在法律上规定男女平等的原则，还必须对妇女的合法权益给予特殊的保护，保障妇女的合法权益不受侵犯，以消除产生男女不平等的根源，这样才能真正实现男女完全平等。儿童权益保护是亲属立法的另一个重点。保护儿童合法权益是巩固和发展和谐家庭的重要内容，也是为未来社会发展奠定基础的客观需要。同时，《婚姻法》也把保护老人的合法权益作为一项基本原则。除了我国《婚姻法》对妇女、儿童、老人、非婚生子女、养

---

[1] 马忆南：《婚姻家庭法的弱者保护功能》，载《法商研究》，14页，1999（4）。

子女、军人等特殊群体作出特别规定外，我国其他法律中也有关于保护妇女、儿童和老人合法权益的规定①。

从权利来看，弱者保护原则所要保护的权利主要有以下几种：（1）对人身权和不受虐待权的保护。我国《婚姻法》第三条第二款明确规定："禁止家庭暴力。"根据最高人民法院《关于适用〈中华人民共和国婚姻法〉若干问题的解释（一）》［以下简称《婚姻法司法解释（一）》］第一条的规定，家庭暴力，是指行为人以殴打、捆绑、残害、强行限制人身自由或者其他手段，给其家庭成员的身体、精神等方面造成一定伤害后果的行为；持续性、经常性的家庭暴力，构成虐待。当前，家庭暴力问题已成为世界上许多国家普遍存在的社会问题。无论是发达国家还是发展中国家，这种现象都不同程度地存在。特别是对妇女、儿童和老人的家庭暴力现象，作为一个世界性问题已经引起国际社会的广泛关注。另外，我国《婚姻法》第三条第二款还明确规定："禁止家庭成员间的虐待和遗弃。"同时，该法第三十二条将"实施家庭暴力或虐待、遗弃家庭成员"作为判决离婚的理由，在"救助措施与法律责任"一章中规定了对实施家庭暴力的虐待、遗弃者的惩治措施、民事制裁和对受害者的法律救助。在我国尚没有专门的反家庭暴力法的情况下，《婚姻法》关于禁止家庭暴力的规定，对于消除家庭暴力、保护妇女、儿童和老人的合法权益、维护社会稳定，无疑具有巨大的社会作用。（2）对儿童受抚养权和老人受赡养扶助权的保护。为了给儿童和老人提供基本的生活条件，我国《婚姻法》规定了亲

---

① 例如，《宪法》第四十四、四十五、四十六、四十八、四十九条；《妇女权益保障法》第二、九、十五、十六、二十二、二十三、二十四、二十五、二十六、二十七、三十、三十一、三十四、三十七、三十八、三十九、四十、四十三、四十四、四十五、四十六、四十七、四十八、五十、五十二、五十六条；《未成年人保护法》第五、八、九、十三、十四、十五、二十九、三十八、四十二、四十五、四十六、四十七条；《老年人权益保障法》第三、四、十一、十二、十五、十八、十九、二十、三十九、四十六、四十七、四十八条。

属扶养义务，如第二十一条规定父母对子女有抚养教育义务、子女对父母有赡养扶助义务；第二十四条规定非婚生子女有受抚养权；第二十八、二十九条分别规定了祖孙间和兄弟姐妹间的扶养义务。(3) 对婴儿不受溺杀权的保护。我国《婚姻法》第二十一条第四款规定："禁止溺婴、弃婴和其他残害婴儿的行为。"(4) 对配偶受扶养权的保护。《婚姻法》第二十条明确规定："夫妻有互相扶养的义务。一方不履行扶养义务时，需要扶养的一方，有要求对方付给扶养费的权利。"(5) 对生育保障权的保护。《婚姻法》第三十四条规定："女方在怀孕期间、分娩后 1 年内或中止妊娠后 6 个月内，男方不得提出离婚。女方提出离婚的，或人民法院认为确有必要受理男方离婚请求的，不在此限。"(6) 对财产权的保护。例如，离婚时分割夫妻共同财产之情形下，应根据具体情况，对女方的权益予以照顾；夫妻书面约定婚姻关系存续期间所得的财产归各自所有，一方因抚育子女、照顾老人、协助另一方工作等付出较多义务的，离婚时有权向另一方请求补偿，另一方应当予以补偿；离婚时倘若一方生活困难，另一方应给予适当的经济帮助。这样可以使因离婚陷于困境的弱者有足够的能力走向新生活。此外，在处理离婚纠纷中，尤其在适用法律时，应从实际情况出发，注意保护妇女的特殊利益。

亲属法以保护弱者为其立法原则之一，既是其伦理价值的体现，也是人道主义的应有之义。正如有学者指出的那样，"与其他绝大多数'不近人情'的法律规范不同，婚姻家庭法的伦理性突出反映了法律制度'温情脉脉'的人文关怀的一面"①。

---

① 马忆南：《婚姻家庭法的弱者保护功能》，载《法商研究》，15 页，1999 (4)。

第三章 亲属法的形式伦理

　　婚姻是家庭的基础，家庭是以自然形式的伦理关系联系起来的统一体。中华民族历来重视家庭生活的价值，以家庭和谐为中心，形成了规范婚姻家庭生活的伦理道德体系。婚姻家庭伦理的规范作用，表现在它通过各种具体的行为规范，引导和约束人们的行为，使人们在处理夫妻之间、父母子女之间和其他家庭成员之间的相互关系时，符合社会道德的要求。任何道德都规定了人与人之间各种不同的义务，人们能否履行对他人应尽的义务，是进行道德评价的一个重要的标准。遵守婚姻家庭伦理的基本要求，重视对家庭的义务，是获得家庭生活幸福的一种不可缺少的重要条件。

　　亲属法的形式伦理是关于"怎样做"方面的伦理，以实质伦理的存在和要求为前提，通过形式合理性规范实现目的合理性的伦理，以使亲属法的实质伦理得到始终如一的贯彻和落实。具体而言，亲属法的形式伦理，是指对亲属法形式方面的道德要求，表现为法律和道德对结婚、离婚以及夫妻、亲子等关系的具体行为的规范和要求。尽管伦理价值和伦理原则是亲属法的核心和灵魂，但只有通过亲属法的形式伦理才能形成稳固的形态。质言之，亲属法的形式伦理受前文所述三大伦理原则（即平等原则、自由原则、人道原则）的规定和制约，是伦理原则在具体亲属法律制度上的具体化，是评价和判断家庭成员行为善恶美丑的具体标准，这是其一。其二，亲属法的形式伦理也是一个以"人伦之理"为基础所表达的体现家庭成员间交往习惯、方式、约束、禁忌及其理解与解释等生活规范的总体概念。

由于亲属法所涉及的内容较多，不可能对所有亲属法律制度的形式伦理都面面俱到地作出伦理剖析，因而本章只拟以亲属法领域的主要法律制度的形式伦理进行探讨，如结婚法、离婚法、夫妻关系法、亲子法。

第一节　结婚法的形式伦理

如前所述，男女两性如要由原来两个独立的个人融合成为一个和谐幸福的生活共同体，就必须由爱来加以维持。婚姻作为性爱伦理的目的和归宿，其缔结条件应当符合伦理理性，其缔结过程应当符合伦理公信。

一、婚姻主体的伦理契约

我国《婚姻法》第五条规定："结婚必须男女双方完全自愿，不许任何一方对他方加以强迫或任何第三者加以干涉。"从该条规定可见，男女双方不但享有自愿选择伴侣的权利，也有尊重对方自愿选择配偶的义务，也有自愿中断恋爱关系的权利，不可强求恋爱；尊重自愿选择配偶的权利，不但是对恋爱当事人的道德要求，也是对社会成员的道德要求，任何人不得干涉法律允许的恋爱自由的权利。"男女双方完全自愿"意味着婚姻关系的缔结是建立在道德承诺基础之上的。男女共同对他们的婚姻作出道德承诺，体现出他们的责任感、善良愿望以及克服困难的信心。这种发自内在道德良心的承诺，构成了婚姻最基本的伦理基础。

在罗马法中，就将"婚意"（结婚的合意）作为婚姻的成立要件，即所谓"实际上不是结合而是婚意构成婚姻"。至于"婚意"这种意愿的和伦理的要件，它通过新郎、新娘自己的表白或其家属和朋友的表白加以证明，但最重要的是要通过它的外部表示——"婚姻待遇"加以证明，即在所有形式方面以夫妻相互对待，以使配偶双方在社会上被看做夫妻，它使妇女获得相对于丈夫的社会地位和妻子身份①。婚姻实质上是一种普遍性的、共性的伦理关系。婚姻是两性之间的爱发展到最高潮的产物，是恋爱当事人双方想把相互之间的爱以道德与法的形式固定下来的一种形式②。婚姻毕竟不是爱情，婚姻要求恋爱双方关系的稳定性。然而，作为一种情感，爱情具有某种随意性，而且它会随着时间条件的变化而变化。把婚姻以法的形式固定下来，就是为了反对这种随意性的爱，或者用黑格尔的话说，即反对那种"倏忽即逝"的爱。这种以法的形式将恋爱双方的关系固定下来的做法，实际上是对婚姻双方当事人权利的保护。它使当事人之间的爱及性生活合法化，并受到公权力的保护。康德曾将婚姻理解为民事契约，他说："婚姻就是两个不同性别的人，为了终身相互占有对方的性官能而产生的结合体……它是依据人性法则产生其必要性的一种契约。"③"婚姻的契约只有夫妻同居才算完成。两个不同性别的人的契约，如果附有秘密谅解，彼此避免同居，或者知道一方或双方没有性功能，这项婚姻契约就是冒充的契约，它不能构成婚姻。"④ 康德的这种界定具有自然主义特征，有合理性的一面。也就是说，康德只是从人的自然需求出发去看待婚姻，把婚姻看成是对人的生理上的性欲的一种满足形式。虽然康德强调了婚姻所具有的契约性质，但在这种粗鲁的观念下，婚姻被降格为互相利用性器官的形式，男女之间的感情关系就被抹杀了。如前所述，对婚姻本质较为正确的理解应当注意两个层面，即人性的两重性，既要承认性器官满足的正当形式，也要肯

---

① ［意］彼德罗·彭梵得：《罗马法教科书》，黄风译，108 页，北京：中国政法大学出版社，2005。

② 张传有：《伦理学引论》，324 页，北京：人民出版社，2006。

③ ［德］康德：《法的形而上学原理——权利的科学》，沈叔平译，95～96 页，北京：商务印书馆，1991。

④ ［德］康德：《法的形而上学原理——权利的科学》，沈叔平译，98 页，北京：商务印书馆，1991。

定理性之爱的精神要求。那种建立在完全的性欲基础上的婚姻，只不过是人的纯粹自然欲望的满足，因为符合道德评价的婚姻还应当具有性爱意义上的精神性的一面。

婚姻不是自然形成的，而是人们人为活动的结果，同时也不是婚姻的哪一方单方面决定的结果，而是建立在男女双方同意的基础上相互协商的结果。两性的结合必须考虑男女双方的愿望，如果婚姻不能使对方感到幸福，自己也就得不到幸福。正如德国哲学家费尔巴哈所指出的，"性爱是爱的最玄妙、最完善的形式；但是在这里，不同时（即使不是自愿的）使另一个人幸福，就决不能使自己幸福。相反地，我们愈是使别人幸福，我们自己也就愈幸福"。①

我国古代社会中，男女缔结婚姻完全遵从父母之命、媒妁之言，严禁男女之间相亲相许。例如，《诗经》中的"娶妻如之何，必告父母"，《礼记·坊记》中的"男女无媒不交"。也就是说，如果未经父母同意，自行婚姻之事，谓之"淫奔"，是礼法所不容的。如果没有媒妁作为中介和证人，则婚姻不能成立，并将被视做不名誉、无信义的行为。不仅结婚由父母做主，夫妻婚后不论感情如何，也不得自主决定离婚，去留仍由父母决定。据《礼记》记载："子甚宜其妻，父母不悦，弃。子不宜其妻，父母曰：'是善事我'。"另外，夫妻一方死亡，男子可以再婚，叫"继室"，女子却不能再嫁。在中国当代社会，男女能否缔结婚姻，完全是婚姻当事人的私事，社会或他人都不能加以干涉。即使对当事人的父母来说，只要孩子已达婚配年龄，就不应干涉他们的个人自由。因为孩子"生来就是人，并且是自由的；他们的自由属于他们自己，除了他们自己而外，任何别人都无权加以处置"。② 在这一点上，父母也不能有丝毫的例外。坚持自愿、择偶自由，尊重双方自愿选择

---

① ［德］费尔巴哈：《费尔巴哈哲学著作选集》（上卷），荣震华等译，434 页，北京：商务印书馆，1984。

② ［法］卢梭：《社会契约论》，何兆武译，12 页，北京：商务印书馆，2003。

的权利，是婚姻伦理的基本要求。我国未婚或丧偶、离婚的适婚男女，都有自主自愿地选择配偶的权利，这一权利受到亲属法的保护。

二、婚姻主体的伦理能力

依据我国宪法和法律的规定，每一位公民都有婚姻自由的权利，但《婚姻法》第六条规定："结婚年龄，男不得早于 22 周岁，女不得早于 20 周岁。"① 可见，公民在达到法定婚龄前，有结婚的权利能力而无行为能力，即有结婚的权利却并不能行使这一权利。法定婚龄是指结婚的最低年限，只有达到法定婚龄者，才有缔结婚姻关系的主体资格。无精神障碍的男女只有达到适婚年龄，才有可能具有婚姻行为能力，才能从道德观念上对婚姻行为有一定的认知，从而具有实践婚姻这一伦理行为的能力。年龄限制并不是"不人道"，恰恰相反，这种限制是人类性生活实践的结果，具有很深刻的现实的社会意义。

法定婚龄是国家根据本国的社会经济状况、人口政策、宗教信仰、道德观念、传统习惯等因素确定的，所以也可纳入公益性要件，违反法定婚龄视为无效婚姻。婚姻当事人必须达到一定年龄才能结婚，这就反映了生理条件。因为只有成年人，生理发育成熟，才有做父母的资格。如果男女成婚太早，其子嗣常常"身体矮小而发育不良"②。人到了一定的年龄，其生理和心理才会发育成熟，

---

① 我国关于结婚年龄，先后有不同规定。旧中国关于结婚年龄的规定，各个朝代不一。唐朝先为男 20 岁，女 15 岁，后改为男 15 岁，女 13 岁；宋、明、清朝规定为男16 岁，女 14 岁。国民党政府 1930 年颁布的《民法亲属编》规定：男 18 岁、女 16 岁。新中国成立之后，我国《婚姻法》关于结婚年龄，先后也有不同规定。1950 年的《婚姻法》规定结婚的年龄是：男 20 岁，女 18 岁，比 1980 年及其修正后的《婚姻法》分别低 2 岁。

② [古希腊] 亚里士多德：《政治学》，吴寿彭译，397 页，北京：商务印书馆，1983。

才能了解婚姻的内容和形成成熟的婚姻观，这是确定法定婚龄必须考虑的问题。如果婚龄偏低，当事人从生理和心理上还不可能形成成熟的婚姻观，这样的婚姻容易草率；婚龄过高，又不符合生理的发育特点。总之，法定婚龄太高或太低，都是违反自然性、违反人性的。那么，男女各自的适婚年龄为何有差别呢？亚里士多德曾指出，男女嫁娶的适当年龄应考虑生理条件，"拟订婚姻法规时首先想到的，应当是夫妇各自的和共同的生命分期，让他们生育年龄的起讫作成适当的配合，务使双方的生理机能在这个时期足以相匹，不至于男人精力还是旺盛而妇女已不能妊娠，或妇女尚能怀孕而男人已经衰老。年龄不合的配偶常常成为夫妇不睦以至家中吵吵闹闹的原因"。① 以上只是从生理因素来说明确定婚龄的理由，但绝不仅限于此。在我国，适婚年龄的确定还取决于人口政策、民族等诸多社会因素。

从伦理角度而言，婚龄的确定依据在于道德主体的伦理能力。所谓伦理能力，是指将道德认知、判断和情感转变为实际的伦理行为的能力。可见，伦理能力又由两种能力构成：其一是道德理性能力，其二是伦理行为能力。从儿童到青年，人的这两种能力经历了一系列有序的发展阶段。一个人必须具备认识、理解道德规范、观念的意义及性质的能力，必须具备把这些规范、观念内化为自己的东西，从而能据以指导道德判断和道德行为的能力。人成年以后，一般也就具有了这些能力。然而，结婚自由的实现是有一定限制的，其中年龄就是其一。男女两性为婚姻上伦理行为的自由程度，取决于自身的发展程度和社会的外在要求。因为伦理自由不是指随心所欲地为一定行为的自由，而是指在道德认知的基础上由理性指导和正确判断下的辨别和作出伦理行为的能力。有理性的人必定有自由决定伦理行为的能力，这也正是人区别于动物的最根本的标

---

① [古希腊]亚里士多德：《政治学》，吴寿彭译，396 页，北京：商务印书馆，1983。

志。在这个意义上可以说，道德主体的结婚自由和道德主体的道德自我意识、责任意识和外部行为自由相关。不仅要对自己内心的希求负责，而且要对外部行为的结果负责①。婚姻义务意识的形成，是具有这种伦理能力的标志。因此，婚姻上的伦理能力，须以达到法定婚龄，具有婚姻的道德认知、判断能力为必要条件。只有以法定婚龄为底限，婚姻伦理能力才可能将婚姻道德认知、判断和情感转变为实际的婚姻伦理行为，与此同时，才可能依据法律上的婚姻行为能力而行使结婚的权利。

三、婚姻主体的伦理禁忌

禁止血亲通婚是许多国家或地区一项基本的婚姻制度。无论各个民族现在又提出了什么新的理由来反对近亲结婚，其理由实际上都是它所要证明的这项规定的结果，人们如要回答这一问题，就应追溯到外婚制；以外婚制为基础，各种习惯纷纷形成，这些习惯至今仍然构成我们的道德性情的一部分；要是没有产生外婚制的信仰，就无法保证我们能有现在的婚姻观念，就不能肯定我们的法典会禁止乱伦②。在我国古代，实行"同姓不婚"、"宗亲不婚"、"尊卑不婚"的原则。这类禁忌有其守旧的一面，也有其科学的一面。"取妻不取同姓，以厚别也"③，"男女同姓，其生不蕃"④，这是古人普遍的对血缘婚伦理禁忌的认识，但这种伦理认识是直观的、模糊的，因为当时还比较盛行两姓世代交换婚，即姑舅表兄弟姐妹通婚，古人不但不知避，而且每每向往这种"亲上加亲"的婚配。宋代开始制定法律，明确规定禁止中表婚。明、清法律从

---

① 宋希仁：《不朽的寿律——人生的真善美》，261～262页，北京：中国人民大学出版社，1989。

② ［法］爱弥尔·涂尔干：《乱伦禁忌及其起源》，汲喆等译，60～62页，上海：上海人民出版社，2006。

③ 《礼记·坊记》。

④ 《左传·僖公二十三年》。

之。然而在古代民间，旧习难改，民风难移。至清代，在清律《附例》中不得不附以"姑舅两姨姐妹为婚者，听从民便"。国民党政府民法亲属编也不禁止中表婚。在我国历史上，"同姓不婚禁例自确立之日起，便发挥了禁止同姓近亲结婚、促进优生及巩固政治统治的积极作用"。①

在西方先哲们那里，禁止一定范围的血亲结婚是有充分根据的。孟德斯鸠认为，"母与子结婚会造成混乱"，"父女结婚也为大自然所摒弃"，"对于姐弟或兄妹乱伦的憎恶出于同一原因"，"禁止堂表兄弟姐妹结婚，也基于同一理由"，"这些理由非常有力而且完全合乎自然，所以通行全球，且与各地的人群是否有过交往无关"②。"禁止父女结婚和兄弟姐妹结婚，为的是保护家庭中与生俱来的操守观念，这一原则有助于我们发现，哪些婚姻是自然法所禁止的，哪些婚姻仅仅是公民法所禁止的。"③"自然法"所禁止或许可的婚姻"应该酌情由公民法予以禁止或许可"④。"自然法所禁止的是不变的"，"公民法所禁止的则是偶发性的"，历史上有些民族不禁止堂表兄弟姐妹结婚应属"偶发情况"⑤。亚当·斯密的观点与孟德斯鸠相同，他也认为，"直系尊亲属和直系卑亲属之间的结婚是永远禁止的。母亲和她自己儿子结婚，这是最违反人性的。母子如果结婚，母亲在地位上将变得低于儿子，而且由于年龄悬殊，很少能达到婚姻的目的。所以，除非在信奉邪教的地方，这种婚姻

---

① 王歌雅：《中国亲属立法的伦理意蕴与制度延展》，109 页，哈尔滨：黑龙江大学出版社，2008。

② ［法］孟德斯鸠：《论法的精神》（下卷），许明龙译，515~516 页，北京：商务印书馆，2009。

③ ［法］孟德斯鸠：《论法的精神》（下卷），许明龙译，517 页，北京：商务印书馆，2009。

④ ［法］孟德斯鸠：《论法的精神》（下卷），许明龙译，517 页，北京：商务印书馆，2009。

⑤ ［法］孟德斯鸠：《论法的精神》（下卷），许明龙译，517 页，北京：商务印书馆，2009。

是从来不容许的。同样的，父亲和他自己女儿的结婚也是乱伦的……没有任何事情比这更能破坏家庭的幸福了。由于同样的原因，伯叔父和侄女，姑母和侄子从不结婚"。① 在寻求禁止血亲通婚的伦理根据方面，黑格尔的论述更为经典。黑格尔认为，"婚姻是由于本身无限独特的这两性人格的自由委身而产生的，所以在属于统一血统、彼此熟知和十分亲密的这一范围内的人，不宜通婚。在这一范围内，个人相对之间不具有自身独特的人格。因此婚姻必须相反地在疏远的家庭间和异宗的人格间缔结"。② 黑格尔明确指出，血亲间通婚是违背婚姻的概念的。通婚者违背了真实的自然的感觉，"因为按照婚姻的概念，婚姻是自由的伦理性的行动，而不是建立在直接天性及其冲动上的结合"。③ 黑格尔反对血亲通婚的伦理根据，还体现在人们的羞耻之心。这种羞耻之心作为传统的观念，人们都知道，对于人格，通过婚姻的结合也仅限于初次的结合。所以，已经通过血缘关系而结合起来的人格，就不可能再次进行结合。禁止血亲通婚还在于生物学上的理由。黑格尔认为，"单从自然关系的方面来看，大家都知道，属于同族动物之间交配而产生的小动物比较弱，因为应予结合的东西，必须首先是分离的。生殖力好比精神力所由以获得再生的对立愈是显明，它就愈强大。亲密、相识和共同活动的习惯都不应该在结婚以前存在，而应该初次在婚姻关系中发生，这种发展，其内容愈丰富，方面愈多，其价值也愈大"。④

综上所述，禁止直系血亲结婚在伦理上的理由是不言自明的。

---

① ［英］坎南编：《亚当·斯密关于法律、警察、岁入及军备的演讲》，陈福生、陈振骅译，107~108 页，北京：商务印书馆，1962。

② ［德］黑格尔：《法哲学原理》，范扬、张企泰译，184 页，北京：商务印书馆，1961。

③ ［德］黑格尔：《法哲学原理》，范扬、张企泰译，184 页，北京：商务印书馆，1961。

④ ［德］黑格尔：《法哲学原理》，范扬、张企泰译，184~185 页，北京：商务印书馆，1961。

从我国人民的传统习惯及伦理道德的要求看，直系姻亲间也是禁止结婚的[①]。至于旁系血亲的禁婚范围，许多国家或地区在伦理、风俗、立法例上各有不同。有些国家或地区还禁止一定范围内的姻亲结婚，则更是伦理观念起作用的明显例证。我国《婚姻法》第七条规定禁止结婚的情形有两种，分别是"直系血亲和三代以内的旁系血亲"和"患有医学上认为不应当结婚的疾病"。[②] 我国《婚姻法》之所以规定三代以内旁系血亲不能结婚，实际上主要是针对历史上和民俗上的中表婚而言的。因为近亲结婚血缘太近，不但不合伦理，而且也违反科学，对人类的繁殖和种族的兴旺危害很大，应该加以限制。另外，我国《婚姻法》之所以规定"患有医学上认为不应当结婚的疾病"的人不能结婚，这主要是基于优生伦理的考虑。其伦理学依据在于：个人的幸福不能损害他方幸福，这一代人的自由不能给下一代人造成痛苦。正因为如此，法律禁止患有特定疾病的人结婚，防止当事人所患的疾病传染或遗传给下一代，以保护后代和民族的健康，避免陷入人道危机。总的来说，亲属法规定哪些人不能结婚，不能形成婚姻权利义务关系，其本质是反映了婚姻伦理和优生伦理的要求。

四、婚姻主体的伦理程序

结婚程序是形成夫妻"伦理实体"的前提。结婚程序，是指婚姻成立的法定手续，又称婚姻的形式要件，是婚姻取得社会承认

---

① 陈苇：《中国婚姻家庭法立法研究》（第二版），108 页，北京：群众出版社，2010。

② 患有医学上认为不应当结婚的疾病可分为两类：严重的精神方面的疾病和重大不治且有传染性的身体方面的疾病。然而，禁止精神病者结婚与禁止艾滋病等非精神病者结婚的根据并不相同。我国有关立法应依其根据将其分别加以规定，即将精神状态作为判断自然人结婚行为能力的例外标准置于结婚能力中加以规定，而将艾滋病患者等禁止结婚的内容置于"婚姻障碍"中加以规定。参见余延满：《亲属法原论》，162 页，北京：法律出版社，2007。

的方式，具有非常重要的公示性、公信性①。婚姻按照公认的程序缔结，意味着合法形式的获得，而二人的亲密关系更得到了国家和社会的认可和保护。婚姻关系的伦理性使人们普遍认识到结婚程序的道德意义，结婚程序的道德意义反过来说明了人们道德观念中所公认的婚姻模式。在这一认可、赋予或道德确认的过程中，男女双方可从他们新近达成的关系和更大范围的权利关系网络关联中确认由婚姻而来的身份。

自人类进入私有制社会以来，产生了一夫一妻制婚姻，婚姻成为事关传宗接代、生育家庭财产继承人的大事。婚礼作为对婚姻在仪式上加以肯定的一种形式，历来都是郑重其事，也是十分烦琐的。《礼记·昏义》说："婚礼者，将合二姓之好，上以事宗庙而下以继后世也，故君子重之。"中国传统的结婚礼仪起于西周，要经过"六礼"，即"纳采"、"问名"、"纳吉"、"纳征"、"请期"、"亲迎"，名目繁多，仪式烦琐。此后相传一千多年。到宋代，朱熹将其改为"三礼"，即"纳采"、"纳币"、"亲迎"。"纳采"，是男方派媒人到女方家求亲；"纳币"，是男方向女方交付"聘财"；"亲迎"，是新郎到女家迎接新娘（一般需用花轿），举行婚礼。前两项讲的是订婚的过程，只有亲迎是结婚时的仪式。传统伦理认为，双方婚约一定，夫妻的名分即已确定，剩下的只是过门的形式程序而已。然而，现代结婚仪式已与传统有许多不同，订婚不再是结婚的必经程序，亦非婚姻的成立要件，"婚约只是一个具有道德约束力的协议"②。对于婚礼而言，虽然其亦非法定成立要件，但其两种基本功能却一直未变：一是告示，二是喜庆。结婚是人生的大事，自从冠礼、笄礼废除之后，婚礼实际上代替了成人礼，婚礼标志着一个新的社会有机体的诞生，是人的社会化过程的重要转折

---

① 夏吟兰、蒋月、薛宁兰：《21世纪婚姻家庭关系新规制——新婚姻法解说与研究》，42页，北京：中国检察出版社，2001。

② 余延满：《亲属法原论》，155页，北京：法律出版社，2007。

点和新的生命历程的开端①。告示和喜庆这两种基本功能对于婚礼存在的意义恐怕也仅限于此了。

结婚的合意应采取一定方式为外界所知晓，否则婚姻这一伦理实体不能成立。因为结婚的合意不能仅仅停留在主观性和内在的状态，还必须接受一种客观的表达和确认。现代许多国家立法一般将婚姻分为法律婚和事实婚。对于法律婚而言，结婚的合意应采用法定方式表示。对于婚姻这一伦理性的结合要构成"正式结婚和婚姻的现实"，只有举行了"家庭和自治团体"对其相应承认和认可的"仪式之后，夫妇的结合在伦理上才告成立，因为在举行仪式时所使用的符号，即语言，是精神的东西中最富于精神的定在，从而使实体性的东西得以完成"②。这种"语言"的定在即是结婚合意的表示。对于事实婚而言，其结婚合意"只有夫妻同居才算完成"③，即只通过以夫妻名义同居生活的行为事实来进行表示。即使举行了婚礼，但一直未同居的，亦不构成事实婚。婚礼并不是结婚合意本身，顶多构成其中一部分。

因此，在事实婚上，婚礼举行与否并不必然使婚姻具有伦理上的公信性。对于法律婚而言，结婚的合意应采用法定方式表示。我国《婚姻法》第八条规定："要求结婚的男女双方必须亲自到婚姻登记机关进行结婚登记。符合本法规定的，予以登记，发给结婚证。取得结婚证，即确立夫妻关系。未办理结婚登记的，应当补办登记。"如此，我国民间的婚礼习俗已被排斥在结婚程序之外，只具有伦理效力，不具有结婚合意的法律效力。而结婚的合意应当在婚姻登记机关申请结婚登记时亲自做出，始具有结婚合意的法律效力。这在一定程度上促使人们改变道德确认婚姻是否成立的标准。

---

① 张怀承：《中国的家庭与伦理》，165 页，北京：中国人民大学出版社，1993。

② ［德］黑格尔：《法哲学原理》，范扬、张企泰译，180 页，北京：商务印书馆，1961。

③ ［德］康德：《法的形而上学原理——权利的科学》，沈叔平译，98 页，北京：商务印书馆，1991。

人们道德观念中所秉持的结婚程序，已不独是民间的婚礼习俗，更多的是指向结婚的法律程序。因而在法律的意义上，男女双方到民政部门登记、领取了结婚证书，就成了法定夫妻，"语言"也就有了定在，婚姻这一伦理实体才以法定方式公示且"在伦理上才告成立"。与此同时，婚姻双方当事人从爱的自然性和主观性中上升为对他们伦理性结合的承认，从而自觉地接受伦理的婚姻关系的约束。

第二节　夫妻关系法的形式伦理

人们在从事物质资料生产和人类自身生产的过程中，形成了包括夫妻关系在内的各种社会关系。夫妻关系是基于合法婚姻所形成的一种男女双方的权利义务关系，夫妻关系是一种最基本、最稳固、最长久、最深刻的社会关系之一。男女双方通过法律的确认而进入婚姻和家庭状态，就有了婚姻伦理和家庭美德的问题。如前所述，对核心家庭下的夫妻提出忠实互助的伦理要求，不仅使家庭关系合乎道德的走向，也是夫妻关系法的伦理目的，反映了亲属立法上的伦理价值取向。家庭关系的核心是夫妻关系，夫妻关系法上的人身关系和财产关系的实施与完善是夫妻和睦和幸福的重要保障。

一、夫妻关系法的人身伦理

从婚姻的目的和性质来看，婚姻是男女两性结合为夫妻的社会形式，是一种具有强烈人身伦理性质的社会关系，这种关系是以男女双方永久共同生活、组织家庭为目的而建立起来的。保障和维系婚姻家庭关系的稳定不仅是婚姻双方的共同责任，也是他们的共同意志和愿望；从其功能而言，它具有与满足性的需求同样重要的社会功能，如生育和经济生产的功能。

婚姻所赋予夫妻双方的权利应该得到尊重，而且双方的权利是平等而多元的，不仅受到法律的保护，而且拥有道德支撑。夫与妻之间应当建立一种合理的伦理关系，无论是人格上的伦理关系，还是身份上的伦理关系，都应以伦理道德标准来塑造，并由亲属法来确定其具体的内容和范围。夫妻人身效力，即与夫妻各自的人格、配偶的身份相关的权利和义务，是以夫妻人身伦理为依归的，体现了现代亲属立法对传统夫妻人身伦理的传承、扬弃及塑造。

（一）配偶人格权利体系的伦理阐释

婚姻家庭伦理潜在地要求夫妻双方实现伦理人格的同一化。夫妻关系较高层次的伦理要求，应是"双方人格的同一化"（黑格尔语）。这就是说，男女双方在缔结婚姻以前分别有各自的伦理人格①，这时的伦理人格是单一性的。男女双方在缔结婚姻以后，则应对他们单一性的伦理人格加以扬弃。这不是抹杀当事人的原有的人格，而是说男女双方要从婚姻是两个人基于信任和感情结成的精神统一体的共同认识出发，发扬原有人格中好的、带有共性的方面，协调其中不和谐的方面，克服或抛弃其中根本对立的、坏的方面，从而达到双方伦理人格的"同一化"。这就是所谓的"夫唱妇随"，即夫妇达到了同心同德的程度。正因为如此，配偶的伦理人格在历史上并不是平等的，其内容是随着社会发展而变化的。夫妻一体主义，或称夫妻同体主义，多为古代伦理道德和亲属立法所采用。在夫妻一体主义下，男女结婚后，妻子的人格多为丈夫所吸收。但是，道德上要求夫妻人格实现同一化，并不意味着法律上必须实行夫妻人格同一化。19 世纪初，资产阶级启蒙思想家主张天

---

① 黑格尔认为，按照自在自为的自由的意志这一理念的发展阶段，意志是直接的，从而它的概念是抽象的，即人格，而它的定在就是直接的、外在的事物（参见［德］黑格尔：《法哲学原理》，范扬、张企泰译，41 页，北京：商务印书馆，1961）。康德说："道德的人格不是别的，它是受道德法则约束的一个有理性的人的自由"（参见［德］康德：《法的形而上学原理——权利的科学》，沈叔平译，26 页，北京：商务印书馆，1991）。我国学者则说："道德人格，就是具体个人的人格的道德性规定，是个人的脾气习性与后天道德实践活动所形成的道德品质和情操的统一"（参见罗国杰主编：《伦理学》，440 页，北京：人民出版社，1989）。

赋人权、人人生而平等，提出男女平等口号。这是从自然法学说上对伦理人格的一次思想变革，因而早期亲属立法如法国、德国、英国等，逐渐摆脱"夫妻一体主义"的影响，妻子被视为道德单位，并开始保护妻子独立的法律人格。内在于作为种属物的人的道德的自由及其意志证明了人具有资格成为人格人①。因此，人之所以为人，就是因为"所有的人都享有人格，这是近现代伦理要素的核心内容和价值取向"②。

伦理人格和法律人格是相互区别又相互联系的概念。总的来说，无论伦理人格还是法律人格，它们都是以人的伦理属性和价值取向为基础，只是各自调整的方式和范围不同而已。正如我国学者指出的，"个人人格是以平等自由的伦理价值为要素，以实现人的自我独立存在和价值为主要目标，以法律作为维系和协调各平等个人以及个人与社会之间关系的纽带，进而使个人形成稳定的具有自由意识的法律实体"。③"人格是以人的伦理价值为实质基础的，而人的伦理价值又具体表现为'生命、身体、健康、自由、尊严、名誉'等范畴，这些范畴即人格之基本要素需要得到实在法的保护。"④ 归结为一点，所谓人格，本是自然法上的概念，所体现的是人的伦理价值，它在实在法上则表现为人格权，所强调的是法律对人的伦理价值的保护方式。

在夫妻关系法上，人格立法实行"夫妻别体主义"，即夫妻人格独立，法律地位平等，享有平等的权利，承担平等的义务。男女双方具有平等的法律人格，这仅仅体现了婚姻家庭伦理的基本要求，或者说是夫妻伦理关系的较低层次，而其较高层次的道德要求则只具有伦理学上的意义。在黑格尔那里，夫妇虽在实体上"双

---

① ［德］罗尔夫·克尼佩尔：《法律与历史——论〈德国民法典〉的形成与变迁》，朱岩译，63 页，北京：法律出版社，2003。

② 马俊驹：《人格和人格权理论讲稿》，47～48 页，北京：法律出版社，2009。

③ 马俊驹：《人格和人格权理论讲稿》，50 页，北京：法律出版社，2009。

④ 马俊驹：《人格和人格权理论讲稿》，71 页，北京：法律出版社，2009。

方人格的同一化"表现的是他们在感觉这种主观性方面是统一的，但在实存上仍然是两个单一的主体，丈夫是丈夫，妻子是妻子。因此，应当说，丈夫和妻子的伦理价值都是独立的。配偶各自的伦理价值同样包括生命、身体、健康、自由、尊严、姓名、肖像、隐私、名誉等人格基本要素，因而其人格权的客体应是经由伦理哲学评价和法律保护的人之所有的伦理价值，而不是民法学界通说的人格利益。因为人格尊严和自由的内涵很难用利益作准确的表达，人格利益实际上是人格权存在和实现的目的，人之所有的伦理价值作为权利客体就可使人犹如拥有财产那样拥有人格价值。

配偶各自在法律上享有与其他民事主体一样无差别的人格权，适用的是人格权的民法保护。但是，由于受传统夫妻同体的残余思想的影响，有必要特别在亲属法上对与其有关的人格权进行特别界定，也就是说夫妻之间不存在共同的人格权，亲属法只是特别强调而已。在我国现行《婚姻法》上，这方面的特别强调表现为以下几项人格权利：

一是配偶姓氏权。姓氏，即姓，是指父系的血缘集团之称呼，即是对亲属团体有同一认识之名称①。在姓名问题上，男女之间的不平等古已有之，当今也未绝迹。西方一些国家，有女子出嫁后改姓夫姓的规定②。古代中国虽不兴此风，但男尊女卑的习俗却同样久远。在中国古代，同姓不婚③是一个约定俗成的伦理规范。夫妻

---

① 陈棋炎等：《民法亲属新论》，135 页，台北：三民书局，2005。

② 《德国民法典》第 1355 条规定："配偶双方应确定共同的家族姓氏（婚姻姓氏）。"《瑞士民法典》第 160 条规定："夫的姓氏为配偶双方之姓氏。"《法国民法典》对夫妻姓氏虽没有明文规定，但其第 300 条间接承认女子从夫姓，该条原规定："已经与丈夫别居的妻子得保留使用夫姓；但是，别居判决或者此后作出的判决得禁止其使用夫姓。"该条虽于 2004 年 5 月被修正为形式平等的姓氏规则："别居的夫妻双方均可保留使用对方的姓氏；但是，别居判决或者此后作出的判决得考虑夫妻双方的利益，禁止使用对方的姓氏"，但仍有失实质平等之嫌。

③ 《左传·僖公二十三年》曾指出："男女同姓，其生不蕃。"可见当时的人已知近亲结合不利后代繁殖。

姓氏在古代社会原是一种伦理身份的表征。在姓名上，女子结婚后，自己的名字就失去了意义。王姓之女嫁到金家，便被人称做金王氏。同理，还有刘张氏、赵李氏等。由此可见，近代以前，妻子在道德上不具有人格，其姓氏只表示一种伦理身份。这种婚姻姓氏权在夫权社会所体现的夫妻共同体之同一性，实有违男女人格平等之嫌。近代以来，随着人权运动的发展，夫妻人格分立主义已取代夫妻人格吸收主义，绝大多数国家或地区有不采之势①。我国《婚姻法》第十四条规定："夫妻双方都有各用自己姓名的权利。"这就是说，男女双方的姓名并不因为结婚而改变，都可以保持姓名的独立，这是从身份到人格的彻底转变。作为人格独立外在表现的配偶姓氏权，无论是在道德上还是在法律上，都表征着配偶作为独立的人所具有的伦理价值。

二是人身自由权。人身自由权属于精神性人格权中的自由型人格权。按照西方近代以来的自然权利理论，人身自由应属于自然权利，是与生俱来的天赋权利。西方正是以这类天赋权利为核心形成了有西方特色的道德观或社会伦理观念。夫妻人身自由权是夫妻双方在享有独立人格和平等地位的前提下，可按本人意愿依法决定从事生产、工作、学习和社会活动的自由。我国《婚姻法》第十五条规定："夫妻双方都有参加生产、工作、学习和社会活动的自由，一方不得对他方加以限制或干涉。"这一规定同等地适用于夫妻双方，但主要是针对我国历史上残留的夫权统治而特别保护已婚妇女享有参加生产、工作、学习和社会活动的自由权利。夫妻有无人身自由权是夫妻家庭地位能否平等的重要标志。中国封建社会长期实行夫权统治，"男主外，女主内"，"三从四德"，"女子无才便

---

① 我国台湾地区"民法"第 1000 条原规定："妻以其本姓冠以夫姓。赘夫以其本姓冠以妻姓。但当事人另有订立者，不在此限。"该条文于 1998 年 6 月被修订为："夫妻各保有其本姓。但得书面约定以其本姓冠以配偶之姓，并向户政机关登记。""冠姓之一方得随时回复其本姓。但于同一婚姻关系存续中以一次为限。"

是德"等封建伦理观念束缚已婚妇女的人身自由，妇女的社会地位低下，妻子的行为处于丈夫的严密控制下，夫妻在家庭中的地位不平等，妻子无人身自由可言①。时至今日，在我们现实生活中，封建夫权思想的残余影响仍然存在，某些丈夫限制妻子人身自由的行为还时有发生。因此，法律强调"一方不得对他方加以限制或干涉"就尤显重要，而要实现这一要求得首先学会相互尊重。夫妻各方都不得以限制或干涉他方的方式行使自己的人身自由，不得逾越以尊重人、重视人、关心人为中心所确立的自由、人道等伦理原则及其道德要求。还应当注意到，封建夫权思想是产生家庭暴力的重要原因之一。虽然 2001 年修正后的《婚姻法》对严重侵犯妇女人身自由权的家庭暴力及虐待行为的民事责任、行政责任及刑事责任作了详细的规定，但有关家庭暴力的规定大都没有实际的操作意义，实务上执行的困难仍不可低估。当前，应抛弃重男轻女、男外女内的传统观念，夫妻双方应合理分担家务劳动，让已婚妇女走出家庭，实现"参加生产、工作、学习和社会活动的自由"，并对妇女人身自由权尤其是性权利提供制度保障。

（二）配偶身份权利体系的伦理阐释

近代以前，身份是人格的基础，人格因身份的差异而呈现人的

---

① 西方国家早期的亲属立法对已婚妇女的行为能力也进行多方限制。例如，1804 年《法国民法典》第二百一十三条就有"妻应顺从其夫"的规定，对妻子的人身自由权进行限制。1900 年《德国民法典》第一千三百五十四条规定"夫有权决定有关共同婚姻生活的一切事务"，由丈夫垄断所有的权利。第二次世界大战后，妇女的社会地位发生了明显变化，妻子在法律上有了相应的人身自由权。法国在 1965 年修改了民法典中的规定，妻子具有不经丈夫同意从事某种职业的权利。不过，由于西方的历史原因和文化传统，已婚妇女的择业权，仍然受到多种因素的限制和影响。例如，德国 1976 年修正的《民法典亲属编》第一千三百五十六条第二款规定："夫妻双方均有选择职业的权利"；"选择所从事的职业时，夫妻的一方应对他方及家庭利益作必要的考虑"。《瑞士民法典》第一百六十一条第二款、第三款更明文规定："妻子应全力帮助和支持丈夫对婚姻共同生活的管理"，"妻子应料理家务"。由此看来，即使在西方，也还有许多限制妻子人身自由的规定。

不平等，因而身份是确定社会成员资格的基础。人类从没有分别的群婚发展到族内级别群婚、族外级别群婚、族外一妇多夫、一夫多妻，到以姓氏区别为特征的对偶婚配，都反映了身份制度的形成过程。中国古代身份社会的特色在于"名分"，即人在社会中所具有的名义和地位，它又首先表现在对家族、家庭伦常的重视，把家的伦常视为社会存在和发展的基础①。在古罗马法上，人法制度就是以"人格的身份化"为其基础的。个人的法律人格只有当他是自由人、罗马市民、一家之长②时才是完全的。在罗马法"有夫权婚姻"的制度下，妻子在家庭中完全隶属于丈夫，根据《十二铜表法》，"家属终身在家长权的支配下。家长得监禁之、殴打之、使作苦役，甚至出卖之或杀死之……"在欧洲中世纪时期，调整婚姻关系的教会法也承认，"丈夫是家庭的首脑，由于他自身的地位，他可以选择住所地，可以合理地纠正他的妻子，可以要求她履行与她的社会地位相符合的家庭义务"。③在近代资产阶级国家建立之后，较之奴隶社会和封建社会，尽管资本主义社会的政治、经济制度均发生了本质的变化，但在婚姻关系中，丈夫相对于妻子的优越地位却并未发生改变，"夫权"概念和制度依然得以保留。例如，《德国民法典》最初也保留了诸如丈夫享有对涉及婚姻社会事务的决定权、婚姻财产和妻子财产的管理权、妻子对外订立合同的撤销权等内容④。中国近代以来，身份和人格也发生了分立，出现了由身份人格制度向伦理人格制度的转变和超越。西方自 20 世纪

---

① 陈晓枫主编：《中国法律文化研究》，401 页，郑州：河南人民出版社，1993。

② 相应地，在罗马法的三种人格中，第一种是法律和公民地位，称为自由身份；第二种是政治地位，称为市民身份；第三种是家庭中的地位，称为家族身份。参见〔美〕罗斯科·庞德：《法理学》（第 4 卷），王保民、王玉译，203 页，北京：法律出版社，2007。

③ 〔美〕哈罗德·J. 伯尔曼：《法律与革命——西方法律传统的形成》，贺卫方等译，224 页，北京：法律出版社，2008。

④ 〔德〕罗尔夫·克尼佩尔：《法律与历史——论〈德国民法典〉的形成与变迁》，朱岩译，108 页，北京：法律出版社，2003。

中叶以来，随着妇女解放运动的兴起，男女平等的观念开始在法律上得到体现。由此所导致的结果之一，就是"夫权"的概念被"配偶权"① 所取代，婚姻关系中的法律地位，由男方主导走向男女平等。

伦理人格制度在与身份人格制度分立之后，不仅实现了伦理人格的平等，而且也实现了法律上的人格平等。在现代法治社会，身份特权被人们所厌弃，但身份和身份制度仍然存在，并被压制在以亲属法为代表的狭小的法律空间之中。在亲属法领域，虽然人格不再以身份为基础，但身份关系却是反以伦理人格为基础。也就是说，无论身份关系怎样，其仍要遵循人与人之间人格关系的基本道德准则，如相互尊重、互不侵犯等。在夫妻关系法上，我们有必要分清哪些是配偶的人格权，哪些是配偶的身份权，以彻底地践履"夫妻别体主义"立法之精神。

对婚姻本身的期望应该是从男女双方相互认可、承诺的联结关系中，由内部促成婚姻伦理实体的形成，进而出现"我们"的身份。夫妻的身份作为配偶在家庭中的定位和应有的利益份额，表明了配偶在家庭之中的位置以及他或她所承担的家庭角色。所谓夫妻的身份，是指在配偶之间发生的关系中所占据的地位以及由婚姻所授予配偶的利益负担的条件，这种身份是伦理身份和法律身份的统一。我国《婚姻法》第十三条规定"夫妻在家庭中地位平等"，因此应当说，夫妻人格制度是夫妻身份制度存在的基础，夫妻身份制度是让夫妻进入家庭这种相对固定的利益空间，从而获得包括财产、精神、伦理在内的利益份额。是故，基于人格平等基础上的夫妻身份关系仍是一种伦理关系，体现的是人性之内的身份伦理价值及其实现。夫妻通过生活和行为来实现其人性的道德化，而夫妻间的身份行为具有多面化的规定性，所以其身份伦理价值的实现就呈

---

① 在大陆法系国家，配偶权一词纯粹是一个学理上的概念。参见王洪：《从身份到契约》，44 页，北京：法律出版社，2009。

现出复杂的内容。

总的来说，夫妻身份权利的内在根据来自人性的融通，反映的是夫妻在身份伦理价值上的利益诉求，既可能是生物性的，也可能是精神的。与夫妻之间人格联系不同的是，夫妻身份权利制度的特点在于基于身份关系而产生的伦理义务本位。由夫妻身份形成的道德共同体在内容、形式等方面具有多方面的规定性，主要体现在以下几个层面：

1. 身份伦理实体的本质性

身份伦理实体的本质性在于夫妻的同居义务。男女婚姻关系，自结合时起本应恩爱相待，白头偕老，始合常理，因而夫妻同居义务是从自愿结婚行为派生出来的伦理义务，是夫妻身份伦理实体的当然内容。我国《婚姻法》没有明文规定夫妻同居义务，却将夫妻分居作为判决离婚的理由之一，故能从法律条文中推导出夫妻互负此义务。因婚姻关系成立，夫妻须营共同生活，即夫妻须互负同居之义务，固为婚姻本质上之当然效果①。所谓"同居"，是指男女互以夫妻身份而同居之意，并非仅指男女同住在一起之谓也②。夫妻同居是由婚姻关系的基本内容决定的，是婚姻关系存在并得以维持的基本条件和表现，更是婚姻之所以具有伦理性的前提。如前所述，由两性性关系形成婚姻伦理实体的人性基础是性欲和性爱。因而夫妻性生活是同居义务的本质内容。除此之外，夫妻同居义务还含有其他内容，如共同寝食义务、相互协力义务。婚姻是人类文明发展过程中选择的，是男女两性结合的伦理实体，具有丰富的内涵，它是作为男女两性精神生活、性生活和物质生活的共同体而存在的。夫妻共同生活可以不断加深彼此之间的理解与沟通，增进双方的感情。没有夫妻间的同居生活，夫妻间的感情就难以充分交流，其性生活也就无从谈起。很难想象夫妻间并不同居生活而能长

---

① 陈棋炎等：《民法亲属新论》，137 页，台北：三民书局，2005。
② 陈棋炎等：《民法亲属新论》，137 页，台北：三民书局，2005。

期保持法律上的夫妻关系。如果夫妻一方长期不履行同居义务，婚姻也就失去了存在的意义。

2. 身份伦理实体的排外性

身份伦理实体的排外性在于夫妻的忠实义务。从男女自愿缔结婚姻关系后，基于亲属法中婚姻自由、一夫一妻、男女平等等伦理原则的限定，婚姻本质上不容第三人参与进来扰乱业已形成的夫妻伦理实体。基于此，夫妻理应互负忠实义务，这也是社会道德、公共秩序的要求。忠实义务又称为贞操义务，主要是指夫妻双方在性方面的专一和忠实。其实质为配偶双方不为婚外性交的不作为义务，是为保持爱情专一、忠诚而负有的义务，夫妻双方互为权利、义务人。我国亲属立法在总则中规定了"夫妻应当互相忠实，互相尊重"，却没有在分则中规定夫妻间应当互负何种忠实义务。应当说，夫妻的忠实义务是婚姻本质的当然之意，也是维护夫妻关系稳定和家庭关系和谐的重要因素。夫妻违反忠实义务的行为，如重婚、有配偶者与他人同居等，也被认为是对社会所公认的公序良俗的破坏，因此，此类行为应当被法律规制。现行《婚姻法》第三、三十二、四十六条分别对重婚、有配偶者与他人同居等行为作出了相应的法律规制措施。从《婚姻法》的规定可见，如夫或妻违反忠实义务，则可以构成离婚的事由以及处罚的事由。

3. 身份伦理实体的"定在"性

身份伦理实体的"定在"性在于夫妻的婚姻住所决定权。住所是家庭即"自然的伦理精神"（黑格尔语）的一个外在表现形式，是夫妻双方共同生活之私人场所，是维系婚姻关系的基本条件，其理应由夫妻双方来决定，其实质是夫妻伦理实体共同的自由意志在同居生活上获得了定在。住所决定权虽是一个夫妻双方住在什么地方的表面问题，但通过这个表面问题可以看出它反映的本质仍是夫妻家庭地位是否平等的根本问题，即男女平等的伦理价值判断问题。在古代及资本主义社会初期一直为妇从夫为居，在我国夫从妇而居，一般会遭到人们的歧视。目前来讲，许多国家由于文化传统的不同仍然不能全面实现在住所决定权上的男女平等。当代许多国家之家庭立法关于住所决定权的设定差别殊多，归纳起来主要有四种类型：丈夫权利主义、丈夫义务主义、协商一致主义、自由主义。我国《婚姻法》对住所决定权无明文规定，虽该法第九条规定"登记结婚后，根据男女双方约定，女方可以成为男方家庭的成员，男方可以成为女方家庭的成员"，但其立法精神是为了解决推行计划生育政策后出现有女无儿的实际困难，提倡男方成为女方家庭成员。从立法完善和伦理实体的自由的实现来看，协商一致主义是符合现代男女平等的伦理理念，这有利于夫妻伦理实体共同的自由意志在共同居所上获得定在。

4. 身份伦理实体的别体性

身份伦理实体的别体性在于夫妻的日常家事代理权。夫妻由配偶身份形成的道德共同体，并不意味着夫妻双方法律人格的同一，夫妻各方仍是具有意志自由的道德个体。在处理对外事务上，特别是与第三人为一定法律行为时，鉴于第三人易于先入为主地形成对夫妻身份伦理实体的道德判断，因而法律上应预设夫妻日常家事代理权，以维护第三人的善良的道德认知并保护其利益，保障交易安全。日常家事代理权源于罗马法的妻之理家权。现代法律之所以承认夫妻之间的日常家事代理权，原因是夫妻生活的亲密无间，彼此财产的不分，且不易为外人所知晓，夫妻基于身份当然享有代理权。日常家事的范围一般应包括夫妻共同生活中的一切必要事项，诸如购物、保健、衣食娱乐、医疗、接受馈赠等。日常家事的代理一般应以夫妻双方的名义为之。婚姻存续期间，配偶一方的日常家事代理行为对配偶双方具有约束力，双方对此承担连带责任。我国《婚姻法》没有规定配偶双方的家事代理权，自当完善。

二、夫妻关系法的财产伦理

在现代法学理论上，人格自由正是与财产的解放和自由流通相一致的，通过财产（财产权利化与进一步区分物权和债权）保持这种财产伦理上的一致性，并通过制度性的建构予以保障而拒绝主体上的身份化与等级化，也就是通过财产的非人格化来实现、体现与保护人格伦理价值并表现为主体对作为无人格的客体财产的自由意志处分。

夫妻的财产效力，是随着婚姻的人身效力而依法产生的，具体表现为夫妻财产关系，是夫妻之间在财产所有、扶养和遗产继承等方面的权利义务关系。由亲属身份所派生的财产关系也不体现直接的经济目的，它所反映的主要是对亲属共同生活和家庭职能的要求，带有某种社会保障和社会福利的色彩；与市民社会的其他财产法则不同，它不具有等价有偿的性质①。夫妻财产效力如何实现与伦理的缘结？

1. 财产即人格

从洛克到斯密，再到现代的弗里德曼、哈耶克，都认为财产权是人权的体现，保护财产权就是保护人权，维护财产权交易自由，就是维护人的自由权利，都肯定了财产的伦理价值②。与这些思想家相比较，黑格尔的财产伦理思想就更为深刻。黑格尔曾论断道："物权就是人格本身的权利。"③ 他认为，自由意志是人的本质规定，而物权是自由的最初定在，"人把他的意志体现于物内，就是所有权的概念"④。那么黑格尔是如何将人格和财产联系在一起的呢？黑格尔认为，作为人类道德的自由首先就表现在财产法之中，人所拥有的财产权是人的自由的外在表现，而人所具有的道德则是人的自由的内在表现，只有人才具有将一切外在之物据为己有的权利，使外在之物成为"我的东西"。在黑格尔看来，人只有通过

---

① 马忆南：《婚姻家庭法的弱者保护功能》，载《法商研究》，15 页，1999（4）。

② 罗能生：《产权的伦理维度》，35 页，北京：人民出版社，2004。

③ ［德］黑格尔：《法哲学原理》，范扬、张企泰译，49 页，北京：商务印书馆，1961。

④ ［德］黑格尔：《法哲学原理》，范扬、张企泰译，59 页，北京：商务印书馆，1961。

"人格"才能将人与生俱来的自然权利建构在自由意志实体的基础之上，进而形成实在法上的财产制度。在这个意义上，"人格"才能给予人对财产的权利，这种权利既是人格权，也是人因此而享有的物权，所以黑格尔才会得出这样的论断："人格权本质上就是物权。"① 应当指出，黑格尔所谓的"人格"和"人格权"是作为一个统一、通用的概念加以使用的②，与今日我们所持概念有所差别。黑格尔所谓的"人格"更多强调的是人的自由意志③，财产是人格的组成部分；其所谓的"人格权"实际上是指以人的伦理价值为基础的主体资格，即指权利能力④，而不是指民法权利体系中的民事权利。人格与财产之间的相互依存、彼此不可或缺的密切联系，业已成为理论上的共识⑤。因此，财产之于人格实现的伦理意义，是不容否认的，但该伦理意义应当且只能被界定为人格实现的手段。

2. 人格观念的"定在"即夫妻共同财产和夫妻个人财产

如前所述，在黑格尔哲学里可推导出一个很重要的原理，即"财产即人格，人格即财产"。所有权以及由其派生之其他一切私

---

① ［德］黑格尔：《法哲学原理》，范扬、张企泰译，48 页，北京：商务印书馆，1961。

② 在黑格尔看来，人格是自由的，它具有作为或不作为的能力，即权利能力；人格要作为理念而存在，就必须扬弃人格自身中普遍性、无限性与主观性的限制，而使自己成为实在的东西，它最初的定在形式就是所有权、契约、不法和犯罪。

③ 人格的要义在于完全是被规定了的和有限的，个人只是纯粹的和唯一的自我关系，在有限中知道自己是某种无限的、普遍的、自由的东西。正是在反思中，主体对自身（即作为完全抽象的自我）具有了自我意识，即有了人格，或者说正是在自为自在地存在的精神以抽象的和自由的自我为其对象和目的时，精神才成为人格。参见［德］黑格尔：《法哲学原理》，范扬、张企泰译，45～46 页，北京：商务印书馆，1961。

④ "人格一般包含着权利能力，并且构成抽象的从而是形式的法的概念、和这种法的其本身也是抽象的基础。所以法的命令是：'成为一个人，并尊敬他人为人'。"参见［德］黑格尔：《法哲学原理》，范扬、张企泰译，46 页，北京：商务印书馆，1961。

⑤ 张翔：《自然人格的法律构造》，167 页，北京：法律出版社，2008。

法权利只能建立于人格观念之上，人格才是权利之最终依附与归属①。黑格尔认为，夫妇"双方人格的同一化"构成家庭②，人格体现在伦理实体或伦理有机体之中，而家庭则是伦理有机体的第一种形式。黑格尔说，当两个不同性别的人组成一个家庭后，这种夫妇双方的统一首先外在地表现在对财产的共同占有上，即"在财产中，统一只是体现在外在物中"③，也就是家庭财富的形成上。在黑格尔看来，家庭中各成员是通过家庭财富这一外在形式来表现他们之间的伦理关系的，个人之间的财产关系同婚姻之间的联系，比这一财产关系同血亲关系之间的联系更为重要④。由此可见，黑格尔的关于人格与财产之伦理关系理论较好地阐释了夫妻实行共同财产制是因为伦理的缘结问题。黑格尔从人格角度论述"家庭财富"的伦理性，在今日看来仍具有重大的理论意义。诚如黑格尔所言，财产是自由意志的最初定在，夫妇双方的统一首先外在地表现在对财产的共同占有上。因而黑格尔至少阐明了两种财产形式的伦理合理性：一是个人财产是个人人格的定在；二是夫妻双方自由意志的"相互承认"的实体化或物化就是夫妻共同财产。那么，应以何种标准来确定这种个人自由意志和双方自由意志所分别形成的定在即夫妻个人财产和夫妻共同财产呢？从伦理实体形成时间而言，当以登记结婚为时间分界点最为合理。除此之外，还应当贯彻夫妻平等、弱者保护等伦理原则。我国《婚姻法》第十七条和第十八条分别规定的婚后所得共同制和夫妻个人特有财产制就是前述理念的立法体现。撇开具体立法技术不谈，该法第十七条所确立的

---

① 刘云生：《民法与人性》，224页，北京：中国检察出版社，2005。

② ［德］黑格尔：《法哲学原理》，范扬、张企泰译，179页，北京：商务印书馆，1961。

③ ［德］黑格尔：《法哲学原理》，范扬、张企泰译，187页，北京：商务印书馆，1961。

④ ［德］黑格尔：《法哲学原理》，范扬、张企泰译，186页，北京：商务印书馆，1961。

"婚后所得共同制最能体现婚姻的伦理性，最能适应家庭共同生活的需要，并且能够满足中国百姓传统婚姻心理的需求，因而成为多数公民最愿意采用的夫妻财产制类型"①。建构夫妻共同财产制，以婚姻共同体为基础，在夫妻人身伦理关系连为一体的同时，将其财产关系也连为一体，比较符合家庭"同居共财"的伦理性质，有助于夫妻同甘苦、共命运、互相协助，有助于保障那些由于从事家务劳动而无收入或收入低的妇女的合法权益，也有助于家庭的民主、和睦。正如黑格尔所说："在抽象所有物中，单单一个人的特殊需要这一任性环节，以及欲望的自私心，就转变为对一种共同体的关怀和增益，就是说转变为一种伦理性的东西。"②

3. 夫妻约定财产即夫妻伦理自由的运用和延展

黑格尔曾指出，夫妻"双方人格的同一化"在财产上只"体现在外在物中"③，伦理的形态将由于财产自由而得到维持④。根据我国《婚姻法》第十九条的规定，夫妻可以在结婚前、结婚时或婚姻关系存续期间约定婚前财产或婚后所得财产归各自所有、共同所有或部分各自所有、部分共同所有，即可以约定采取分别财产制、一般共同制或限定共同制等。夫妻之间的财产约定制度设立的最根本的目的就是要尊重夫妻之间在财产问题上的自由意志，而法律规定的书面形式主要是基于证据上的考虑，即有书面约定可以更好地保护双方的合法权益。在没有书面约定的情况下，如果约定人之间对约定的内容没有争议，或者有确切证据可以证明约定存在，那么只要约定不损害第三方的利益，不违反法律的相关规定，该协

---

① 余延满：《亲属法原论》，265 页，北京：法律出版社，2007。

② ［德］黑格尔：《法哲学原理》，范扬、张企泰译，185 页，北京：商务印书馆，1961。

③ ［德］黑格尔：《法哲学原理》，范扬、张企泰译，187 页，北京：商务印书馆，1961。

④ ［德］黑格尔：《法哲学原理》，范扬、张企泰译，194 页，北京：商务印书馆，1961。

议就应当是有效的。我们知道，在欧美等发达国家家庭财产公证十分普遍。伴随西方价值观念的"入侵"，而今在我国经济发达城市，越来越多的家庭财产公证悄然兴起。现代家庭日益走向法制化，财产约定是双方开诚布公的协议，这不但不会影响双方的感情，而且还会给双方撑起一把"保护伞"。当下，越来越多的夫妻愿意接受这种符合法律和道德规范的家庭财产公证来冷静地、妥当地处理家庭财产归宿问题。

4. 夫妻扶养义务即夫妻伦理生活的基本要求

由于婚姻是夫妻双方同甘共苦、同舟共济的伦理实体，因而，夫妻互负扶养义务乃是夫妻共同生活的本质要素。因此，我国《婚姻法》第二十条规定："夫妻有互相扶养的义务。一方不履行扶养义务时，需要扶养的一方，有要求对方付给扶养费的权利。"这种扶养义务是无条件的生活保持义务（即共生义务）。夫妻之间的互相扶养，以夫妻双方在经济上的互相支持、生活上的互相照顾为内容，双方互负扶养义务，互享扶养权利。夫妻作为生活上的伴侣，理应互相关心、互相帮助，夫妻之间互负扶养义务是对这一伦理要求的法律肯定。

5. 夫妻互享继承权即夫妻身份伦理价值的财产利益演化

我国《婚姻法》第二十四条第一款规定："夫妻有相互继承遗产的权利。"这种继承权的深层次伦理依据就是夫妻身份的伦理价值。夫妻平等本为具有现代性的伦理形态，夫妻一方在另一方死亡后基于原婚姻伦理实体仍存有身份伦理价值，其表征为伦理形态中的财产继承利益。是故，夫妻"伦理的形态"将由于"平等继承权而得到维持"[①]。夫妻相互的继承权，本质上不过是基于伦理观念上夫妻身份所生之"继承期待"，其在继承开始后要演变为既得的继承权，必然要根据遗嘱的指定或法定继承的顺序，这样就使得

① ［德］黑格尔：《法哲学原理》，范扬、张企泰译，194 页，北京：商务印书馆，1961。

继承对象特定化有了伦理哲学的确证。世界上许多国家的民事立法日益强调配偶的继承权，并将配偶的继承权置于法定继承的首位。这是与婚姻的伦理性质、伦理作用相适应的，它反映了婚姻关系在人类社会延续中的决定性作用。这也是近代许多国家的继承立法都把伦理性的婚姻关系作为财产继承权取得根据的原因所在。

第三节　亲子法的形式伦理

父母子女关系就其自然属性来说是一种血缘关系。这种血缘关系有它绝对的稳定性，即使夫妻离异、家庭破裂，这种关系却永不中断。天然的感情联系和深厚的骨肉之情，使它成为家庭中最基本的关系之一，具有重要地位。亲子之间是一种权责伦理关系，我们应当构建以子女为价值核心的亲子伦理体系。"父母慈爱、子女孝敬"是亲子法的伦理目的。在具体的法律权利义务层面，这一伦理目的表现为两个方面的内容：在子女年幼的时候，父母必须承担抚养和教育的责任；父母年老丧失劳动能力以后，子女又必须履行赡养扶助的义务。父母有责任教养子女，子女有权享有此教养；但父母也有权利要求子女报答父母对子女教养所作的贡献，因而子女也就有责任报答和孝敬父母。这种权责对应及权责互生的关系也就理性地决定了父母与子女之间的权责伦理关系。

一、抚养教育的权责伦理

未成年子女的权利和父母的权利之间存在分野与冲突问题。现代一般父母对父母权威持有一定的怀疑态度，因为害怕对子女过分管束会导致子女丧失自主能力。在这种态度下，必然会产生两种结果：一是父母过分疏于对子女的管教；二是一旦子女行为不符合父母期望，父母就实行纪律高压。因而在子女自主与父母权威之间的冲突就必须以一个基本观念来统领。此观念即子女最佳利益。就父母与子女具有的共同利益而言，任何一方的权利即为另一方的责任，任何一方的责任即为另一方的权利。子女的权利即为父母的责任。子女的权利是以其自身利益为根据的，但这种根据也要求子女对父母承担责任，即子女有责任遵从父母以实现其自身的权利。但父母对子女的责任并非全由子女的权利决定。父母对子女应尽教养与保护之责，是社会的需要，也是理性的要求。因此，权利和责任最终是由亲子双方共同利益的满足特别是由子女最佳利益的满足来确定的。

父母对未成年子女的权利义务包括抚养的权利义务以及人身照顾、财产照顾方面的权利义务（父母照顾权或亲权）。其核心的权利义务归纳起来就是"教"和"养"。此两点在我国《婚姻法》上就是第二十一条规定的"父母对子女有抚养教育的义务"和第二十三条规定的"父母有保护和教育未成年子女的权利和义务"。在伦理上，"教"和"养"应以爱幼抚幼为道德精神立足点，以子女最佳利益为基础。爱幼与抚幼，首先是生活上的抚养与照料，在各方面为他们的成长提供必要的物质条件，其次是对孩子的教育。这种教育，一方面是出于他们之间所存在的深厚感情，另一方面也是出于对社会的道德责任。在家庭的教育传承中，父母扮演着重要的角色，他们是子女的老师。通过家庭的亲密的共同生活，父母使他们采取的善观念、德行观念和恰当行为的观念易于为子女接受、逐步理解和认同。父母保持必要的道德指导方面的权威，其前提是父母本人在道德品格上至少不是卑劣的，有起码的道德判断能力，对自己的社会行为有控制意识和反省意识。所以，家庭常常有共同的善观念、德行观念和恰当行为的观念构成的传统。

父母的教养权利应依爱幼抚幼之道德要求，以子女最佳利益为中心要求，以传授理想和价值的方式教养子女，因而其作为父母的权威也就有了根据，其子女的自主权也正是在这种以子女最佳利益为考量基础上的父母与子女持续稳定的关系中逐渐建立起来的。父母如何教养子女，不但直接涉及子女能否健康地成长和每个家庭的幸福，也涉及整个社会的延续和发展。爱护少年儿童，关心他们的健康成长，是人类自身发展的客观需要。家庭作为社会生活的一种组织形式，直接承担了教养一代新人的任务。婚姻是人为的仪式，用以结合男女为夫妇，在社会公认之下，约定以永久共处的方式来共同担负抚育子女的责任①。子女受保护和受抚养是天赋权利。康德认为，"从一个人对他自己的义务——就是对待他自身中的人性——于是产生一种对人权，加之于婚姻的一方，即不同性别的一方，作为人通过婚姻，真正地和互相地彼此获得对方。同样，根据这样建立起来的联合体中繁殖的事实，随着就产生保护和抚养子女（这个联合体的产物）的义务。因此，儿童作为人，就同时具有原生的天赋权利——有别于单纯的继承权利——而获得父母的细心抚养，直到他们有能力照顾自己为止"。② 父母与子女之间的权利义务是相对应的。黑格尔认为，"子女有被扶养和受教育的权利"，父母有"矫正子女任性的权利"③。只有在子女出现时，夫妇双方的这种统一才在子女身上以精神性的东西表现出来。如果说婚姻达到了当事人双方在人格上、情感上的统一的话，那么，只有在子女出现时，夫妇双方的统一才是一种自然存在上的统一，一种实体上的统一。"在子女身上这种统一本身才成为自在地存在的实存和对象。"④ 正因为如此，黑格尔把对子女的教育看做是家庭的一项重要任务。他认为对子女的教育应当包括两个方面：一是肯定的方面，是指以直接的、尚未分裂为对立面的即自然的"感受性"形式（也就是以爱、信任和服从的方式）对子女"灌输伦理原则"⑤，使子女

---

① 费孝通：《生育制度》，70页，北京：商务印书馆，2008。

② ［德］康德：《法的形而上学原理——权利的科学》，沈叔平译，99页，北京：商务印书馆，1991。

③ ［德］黑格尔：《法哲学原理》，范扬、张企泰译，187页，北京：商务印书馆，1961。

④ ［德］黑格尔：《法哲学原理》，范扬、张企泰译，187页，北京：商务印书馆，1961。

⑤ ［德］黑格尔：《法哲学原理》，范扬、张企泰译，188页，北京：商务印书馆，1961。

的意识和意志从属于普遍物（"把普遍物陶铸到他们的意识和意志中去"①），破除个人主观任性的成分；二是否定的方面，是指使子女具有独立性，具有"脱离家庭的自然统一体的能力"②，以达到独立的人格和自由的人格，为日后成为一个具有独立精神的人打下基础。黑格尔把家庭看成是一种伦理有机体的思想，对于我们今天认识家庭的教养功能都还有一定的指导意义。

儒家伦理假设父母有爱其子女的天性，故在自然情况下是不言而喻、不喻自明的，然而相对于社会现代化的环境与要求，父母与子女间的权利与责任似乎都不能不有一番理性的自觉及反省，因此有必要对父母之慈作出反思性重构。父母有爱幼抚幼的责任，故有权要求子女服从其教养子女的意志；反之，未成年子女也应为其最佳利益以及其基本权利着想，有接受爱幼抚幼和服从父母的义务。"服从"表示着与父母合作，使父母能为子女的最佳利益着想，以惠及子女。这两点考虑就是未成年子女应服从父母的道德基础，也就是父母对子女持有权威的道德基础。"服从"既然以子女的权责及其利益为中心，则"服从"应导致子女对父母的信任与尊重。在这种"服从"的意义下，子女才能逐渐完成其独立的人格，逐渐把服从父母转变与内化为自律自尊，并发展为有用于社会的自主权。当子女成年已有自律自主的能力时，父母即当放弃其对子女服从的要求；子女对父母服从的责任也因之逐渐地消失了。③

二、赡养扶助的权责伦理

人类一脱离动物界，拥有了文化与文明，便从生命的创造、养

---

① ［德］黑格尔：《法哲学原理》，范扬、张企泰译，187 页，北京：商务印书馆，1961。

② ［德］黑格尔：《法哲学原理》，范扬、张企泰译，188 页，北京：商务印书馆，1961。

③ ［美］成中英：《文化、伦理与管理——中国现代化的哲学省思》，167 页，贵阳：贵州人民出版社，1991。

育过程中产生了返本复恩的意识，其外在化便是子女成年后对父母的报答和友爱的责任。

（一）子女成年后对父母的报答责任

父母为子女付出许多心血，作了许多牺牲，教养子女成功，子女自然应对父母有报答的责任。父母所给予子女的不仅包括物质及金钱的付出，还含有情感与精神的付出，因而是无法用实物来衡量的。故子女的报答责任应是报恩责任，而不是清债责任。报恩责任自然包含奉养父母、敬重父母和关怀父母等内容。康德认为感恩责任是永远神圣的。当子女成年之后，"父母才可以实际上放弃他们发布命令的权利，同时也放弃了补偿他们以往的操心和麻烦的一切要求，因为这些操心和麻烦在教养工作结束之后就没有了。父母只能依据感恩的责任，可以向子女提出任何作为（对父母的）道德义务的要求"。① 日本近代著名思想家福泽谕吉说："孝顺父母，本来是做人的当然之理，假如遇到老者，即使是陌生的人，也应该殷勤致敬，何况对于自己的父母，岂能不尽其情？人们尽孝的动机，既非为利，也非为名，只因他们是我的父母，就应当以自然的诚意，来尽孝行。"② 前二人对子女感恩责任的重视与儒家的孝伦理对孝的重视是完全一致的。

我国婚姻家庭道德不但要求人们自觉地承担抚养教育子女的责任，也要引导人们自觉地承担赡养扶助父母的义务。赡养扶助父母是子女应尽的道德义务，是对养育之恩、抚育之情的报答。所谓"无父何怙，无母何恃，出则衔恤，入则靡至，父兮生我，母兮鞠我，拊我畜我，长我育我，顾我复我，出我腹我，欲报之德，昊天罔极"。③ 我国《婚姻法》第二十一条第一款规定："……子女对

---

① ［德］康德：《法的形而上学原理——权利的科学》，沈叔平译，101～102页，北京：商务印书馆，1991。

② ［日］福泽谕吉：《劝学篇》，群力译，49页，北京：商务印书馆，1984。

③ 《诗经·小雅·蓼莪》。

父母有赡养扶助的义务。"赡养扶助义务，首先是报答责任的法律规定，即法律要求子女要对父母提供物质上的供养和生活上的照顾。虽然许多老人的生活已由社会负担，但在社会经济发展水平还不高和社会保障制度尚未完全建立的情况下，还有相当一部分没有收入或收入较少的老人，需要由子女来供养。而且，随着父母体力的衰退和生活自理能力的下降，日常的生活起居也越来越需要子女的照顾和关心。因此，子女赡养扶助父母，不仅仅是对父母养育之恩的报答，而且体现了后一代人对前一代人的人格尊敬与价值肯定。

（二）子女成年后对父母的友爱责任

上述报答责任或感恩责任是子女基于父母过去的付出而产生的责任。但是，撇开父母过去的付出不谈，子女是否也有对父母友善的责任呢？在西方社会，子女对父母往往没有亲切的感情。黑格尔曾指出，子女之爱父母不及父母之爱子女。他说："父母对子女的慈爱，正是从这种情感产生出来的：他们意识到他们是以他物（子女）为其现实，眼见着他物成长为自为存在而不返回他们（父母）这里来；他物反而永远成为了异己的现实，一种独自的现实。但子女对他们父母的孝敬，则出于相反的情感：他们看到自己是在一个他物（父母）的消逝中成长起来的，并且他们之所以能达到自为存在和他们的自我意识，完全由于他们与根源（父母）分离，而根源经此分离就趋于枯萎。"① 子女可以对父母报恩，但却可以无友爱之情。这在儒家孝伦理中自然无法解释。儒家的孝是要关怀父母的，正所谓孟子的"怨慕"②之情。儒家孝、伦理孝可以包含子女对父母关爱的感情，而不只是感恩的责任或感情，但友爱责任

---

① ［德］黑格尔：《精神现象学》（下卷），贺麟、王玖兴译，14页，北京：商务印书馆，1979。

② 《孟子·万章上》："万章问曰：'舜往于田，号泣于旻天，何为其号泣也？'孟子曰：'怨慕也。'"朱熹集注："怨慕，怨己之不得其亲而思慕也。"后泛指因不得相见而思慕。

也不等同于孝的"怨慕"。孝之不等同于友爱责任是因为孝基于不平等或不对称的关系，仍含有上下等级的差别，而友爱责任强调友爱双方平等的交流。

如前所述，赡养扶助义务是报答责任的法律规定。就感情而论，孝是子女对父母的一种特殊的感情，而此种感情虽然可以引发子女对父母的责任，但也可以说只有子女对父母的感恩责任才能产生这种特殊的感情。友爱责任并不能代替感恩责任，但友爱责任却能使感恩责任更自然地完成；感恩责任自然也能加深友爱的感情。在孝伦理中，责任与感情是交互决定的。若父母永远对子女要求补偿或牺牲，则父母与子女之间将无友爱可言。因此，赡养扶助义务更为深层次的要求是子女友爱责任的履行，主要表现为精神上的安慰与感情上的体贴。随着子女的成长和各自成家分居，老年家庭进入了"空巢期"，使老人产生了一种孤独感，丧偶老人更是如此。子女应该理解体谅老人的心情，做好精神上的"赡养"，丰富老人的精神生活，在某种意义上说，这比物质上的赡养更为重要。

总而言之，父母与子女间相互的关怀、生活的沟通与共同了解是父母与子女间友爱责任的基础。父母与子女间的友爱显然是一种特殊的友爱，且要逐渐培养出来的，也是在父母的权威与子女的报恩责任之外开拓的一个新境界。在这一境界中，父母承认了子女独立自主自尊的人格，而子女给予父母以精神的依靠。

第四节　离婚法的形式伦理

一、离婚理由的伦理标准

（一）可离异性的伦理依据

如前所述，结婚对于男女双方具有道德互补的意义。因此，"只有在德的互补完全不可能时，离婚才能成为上帝也认可的非常手段"①。对于夫妻关系已无法维持的家庭来说，用法律或者道德的力量，反对或者限制离婚，只能增加当事人的痛苦。这时，离婚对男女双方都是必要的。

黑格尔将婚姻视为一种直接的伦理理念，认为婚姻是在真挚的主观情绪和感觉中获得它的客观现实，因而黑格尔认为，"婚姻本身应视为不能离异的，因为婚姻的目的是伦理性的，它是那样崇高，以致其他一切都对它显得无能为力，而且都受它支配"。② 但是，黑格尔又认为，"因为婚姻所依存的只是主观的、偶然性的感觉，所以它是可以离异的"。③ "婚姻包含有感觉的环节，所以它不是绝对的，而是不稳定的，且其自身就含有离异的可能性。"④ 说婚姻应该是不可离异的，只是说"应该"而已。"婚姻仅仅就概念说是不能离异的。"⑤ 然而，由于"婚姻是伦理性的东西，所以离婚不能听凭任性来决定，而只能通过伦理性的权威来决定，不论是教堂或法院都好"。⑥ 并且，"立法必须尽量使这一离异可能性难以实现，以维护伦理的法来反对任性"。⑦ 可见，黑格尔一方面在"应有"的意义上强调婚姻的不可离异性，另一方面又从"现有"的意义上肯定离婚的现实可能性。为了把"应有"和"现有"统

---

① ［日］今道友信：《关于爱》，徐培、王洪波译，155 页，北京：生活·读书·新知三联书店，1987。

② ［德］黑格尔：《法哲学原理》，范扬、张企泰译，179 ~ 180 页，北京：商务印书馆，1961。

③ ［德］黑格尔：《法哲学原理》，范扬、张企泰译，190 页，北京：商务印书馆，1961。

④ ［德］黑格尔：《法哲学原理》，范扬、张企泰译，180 页，北京：商务印书馆，1961。

⑤ ［德］黑格尔：《法哲学原理》，范扬、张企泰译，180 页，北京：商务印书馆，1961。

⑥ ［德］黑格尔：《法哲学原理》，范扬、张企泰译，190 页，北京：商务印书馆，1961。

⑦ ［德］黑格尔：《法哲学原理》，范扬、张企泰译，180 页，北京：商务印书馆，1961。

一起来，他要求通过法律的手段来排除在离婚问题上的任性态度，并且尽量使离婚难以实现，以维护客观伦理理性和作为伦理共同体形式之一的家庭。

马克思批判地继承了黑格尔的婚姻法思想。马克思也把婚姻看做伦理范畴中的东西，反对在婚姻问题上的任性态度。在马克思看来，在婚姻问题上，立法者不能仅仅注意到夫妻双方的个人意志即夫妻的任性，而应当注意到婚姻的意志即这种关系的伦理实体。任何人只要结了婚，都要服从婚姻法。所以，"婚姻不能听从已婚者的任性，相反地，已婚者的任性应该服从婚姻的本质。谁随便离婚，那他就是肯定任性"。[①] 马克思坚决反对幸福主义者对离婚所持的轻率态度，坚决反对他们对婚姻家庭和子女的不负责的态度。他批评幸福主义者："他们仅仅想到两个个人，而忘记了家庭。他们忘记了，几乎任何的离婚都是家庭的离散，就是纯粹从法律观点看来，子女的境况和他们的财产状况也是不能由父母任意处理、不能让父母随心所欲地来决定的。"[②] 当然，马克思强调婚姻关系的伦理理性性质，反对夫妻双方在离婚问题上的主观任性和轻率举动，这并不意味着他主张婚姻的不可离异性。相反，马克思认为，黑格尔所谓婚姻本身就其概念来说是不可离异的观点，"完全没有表明婚姻所具有的那种特殊的东西"[③]；如果以伦理关系的真实性作为前提，那就容易使人相信了。马克思提出，要以婚姻伦理关系的"真实性"为前提，来分析现实生活中婚姻是否离异的具体情形，而不能像黑格尔那样仅仅就婚姻概念来议论所谓"应该"与"不应该"的问题。马克思也批判了封建婚姻的不可离异性（主要是对妇女而言的），指出普鲁士国家离婚法律程序的繁多是有违离婚自由这一命题的尊严的。他认为，"离婚仅仅是对下面这一事实

① 《马克思恩格斯全集》（第1卷），183页，北京：人民出版社，1956。
② 《马克思恩格斯全集》（第1卷），183页，北京：人民出版社，1956。
③ 《马克思恩格斯全集》（第1卷），184页，北京：人民出版社，1956。

的确定：某一婚姻已经死亡，它的存在仅仅是一种外表和骗局。不用说，既不是立法者的任性，也不是私人的任性，而每一次都只是事物的本质来决定婚姻是否已经死亡；因为大家知道，死亡这一事实的确定取决于事物的本质，而不取决于当事人的愿望"。① 马克思声明，当婚姻已经无可怀疑地确定为死亡的婚姻，当婚姻的实质已经离异了，那么允许离婚既是符合法律的，也是符合道德的，如果压制个人的意愿，勉强维持已经死亡的婚姻，就会变成对人性本质的残酷和不人道。

　　恩格斯同样也反对对离婚的轻率和随心所欲。他曾多次谴责考茨基在离婚问题上的轻率态度，对他轻易抛弃自己的妻子，同时又是革命战友的路易莎，见异思迁爱上一个法官的女儿，恩格斯严厉批评他"道德败坏"，"失去了理智"，"是一生中干出的最大蠢事"。恩格斯告诫人们，只有万不得已，考虑成熟必须离婚时，"才有权利采取这一极端的步骤，而且只能用最委婉的方式"。② 这种最委婉的方式就是法律和符合道德的方式。

　　列宁在领导无产阶级革命和妇女解放运动中，继承和发扬了马克思主义关于离婚问题的伦理思想，他指出："实际上离婚自由并不会使家庭关系'瓦解'，而相反地会使这种关系在文明社会中唯一可能的坚固的民主基础上巩固起来。"③ 也就是说，实行离婚自由，能够使一些事实上已经破裂的婚姻关系，通过合法手段和途径得到解除，并使双方有可能重新建立自由民主基础之上坚固的婚姻。列宁特别强调了离婚自由对妇女解放的意义和价值。但列宁也指出："承认妇女有离婚自由，并不等于号召所有的妻子都来闹离婚！"④ 列宁关于离婚问题的道德评价和道德思想，抓住了婚姻关

---

① 《马克思恩格斯全集》（第 1 卷），184 页，北京：人民出版社，1956。
② 《马克思恩格斯全集》（第 37 卷），108 页，北京：人民出版社，1971。
③ 《列宁选集》（第 2 卷），534 页，北京：人民出版社，1960。
④ 《列宁全集》（第 23 卷），67 页，北京：人民出版社，1958。

系的实质，体现了全面辩证的观点，对我们当前处理婚姻关系和离婚问题具有重要的指导意义。

（二）离婚的伦理标准

解除名存实亡的无意义的婚姻关系，摆脱痛苦婚姻的折磨，无疑应该得到道德的支持。但是，婚姻关系不是孤立的，对离婚的道德考虑是必要的，这主要指在离婚理由的提出和具体方式的选择上。如前所述，马克思在强调婚姻的可离异性的同时，实际上也意味着他要强调离婚的有条件性，强调离婚的合理性。事实也是如此。在提到"对于离婚是赞助还是阻难"这一问题时，马克思认为，那种把夫妻双方的友谊不能抵抗最小的偶发事件、一触就要瓦解的情形说成一种"公理"的主张，是对婚姻伦理关系的一种侮辱；因为在夫妻关系中，每一个外部的刺激和伤害都带有偶然的性质，只要这个刺激或伤害不足以损害婚姻关系的本质（超脱于夫妻双方主观任性的伦理理性），那就应当保持这一婚姻关系。"如果立法者认为婚姻足以承受种种冲突而不致丧失其本质，那他就是尊重婚姻，承认它的深刻的合乎伦理的本质。"① 由此，马克思提出了在立法和司法实践中处理离婚问题应遵循的基本准则："立法者对于婚姻所能规定的，只是这样一些条件：在什么条件下婚姻是允许离异的，也就是说，在什么条件下婚姻按其实质来说是已经离异了。法院判决的离婚只能是婚姻内部崩溃的记录。"② 如果在立法和司法实践中，对于离婚问题的规定和处理采取轻率盲目的态度，不分析具体条件和客观事实，一味满足离婚者的主观任性，那么，"对于个人欲望的软弱就会变成对于这些个人本质的残酷，变成对于体现在伦理关系中的个人的伦理理性的残酷"。③

因此，基于对马克思所言的离婚条件的分析，我们有必要思考

---

① 《马克思恩格斯全集》（第 1 卷），185 页，北京：人民出版社，1956。
② 《马克思恩格斯全集》（第 1 卷），185 页，北京：人民出版社，1956。
③ 《马克思恩格斯全集》（第 1 卷），185 页，北京：人民出版社，1956。

在我国立法和司法中确立何种离婚条件，以符合婚姻关系的"伦理理性"这一问题。离婚诉讼标的的重点在于解除婚姻关系，而能否解除婚姻关系的关键在于是否符合判决离婚的法定标准。判决离婚的法定标准在诉讼离婚中居于非常重要的地位。在我国《婚姻法》的修订过程中，对应采用"婚姻关系确已破裂"还是"夫妻感情确已破裂"存在很大的争论①。从修正后的《婚姻法》来看，"夫妻感情破裂说"仍为我国学界的主流观点，因为该法第三十二条第二款规定："人民法院审理离婚案件，应当进行调解；如感情确已破裂，调解无效，应准予离婚。"由此带来的问题是：为何不以客观性的"婚姻关系确已破裂"，而是以主观性的"夫妻感情确已破裂"作为判决离婚的法定标准呢？因此，我们有必要在

---

①　在《婚姻法》尚未被纳入立法修订计划之前，我国学者就这一问题展开了论争。巫昌祯、夏吟兰在 1989 年第 2 期《中国法学》发表的《离婚新探》一文中认为，在社会主义初级阶段，一方面，对于因一方过错而导致的离婚，夫妻感情确已破裂无和好可能的，应准予离婚，限制有过错方的诉讼权利，强行维持死亡婚姻对子女、对社会均无益处；另一方面，对于有过错的一方法律应明确规定制裁的办法，以正视听。杨大文、刘素萍、龙翼飞在 1989 年第 2 期《中国法学》发表的《完善社会主义初级阶段的婚姻家庭制度》一文中认为，现行婚姻法规定的法定离婚条件不尽科学。实际上感情作为人们的一种心理状态，属于精神生活的范畴，不是法律调整的对象。因此，认为"感情确已破裂"改为"婚姻关系确已破裂"更为妥当。为了更好地把握离婚的尺度，可以借鉴外国婚姻之法例，在规定离婚的概括性法定条件时，适当地列举性规定准予离婚的若干情况，如因一方有通奸、遗弃、虐待、重婚等行为的，另一方不予宽恕，可准予离婚。李忠芳在 1990 年第 2 期《吉林大学社会科学学报》撰文《论我国法定离婚理由的依据及其领先性》，指出，我国法定的离婚理由是有充分的理论和实践依据的，既合国情民意，也不落陈规陋习，具有世界领先性，不同意将"感情确已破裂"的法定离婚理由修改为"婚姻关系确已破裂"的观点。张贤钰在 1991 年第 3 期《中国法学》发表的《当代外国离婚法改革的评介和启示》一文中认为，"夫妻感情确已破裂"这是一个复杂而难度较大的问题，今后在我国离婚诉讼中，应将当事人的非过错行为以及夫妻分居达一定期限与"感情确已破裂"的认定之间加以必要的联系，在法律上有一个比较具体的规定和解释，避免目前那种过大的灵活性和过于抽象的概括性的规定。在《婚姻法》被纳入立法修订计划之后，我国学者就这一问题展开了更加激烈的论争（参见李银河、马忆南主编：《婚姻法修改论争》，113～229 页，北京：光明日报出版社，1999）。

分析婚姻基础、婚姻的道德基础等概念的基础上，阐释这一法条的伦理内涵。

我国学者对婚姻基础[①]的学术观点主要有三种：一是"单一说"，该说认为婚姻的基础是唯一的，只能将感情或爱情作为婚姻的基础，不能有两个或多个基础，双方的爱慕在婚姻中有最后决定权[②]。双方当事人如果没有共同的生活理想，他们之间如果不存在最真挚、最强烈的渴望和对方结为终身伴侣的感情，也就是说，如果缔结婚姻的双方没有真正的爱情，他们的婚姻关系是不可能美满幸福的，为了婚姻家庭生活的幸福，还要通过社会舆论的力量给这种婚姻以道义上的支持。因此，婚姻必须以爱情为唯一的基础。判断婚姻生活中男女双方的行为是否合乎道德，其基本的依据就是看他们之间是否存在真正的爱情，因此提出，没有爱情的婚姻是不合理的，因而也是不道德的。这一学说的理论基础主要是源于恩格斯在《家庭、私有制和国家的起源》一文中对资产阶级婚姻的尖锐批判和那句"当事人双方的相互爱慕应当高于一切而成为婚姻基础"[③]名言。二是"混合说"，该说认为婚姻不仅以爱情为基础，还有经济、政治、自然等与爱情共同构成婚姻的基础[④]。三是"爱情与义务统一说"，该说认为道德义务是婚姻的补充和发展，随着人们行使爱的权利，也就产生了爱的义务，这种爱的义务一经产生就有一定的约束力，这种约束力既反映了义务与爱情的一致性，也体现了义务和爱情的矛盾性。

婚姻的基础和婚姻的道德基础应当是两个不同的概念。婚姻是在男女性别差异基础上形成的特定的社会关系，所以生理基础、物

---

① 必须指出，婚姻的基础和婚姻的性质也是两个不同的概念。

② 陈苇（项目负责人）：《改革开放三十年（1978～2008年）中国婚姻家庭继承法研究之回顾与展望》，70页，北京：中国政法大学出版社，2010。

③ 《马克思恩格斯选集》（第4卷），75页，北京：人民出版社，1972。

④ 陈苇（项目负责人）：《改革开放三十年（1978～2008年）中国婚姻家庭继承法研究之回顾与展望》，70～72页，北京：中国政法大学出版社，2010。

质基础、道德基础、法律基础都是婚姻的基础。婚姻的道德基础体现的是人性的两重性，是对性欲和性爱的道德评价。但是，由于恩格斯说："如果说只有以爱情为基础的婚姻才是合乎道德的，那么也只有继续保持爱情的婚姻才合乎道德……如果情感确实已经消失或者已经被新的热烈的爱情所排挤，那就会使离婚无论对于双方或对于社会都成为幸事"①，因此，我国绝大部分学者按照马克思主义的婚姻观，将婚姻的基础视为婚姻的道德基础，认为离婚是爱情死亡的实现和解体的完成，是改造没有爱情或丧失了爱情的不道德婚姻的手段。

离婚标准的立法毕竟与道德说教还是有差别的，因而立法时即使采"感情确已破裂"原则，但学者在其理由上也有不同观点和主张。有观点认为，感情是否破裂是是否准予离婚的唯一道德依据和标准，无须理由进行说明。也有观点认为具有正当理由是判断是否离婚的道德标准。还有观点是感情与理由结合说，认为处理离婚问题，既要看感情是否破裂，也要看理由是否正当，仅以感情是否破裂作为解除婚姻关系的唯一依据，有悖于社会主义道德；只有将感情与理由结合起来，才是判断是否准予离婚的道德标准。从最终立法结果来看，无疑最后一种观点得到了立法体现。从伦理学而言，《婚姻法》第三十二条的判决离婚法定标准及其具体理由是比较符合伦理道德的。因为这些离婚理由体现了爱情的死亡和婚姻责任的丧失这二者的兼顾。仅仅是爱情的死亡是不充分的，出于责任就可以弥补这一不足。我们之所以要强调离婚理由的道德考虑②，原因在于任何理由都不能独断专行，需要取舍和平衡，目的则是其中道德价值的补偿。

以上主要论及诉讼离婚论及其伦理标准问题，至于协议离婚的

---

①　《马克思恩格斯选集》（第4卷），78～79页，北京：人民出版社，1972。

②　但从立法技术而言，这一伦理标准存在操作上的问题，有关论述请参见本书第六章的分析。

伦理标准问题，实际上也与诉讼离婚同一，只是在离婚理由上较为单一，即夫妻双方协商同意。离婚是双方的事，要双方自愿。强迫对方接受离婚，压服对方同意离婚是不道德的，因此离婚的双方都要心甘情愿，并对双方的财产和子女的处理要共同协商解决。离婚自由应当遵循法律和道德的要求，这种自由是相对的自由。无论是诉讼离婚还是协议离婚，夫妻双方都应反对主观任性，应以伦理理性精神来解决婚姻存续与否的问题。正如孟德斯鸠所言，"离婚只有双方同意或至少一方愿意，才符合人的自然本性。双方如果都不同意却偏要离婚，那就无异于妖魔鬼怪。总之，只有对自己的婚姻感到烦恼，并且发现结束婚姻对双方都有好处的时刻已经到来的人，才应该有权决定离婚"。①

二、离婚效力的伦理调适

传统伦理观念认为离婚是一件不好的事情。这主要是传统社会的以家庭（家族）为本位，家庭（家族）利益高于个人利益，这种秩序关系不被允许轻易破坏。然而在现代社会中，离婚率的高低与道德文明或道德沦丧并无直接关系，离婚应当看做一件中性的事情，它既有负面意义，也有正面意义。对于那些感情已经破裂的夫妻以及那些因为性格冲突和其他方面不协调而无法继续婚姻生活的夫妻而言，离婚是一种确实的解脱，它使长期处于痛苦之中的人们摆脱困境，得以重新追寻新的幸福，理智的离婚是他们彼此免受冲突困扰的最佳途径。对于尚未成年的子女而言，与其让他们生活在没有快乐徒有其表的家庭里，目睹和感受双亲的冲突和敌对，不如通过婚姻的解体给他们提供建立轻松健康的成长环境的可能。但是，婚姻的消极后果也是不能忽视的。婚姻如同一张彩票，即使输了也不能一撕了事。无论是离婚的正面影响或是其负面影响，都要

---

① ［法］孟德斯鸠：《论法的精神》（下卷），许明龙译，505 页，北京：商务印书馆，2009。

求当事人调适自身的伦理生活。从法律观之，离婚是一种法律行为，必然会在当事人间、亲子间产生一些法律后果，亦即发生法律效力。以协议方式或诉讼方式离婚，其伦理——法律效力即表现为人身关系和财产关系这两个方面。

（一）从伦理实体到伦理个体

1. 夫妻身份伦理实体的解体

离婚最直接的法律后果是解除了当事人之间的夫妻身份，因此，男女双方因夫妻身份而确定的权利义务关系也随之消灭。① 前文所述夫妻身份上的权利义务，如同居义务、忠实义务、日常家事代理权、互为第一顺序法定继承人的资格，都随着婚姻伦理实体的解除而当然消灭。此外，离婚后，双方都有再婚的自由。因此，从提出离婚到实现离婚的过程，实际上就是夫妻实现了从伦理实体到伦理个体的转变。

2. 夫妻伦理人格"定在"的分割与补偿

如前所述，按照黑格尔的逻辑，家庭作为第一个伦理实体，只有在采取财富形式的所有物中才具有自己实体性人格的定在，因而财富是家庭作为普遍、持续的人格的前提。反之，如果因夫妻离婚而导致家庭解体，那么其持续性人格的前提即家庭财产也就面临被分割的境地了。相应地，还存在与财产分割相关的如债务承担、离婚经济补偿等问题，也应解决夫妻由伦理实体转变为伦理个体后的定在问题。

（1）共同财产分割时的伦理价值序列

离婚涉及的一个重大问题，就是夫妻共同财产的分割。我国《婚姻法》第三十九条第一款规定："离婚时，夫妻的共同财产由双方协议处理；协议不成时，由人民法院根据财产的具体情况，照

① 如前所述，有关配偶的姓氏权、人身自由权之所以由现行《婚姻法》重复规定，原因在于这些人格权易于与身份权混用，至少在历史上是如此的。因此，配偶各自人格权即不受结婚影响，同样也不因离婚而受到影响。

顾子女和女方权益的原则判决。"该条文以及该法其他条文确定了分割共同财产的正义原则，即男女平等原则、弱者保护原则。其中，弱者保护原则又涉及两个基本价值理念：一是照顾子女和女方的利益；二是照顾无过错方的利益。这二者一般在女方对离婚有过错的情况下是冲突的。一般来说，女方、子女是弱者；论身体状况，生病方是弱者，这是人类道德决定的。由于婚姻关系既是一种包含了人的动物性和人的特性在内的非同一般的两性关系，更是一种伦理实体，在现代社会，人们已经抛弃了惩罚离婚过错方和补偿无过错方的观念，在婚姻关系是否能够解除的问题上，不看婚姻破裂的原因，即不追究过错行为，只看婚姻本身是否已经"死亡"。而在离婚的法律后果方面，即在财产分割等问题上则要体现出对过错行为的惩罚，这时的道德问题也是个法律问题。因此，为了充分体现共同财产分割时的公平正义，我们就有必要确定男女平等、照顾子女和女方、照顾无过错方这三者的价值序列问题。无论离婚当事人具体情况如何，首先应依男女平等确定共同财产平分，其次照顾子女利益和女方利益，最后才照顾无过错方。即使女方是离婚过错人，也应如此。女方对离婚有过错，依法应少分夫妻财产，或应给对方伤害赔偿，但女方由于经济能力有限，可能发生离婚后的生活困难，分割财产时还是应给予照顾；笔者认为，以保障生活为前提，需要照顾时还必须照顾，不能因为她有过错就置她于死地①。因而，男女平等、照顾子女和女方、照顾无过错方这三者的价值序列具体如何实现则要集中在共同财产分割时的方法或方式上。此外，离婚时共同债务的清偿也应照此原则处理，自不待言。

（2）家务劳动补偿的伦理意义

我国家庭的家务劳动是一个复杂的系统工程，归纳起来，大体上具有五大特点，即业余性、无偿性、日常性、繁杂性和可塑

---

① 杨遂全：《新婚姻家庭法总论》，234页，北京：法律出版社，2001。

性①。由于家务劳动不只是家庭的私事，也是直接关系社会的公事，使家务劳动具有了深刻的道德意义而受到社会的关注。家务劳动如此重要，以至于人们必须关注离婚时对补偿家务劳动方的道德支撑问题。在夫妻原实行共同财产制的情况下，一般认为共同财产制已具有补偿家务劳动之功能，离婚时无须再行补偿。如果夫妻双方依据《婚姻法》第十九条约定婚姻关系存续期间所得财产归各自所有，离婚时当然不存在共同财产分割的问题，但对家庭事务作出贡献或贡献较大的夫妻一方应如何对待呢？因此，为了弥补分别财产制存在的可能的实质不平等，补偿适用分别财产制的在婚姻关系存续期间对家庭事务作出贡献或贡献较大的夫妻一方，我国《婚姻法》第四十条②确立了离婚经济补偿制度，以平衡夫妻双方离婚时的利益关系，体现了亲属法正义价值理念以及人道的弱者保护之伦理原则。

（二）恪守亲子伦理价值

1. 离婚后子女监护的人伦要求

传统民法为缺乏自我生活和保护能力之人设立监护制度，在认识上结合对人性和社会伦理的思考，无一例外地考虑了亲属之间自然感情联系的独特性，建立了主要由亲属来担任监护人的规则，特殊情形下，监督保护人也可以由机构或其他特定关系人来承担③。我国现行《民法通则》未设有大陆法系的亲权制度（或称父母照顾权制度），而是仿效英美法系，建立了统一的监护制度，规定：未成年人的父母是未成年人的监护人；当未成年人的父母已经死亡或者没有监护能力时，由有监护能力的祖父母、外祖父母、兄、姐以及关系密切的其他亲属担任监护人。由于亲权的现代转型和内

---

① 萧家炳主编：《家庭伦理》，179 页，北京：中国环境科学出版社，1996。

② 我国《婚姻法》第四十条规定："夫妻书面约定婚姻关系存续期间所得的财产归各自所有，一方因抚育子女、照料老人、协助另一方工作等付出较多义务的，离婚时有权向另一方请求补偿，另一方应当予以补偿。"

③ 龙卫球：《民法总论》，277 页，北京：中国法制出版社，2001。

涵，现代民法语境中的亲权在实质上就是父母对未成年子女的监护，从而对未成年人的监护的类型构造分为两个：一是父母对未成年子女的监护；二是父母之外的人对未成年人的监护①。

其他国家对父母离婚后的子女监护处理，大体采三种形式：单方行使原则、双方行使原则、兼采单方和双方行使原则。关于离婚后子女监护人的确定依据，依历史发展大致呈现为以下几个阶段："父亲优先"、"母亲优先"、"幼年原则"、"子女最佳利益模式"。家庭分裂和父母离异，显然会对子女的精神平衡造成重大伤害并会破坏他的归属感；如果一个孩子经常被从一家带到另一家去生活，那么他的心理健康与认同感便会受到不利的影响；由于要求公平对待孩子，所以法律在调整婚姻解除领域或在提供调解和咨询服务时，就必须以孩子的最大利益为重②。我国法律对离婚后子女监护模式的规定体现在《最高人民法院关于贯彻执行〈中华人民共和国民法通则〉若干问题的意见》（试行）的第二十一条和2001年修正后《婚姻法》的第三十六条，但这些规定用词混乱、相互冲突，且容易派生诸多问题。随着社会伦理价值观念和生活方式的转变，我们理应秉持子女最佳利益的价值理念，对离婚后子女监护模式进行立法完善并运用于司法实践。当法律规定离婚后父母一方或双方行使监护权时，就意味着年幼的儿童没有足够的能力对事关自身福利的重要事项作出决定，这时就假定了父母一方或双方是负有责任、可信赖，并且足够成熟的，可以对事物作出较明智的判断；也就是说，假定离婚后父母一方或双方依自己的意愿能够为子女福利做出道德或理性的决定。另外，无论从生活主要照顾者的状况还是从子女本身的身体、心理、教育和人格发展需求等方面考虑如何

---

① 曹诗权：《未成年人监护制度研究》，146页，北京：中国政法大学出版社，2004。

② ［美］E. 博登海默：《法理学——法律哲学与法律方法》，邓正来译，319页，北京：中国政法大学出版社，2004。

实现子女最佳利益，其目的是让子女适应父母离婚后的影响，以实现亲属法对未成年子女进行重要保护的伦理价值。

2. 离婚后抚养教育子女的人伦要求

如前所述，父母的教养权利应依爱幼抚幼之道德要求，以子女最佳利益为中心要求，以传授理想和价值的方式教养子女。父母离婚后，亲子仍然存在，父母抚养教育子女仍是责无旁贷的道德义务和法律责任。我国《婚姻法》第三十六条第一、二款规定："父母与子女间的关系，不因父母离婚而消除。离婚后，子女无论由父或母直接抚养，仍是父母双方的子女。离婚后，父母对于子女仍有抚养和教育的权利和义务。"

在离婚纠纷中，有些父母为了自己的前途和利益谁也不愿承担抚养子女的义务；离异后无视法律规定，拖欠和克扣子女的抚养费；或不允许子女见生父（母），继续给子女制造生活困难和精神压力。这些只图自己轻松、痛快、享乐，却不认真考虑子女的利益和意愿，甚至损害子女身心健康的父亲或母亲，缺乏起码的家庭道德和人性，也违背了离婚的法律规定与道德准则。在离婚案中，法院判决子女监护权时，重视抚养费的裁决，而忽视了子女教育这一当事人双方都负有的责任和义务，这也就造成了当今婚姻破裂家庭子女的不良问题的出现。

父母之间的推诿和不负责任不仅对子女来说是不道德的，而且也给社会造成了沉重的负担和问题。对于子女来说，父母离婚带来的创伤仅次于死亡。孩子是许多离婚父母心中永远的痛。一个离异家庭的孩子从社会上获得的是同情，但也有可能是歧视，孩子由此承受的压力和打击可想而知。如果他们能把苦难变成财富当然是最好不过的，可是我们根本无法预知结果，其中的部分孩子会因经受不住打击而颓废、沉沦。这种打击和伤害不可能完全避免，但需要尽可能减轻，所以离异家庭孩子的心理健康教育就显得尤为重要。"成功"的离婚不仅仅是解除了婚约关系，而是双方仍然保持人格上的相互尊重，继续做孩子的好父母；不论孩子由哪一方监护，另一方都会给孩子以关爱。任何情况下，夫妻双方都应理性处理离异双方与子女的关系，更不能损害子女的感情和利益。遵守离婚中的法律和道德要求，自觉体谅对方的苦衷，尊重对方的人格，关心子女的成长，多做点自我牺牲，不幸的婚姻关系才能真正消除。

3. 离婚后探望子女的人伦要求

夫妻离婚后，相互间的尊重与诚信则更为重要。尊重，既指离婚公民对他方的人格、权利和生活自由的尊重，也指父母对子女的人格、权利和生活自由的尊重。诚信，是指父母子女间、离婚公民间的以诚相待、言而有信。将上述伦理要求定位于探望权中，就要求：当探望权人前来看望子女时，直接抚养子女方应提供便利，协助对方顺利地看望子女；当探望权人携子女出游后，应按约定的时间、地点、方式将子女送回；倘子女希望和另一方父或母短期生活时，直接抚养子女方应尊重子女的选择……上述内容表明，探望权规范，并非单纯的法律规范，也是重要的伦理规范。只有尊重与诚信，才能创建平等、和睦、文明的亲子关系和人际关系。①

三、离婚救济的伦理关怀

离婚救济制度是法律为离婚当事人中的弱势一方、受损害的一方提供的法律救助手段，其目的在于实现离婚法的公平与正义，更加充分地保障弱势一方的财产利益，体现对弱势一方的人文关怀。

（一）离婚经济帮助的伦理内涵

离婚经济帮助②是由离婚行为引发的夫妻财产效力的延伸方

---

① 王歌雅：《中国亲属立法的伦理意蕴与制度延展》，299页，哈尔滨：黑龙江大学出版社，2008。

② 对此制度，许多国家和地区称谓不一。现代英美法系国家称之为"扶养"或"配偶间的扶养"等；德国法称为"离婚配偶的扶养"；法国法分别称之为"补偿性的给付"和"扶养金"；我国台湾地区"民法"称之为"赡养费之给予"；日本法上没有独立的称谓，将其包括在"财产分与"一词中。参见张学军：《论离婚后的扶养立法》，3～4页，北京：法律出版社，2004。

式，主要指夫妻离婚时，因一方生活确有困难，经双方协议或法院判决，由有条件的一方从其个人财产中给予另一方适当资助的制度。依据我国《婚姻法》第四十二条的规定，经济帮助的条件是：须离婚时一方生活有困难；须义务方有负担能力；须离婚时已发生经济困难；须在离婚时行使请求权①。离婚经济帮助责任的性质应为道义上的责任，而非夫妻扶养义务的延伸②。也就是说，离婚经济帮助是基于婚姻关系解除而派生出来的一种社会道义的责任，属于法律对离婚时生活困难的一方予以经济保障的人文关怀措施。

我国对离婚后的弱者保护历来是重视的，而且素来有离婚时经济帮助的道德要求和立法传统。我国最早的离婚经济帮助可以追溯至古代为限制男性专权离婚的"去出"制度而设立的"三不去"；"三不去"就是为防止出现被休之后，妻子无家可归、无人扶养的情况，基于伦理道德的要求，古代法通过限制丈夫离婚自由以达到避免出现妻子生活无着状态的目的③。西学东渐的过程中，具有现代意义的离婚经济帮助立法主要体现在20世纪初的两个民事立法中。《民国民律草案》第一千一百五十六条规定："不问离婚原因如何，无责任之一方，因离婚而陷入非常贫困者，他之一方纵亦无责任，应按其资力，对彼方给以相当之扶养费。"④南京国民党政府统治时期颁布的《民法》第一千零五十七条规定："夫妻无过失之一方因判决离婚而陷于生活困难者，他方纵无过失，亦应给以相当之赡养费。"此后，革命根据地也有一些法律文件规定了离婚经济帮助制度。新中国成立后，1950年《婚姻法》和1980年《婚姻

---

① 陈苇主编：《婚姻家庭继承法学》，264～265页，北京：群众出版社，2005。

② 蒋月：《改革开放三十年中国离婚法研究回顾与展望》，载陈苇主编：《家事法研究》（2008年卷），212页，北京：群众出版社，2009。

③ 夏吟兰：《离婚自由与限制论》，239～240页，北京：中国政法大学出版社，2007。

④ 《大清民律草案·民国民律草案》，杨立新点校，357～358页，长春：吉林人民出版社，2002。

法》都明确规定离婚经济帮助制度，并于 2001 年修改《婚姻法》时予以进一步完善。

立法之所以规定对困难一方的经济帮助，其制度价值有三：一是基于我国社会保障制度还不健全的现实，有必要为生活困难的一方提供基本的生活保障；二是为了保障婚姻自由原则的贯彻执行，为生活困难的一方提供经济帮助，有利于消除其在离婚问题上的顾虑；三是"离婚经济帮助制度本身是一种伦理道德的法律化，通过此一制度，占社会支配地位的伦理道德观念能够实现对社会生活的规范和调整"。①

（二）离婚损害赔偿的伦理内涵

我国有关离婚损害赔偿的最早立法可以追溯到《大清民律草案》。《大清民律草案》第一千三百六十九条规定："呈诉离婚者，得准用前条之规定。但依第一千三百六十二条②，应归责于夫者，夫应暂给妻以生计程度相当之赔偿。"③ 之后的《民国民律草案》和南京国民党政府统治时期颁布的民法同样延承《大清民律草案》的立法精神。《民国民律草案》第一千一百五十五条规定："无责任之一方，对于有责任之一方，得请求损害赔偿或抚慰金。"④ 南京国民党政府统治时期颁布的《民法》第一千零五十六条规定："夫妻之一方因判决离婚而受有损害者，得向有过失之他方，请求

① 夏吟兰、郑广淼：《离婚经济帮助制度之比较研究》，载夏吟兰、龙翼飞主编：《和谐社会中婚姻家庭关系的法律重构》，297 页，北京：中国政法大学出版社，2007。

② 《大清民律草案》第一千三百六十二条规定："夫妇之一造，以下列情事为限，得提起离婚之诉：重婚者；妻与人通奸者；夫因奸非罪被处刑者；彼造故谋杀害自己者；夫妇之一造受彼造不堪同居之虐待或重大之侮辱者；妻虐待夫之直系尊属或重大侮辱者；受夫直系尊属之虐待或重大侮辱者；夫妇之一造以恶意遗弃彼造者；夫妇之一造逾三年以上生死不明者。"

③ 《大清民律草案·民国民律草案》，杨立新点校，175 页，长春：吉林人民出版社，2002。

④ 《大清民律草案·民国民律草案》，杨立新点校，357 页，长春：吉林人民出版社，2002。

赔偿。"① 新中国成立后，于2001年修正的《婚姻法》第四十六条首次规定了离婚损害赔偿制度，其内容是："有下列情形之一，导致离婚的，无过错方有权请求损害赔偿：（一）重婚的；（二）有配偶者与他人同居的；（三）实施家庭暴力的；（四）虐待、遗弃家庭成员的。"按照这一规定，所谓离婚损害赔偿，是指夫妻一方因法定过错行为而导致夫妻双方离婚的，过错方应承担的损害赔偿责任。我国台湾地区学者认为，所谓离婚损害可分为两种：一种是离因损害，即夫妻一方的行为是构成离婚原因的侵权行为时，他方可请求因侵权行为所生的损害赔偿；另一种是离婚损害，即离婚本身所构成的对夫妻一方的损害②。我国学者对《婚姻法》第四十六条所作之规定究属何种损害则认识不一，进而对离婚损害赔偿的性质也是见仁见智。不过，《婚姻法司法解释（一）》第二十八条之规定则支持了离婚损害赔偿是侵权责任的观点。

以传统民法理论来界定离婚损害赔偿的性质，必然会陷入理论误区。因为婚姻本身就是一种伦理关系，是一种规范夫妻伦理生活、承担着分配生育责任、保证人类物种繁衍、维系社会伦理功能的社会制度。对此种制度的侵害与对民法上人格权的侵害相比较，显然是两种不同性质的不法行为。虽然民法上的人格权体现的是人的伦理价值，但亲属法上前四种过错行为所侵害的客体不仅体现的

---

　　① 我国台湾地区现行"民法"第一千零五十六条仍保留这一规定。

　　② 林秀雄：《婚姻家庭法之研究》，114~115页，北京：中国政法大学出版社，2001。林秀雄指出，将"离婚损害"定性为侵权损害赔偿，"在法的构成上，尚属不足，因此不如将其解释为，为救济因离婚所生之不利益而设之法的保护政策为妥当"。他在评价日本学者为了承认离婚损害而借用侵权理论分析时，指出"日本民法或借用侵权行为的法的构成，或使其寄生于财产分与之规定，都是时代的落伍者"。（参见林秀雄：《婚姻家庭法之研究》，118页，北京：中国政法大学出版社，2001。）他的观点得到了我国大陆地区学者的呼应。例如，王洪教授认为，我国婚姻法上的离婚损害赔偿既不是侵权责任，也不属于合同责任，而是婚姻法新创设的一种民事责任。"如果解释为救济因离婚所产生的损害而设定的婚姻法保护政策则较为妥当。"（参见王洪：《婚姻家庭法》，197页，北京：法律出版社，2003。）

是人的伦理价值，而且有的也体现为夫妻身份的伦理价值，但更为重要的是婚姻伦理价值。而婚姻伦理价值则不是民法上的人格权所能涵盖的。正因为如此，亲属法上特别规定的离婚损害赔偿所彰显的制度功能就在于维系婚姻的伦理价值。因此，将离婚损害赔偿界定为特殊保护政策则更为合理。

离婚损害赔偿制度不仅在性质上凸显了婚姻的伦理价值，而且在内容上强化了人格尊严、夫妻忠实义务、亲属扶养义务等伦理规范的法律化。以离婚损害赔偿惩罚和指责过错配偶的正当性主要表现在该制度的伦理意义上：一是离婚损害赔偿制度为实现离婚自由提供了保障。无过错离婚主义强调无论当事人是否有过错，只要婚姻关系破裂，均应允许其离婚。这使得离婚自由有可能真正实现。但是，"无过错离婚主义虽使离婚更为宽松和容易，但这并非意味着是对离婚进程中的过错行为的放纵，过错行为依然要承担相应的后果"①。二是离婚损害赔偿具有填补损害、慰藉精神的伦理功能，以实现公平正义的伦理目的。确立离婚损害赔偿制度，惩罚重婚、有配偶者与他人同居、实施家庭暴力、虐待、遗弃等不道德行为，使无过错方在离婚时得到物质上的补偿，减轻或抚平无过错方心理上的痛苦，使其心理上得到某种平衡，从而切实保护其合法权益。"将公平公正的精神置入离婚损害赔偿制度中，就要求违背婚姻义务者，承担相应的法律责任，凸显离婚损害赔偿制度的补偿与惩罚功能，即只要婚姻当事人实施了法定违法事由，无过错方就可要求损害赔偿。只有适用离婚损害赔偿，才能惩恶扬善，实现社会的公平与正义。"②

---

① 王歌雅：《关于离婚损害赔偿制度的若干思考》，载《求是学刊》，83 页，2004 (4)。

② 王歌雅：《离婚损害赔偿的伦理内涵与制度完善》，载《北方论丛》，152 页，2005 (5)。

下篇　亲属法伦理性之应然面向

　　亲属关系是一种伦理本质的结合，深蕴社会的、内在主观而自发的情感义理的内涵，并非国家的、外在客观而强制的权利义务规定所能取代。亲属法是事实和价值的统一。现行亲属法实然上（实然法）的伦理性与亲属立法应然上（应然法）的伦理性是两个层面的问题。之所以要制定亲属法，其目的也就说明了这个法律意味着什么。前文已分析了亲属法伦理性之实然面向，但并不意味着亲属法就应当这样进行立法完善，也不意味着亲属法与婚姻家庭伦理必然具有同质性，更不意味着现行法律已经正确处理好了法律与道德的关系，这都尚待进一步研究①。

　　如前所述，亲属法伦理性之描述性命题在于叙述亲属法的伦理本质、伦理价值、伦理规范等实存状态。本篇的研究重点是对描述性命题所涉及的内容进行评价。亲属法伦理性之评价性命题在于判断亲属法伦理性之妥当性及评价亲属立法的伦理限度，即旨在论证亲属法"应当不应当"具有伦理性以及"应当怎样"具有伦理性。因而，此类"应当不应当"以及"应当怎样"的问题包括：凡

---

　　① 在法律与道德的关系上，一般而言，凡是法律所禁止和制裁的行为，也是道德所反对和谴责的行为；凡是法律所要求和肯定的行为，也是道德所倡导和颂扬的行为。然而，我们不能将这种关系反推为：凡是违反道德的，就是法律所禁止的；凡是道德提倡的，就是法律所要求的。因为，这两种推理在逻辑上具有非彻底性，是隶属于两个层面的关系。

违反婚姻家庭伦理的，"应当不应当"由亲属法禁止？凡婚姻家庭伦理所提倡的，"应当不应当"由亲属法所要求？这两个问题也可被归结为一个问题：亲属法作为一种行为规范，其本身"应当不应当"受婚姻家庭伦理的指引和制约？应当说，回答该类问题是比较困难的，因为简单地回答"应当"或"不应当"都不恰当。为便于回答"应当不应当"，还需要补充提问：凡是违反婚姻家庭伦理的，亲属法在何种标准上加以禁止？凡是婚姻家庭伦理提倡的，亲属法在何种标准上加以提倡？实质上，这又涉及"应当怎样"的问题，即亲属法应当以何种标准实现伦理性？由此可见，在亲属立法上，"应当不应当"界定伦理的度以及应当如何界定才是问题的关键。解决这一关键问题的目标是达至亲属法与婚姻家庭伦理关系协调上的理想状态，为修订、重构现有法律之规定或者制定民法典亲属编提供一种逻辑进路和立法模式。

第四章　亲属立法的伦理限度模式

从亲属法的制度建构或立法完善来看，鉴于其固有的伦理性，我们应当为亲属立法确定一定的伦理限度，不能把亲属法与婚姻家庭伦理混为一谈。只有厘清亲属立法上婚姻家庭伦理之限度，划定限度上的"度"，才有区分亲属法与婚姻家庭伦理各自功能之可能，也才有建构亲属良法之可能。因此，在建构亲属法抑或是完善亲属法时，我们首先应当思考其伦理的"度"，再在"度"的范围内设定"量"。亲属立法的伦理限度是"度"和"量"的统一，"度"是确定"量"的前提和范围，"量"是确定"度"的后果和数量①。本章旨在界定亲属立法的伦理限度之模式，以为后两章具体界定"度"和"量"提供依据。

第一节　亲属法的伦理限度命题

法律与道德之间的关系林林总总、众说纷纭，那么亲属立法的

---

①　本章所指的"限度"并非"界限"或"界线"。根据《现代汉语词典》的解释，"限度"是指范围的极限，最高或最低的数量或程度；"界限"，是指不同事物的分界，尽头处，限度；"界线"，是指两个地区分界的线，不同事物的分界，某些事物的边缘 [中国社会科学院语言研究所词典编辑室：《现代汉语词典》（第 5 版），1480、703 页，北京：商务印书馆，2005]。鉴于法律与道德都既抽象又具体，不可能"切分蛋糕"似地划出准确的分界线或分割线。因此，如果使用"界限"或"界线"，则有可能使人误解法律与道德之间存在明显的分界线或分割线。

伦理限度模式应当采取何种关联模式为好呢？为厘清这一问题，我们还是得先从宏观上把握法律与道德的分离命题和反分离命题，进而提出亲属法的伦理限度命题。只有在论证伦理限度命题的基础上，我们厘清其限度模式才有可能。

一、法律与道德的分合之争

道德与法律作为社会规范手段，有着共同的目标，因而呈现出不断融合的趋势；而作为意识形态，道德和法律各有其独特性，又呈现出不断分离的趋势。因此，无论中国思想史还是西方思想史，实际上也都是关于道德与法律的分离与反分离的历史[①]。法律和道德是否可以分离？在中国古代思想家的学说中，对此有两种不同的意见。一种意见以儒家为代表，主张法律必须建立在道德的基础上。孔子说："礼乐不兴，则刑罚不中"[②]，"天下有道，则礼乐征伐自天子出，天下无道，则礼乐征伐自诸侯出"[③]，指出"导之以政，齐之以刑，民免而无耻；导之以德，齐之以礼，有耻且格"[④]。荀子认为，君主不得任意运用权力，"不得道以持之，则大危也，大累也，有之不如无之"[⑤]。也就是说，作为道德的表现形式的"礼"、"乐"、"道"对法律和君主运用权力有着巨大的指引与制约作用。另一种意见以法家为代表，主张法律不必建立在道德的基础上，法律与道德可以分离。韩非子说："明主之治国也，使民以法禁，而不以廉止。"[⑥] 慎子甚至认为："法虽不善，犹愈于无法。"[⑦] 我国台湾地区当代著名法学家杨仁寿先生则认为，恶法亦

---

① 李建华等：《法律伦理学》，25 页，长沙：湖南人民出版社，2006。

② 《论语·子路》。

③ 《论语·季氏》。

④ 《论语·为政》。

⑤ 《荀子·王霸》。

⑥ 《韩非子·六反》。

⑦ 《慎子·威德》。

法必须具有以下两种性质：其一，必须为法律，即法律"不善"的程度，尚未与正义相悖过甚，通过法律解释仍切合社会的要求；其二，此种"恶法"须具"法的目的性"，即其目的仍在督促人类朝着"人类本质存在"之"共同善"或"正义"而发展。若不具有上述两种性质，则应认为"恶法非法"。①

在西方哲学史上，法律和道德的关系问题更是一个长期争论不休的永恒话题，其内涵之丰富、观点之多样，都令人叹为观止。西方法学在这场旷日持久的争论中，也形成了两个对立的营垒，其论争焦点是关于"法应当是这样的"（the law as it ought to be）和"法实际是这样的"（the law as it is）。

（一）自然法的道德命题

西方自然法的基本宗旨在于为实在法提供一整套价值准则，强调法律以道德为基础，以自然法（道德）评价实在法；只有体现道德内容的法律，才是具有法的品质的法律。"自然法"，意指道德律，即约束人们行为的普遍法则，最早由古希腊人提出。古希腊学者们认为"自然法"是凌驾于"制定法"之上的自然界固有的法。因而，自然法本身就是一则道德命题。在西方法学思想史上，法律与道德的关系问题往往就是自然法与实在法的关系问题，而自然法往往与人性、理性、自然权利等范畴分不开。西方的法学，自柏拉图起到康德乃至今天，若用粗线条来描述其主流的话，可以说就是从人出发，从人性出发，探讨人的自由和权利，从而论述法律的实质、作用以及其他属性。

自然法本质上是最基本的伦理。假如自然法是理性从人类自然本质的基本倾向中探求而得，而人类自然本质是绝对的、不变的和普适性的，那么自然法就提供了一套可以在任何时间和任何地点都

---

①　杨仁寿：《法学方法论》，10～11页，北京：中国政法大学出版社，1999。

适用的客观的伦理规范以衡量人的行为①。"自然法思想与人的伦理性原则密切相关,它们都以体现社会的正当行为规则和实现理想秩序为价值目标。在本体论上,自然法与伦理道德均根源于人的本性,即从人性或人的本质中而产生;在认识论上,自然法只有依靠伦理道德的良知、信念以及对善恶的理解和选择才能发现和确立。"②

古希腊斯多葛学派特别关注自然法的概念,因为"自然"之所指与理性一致。古罗马法学家西塞罗借用斯多葛学派哲学理论,指出了所有自然法哲学的三种主要构成要素:"真正的法律是与本性相合的正确的理性;它是普遍适用的、不变的和永恒的……试图去改变这种法律是一种罪孽,也不许试图废除它的任何部分,并且也不可能完全废除它……(上帝)是这种法律的创造者、宣告者和执行法官。"③ 在西塞罗看来,自然法之所以"自然",是因为它具有普遍性和永恒性、具有高级法的地位以及可通过理性思考来发现的特点。中世纪经院哲学家大都在神意上寻找自然法的根源,把它理解为自明的道德准则。近代资产阶级思想家则一般都把自然法理解为"理性命令",即永恒的,普遍适用的道德规范。例如,霍布斯认为,自然法就是自我保存、放弃天赋权利和执行所缔结的契约等;处于自然状态的人们一旦认识到它们,就会脱离那种一切人反对一切人的状态,缔结契约,建立国家。洛克也认为,自然法在自然状态强制人们服从、要求人人平等、自由,而在社会状态,仍然是国家制度和法律的依据。④ 对于霍布斯而言,天赋权利是第一

① Edwin W. Patterson, *Jurisprudence: Men and Ideas of Law*, Brooklyn, N. Y.: Foundation Press, 1953, p. 333.

② 马俊驹:《人格和人格权理论讲稿》,51 页,北京:法律出版社,2009。

③ [古罗马] 西塞罗:《国家篇 法律篇》,沈叔平、苏力译,104 页,北京:商务印书馆,2002。

④ 宋希仁主编:《中国伦理学百科全书·西方伦理思想史卷》,103 页,长春:吉林人民出版社,1993。

位的，自然法则源于天赋权利，而洛克则认为天赋权利源于自然法，即源于理性。基于此，自然法的理论曾被人们用来证明革命尤其是美国革命和法国革命的合理性，其根据是法律侵犯了个人的天赋权利。因而，美国反对英国殖民统治的革命斗争就建立于对全体美国人天赋权利的诉求，用 1776 年美国《独立宣言》的崇高措辞来表达就是，对"生命、自由和追求幸福权利"的诉求。正如宣言所示，"我们认为下面这些真理是不证自明的：人人生而平等，造物主都赋予了他们某些不可剥夺的权利"。同样，1789 年 8 月 26 日，法国《人权与公民权利宣言》也包含了一些激励人心的观点，并提及人类的某些"天赋权利"。18 世纪后，由于法律实证主义的兴起以及伦理学中所谓的"不可知论"① 导致了自然法理论的影响逐渐衰退。20 世纪则见证了自然法理论的复兴。② 在对纳粹高官的纽伦堡大审判中，重申了自然法理论。在战后各种国际宣言和人权宣言中，对于人权的表述也重述了自然法的理念。这时，自然法虽不再被视为宪法意义上的高级法，但仍是被作为衡量实在法的一种标准。另外，法学理论的发展也促进了自然法理论的发展，其中对自然法颇有建树的学者就是美国法学家朗·富勒。

在富勒（1902～1978 年）的著作中，"道德"一词与"自然法"一词具有同等的意义。因此，把握他的自然法观念，关键在于法律的道德性问题。他实际上区分了两种不同的道德，即"义务的道德"和"愿望的道德"。在富勒看来，"义务的道德"就好比语法规则，规定着参与社会生活的起码要求，遵守这种规则是理所当然的，这种道德是与具体的法律规范相联系的，违反这些规则

---

① 休谟在《人性论》中试图说明，关于这个世界或人性的事实不能用来决定什么应当做或者什么不应当做。

② 自然法也在许多契约理论中得到应用，这些理论按照一种社会契约的形式来构想政治权利和义务。这种社会契约并非严格法律意义上的契约，而是表达了一种观念，即一个人服从另一个人的政治权力必须以前者的同意为条件。这种研究方法在自由主义思想中依然颇有影响力，尤其是约翰·罗尔斯的正义理论。

就要受法律制裁；"愿望的道德"就好比一部杰出的文学作品的必备条件，是道德发展的上限，是对善良和幸福生活的追求。所以，"富勒认为他的法律道德从根本上说是一种愿望的道德"。① 也就是说，应当将法律作为一个整体考察，在立法和司法实践中，必须追求一种愿望的道德，使之成为杰出的作品。那么，如何实现这种追求呢？这就引申出了法律的内在道德和外在道德的问题。

富勒在区分法律的内在道德和外在道德的基础上，将论述的重点放在法律的内在道德上。富勒指出，"法律是使人类行为服从于规则之治的事业"。② 这种事业也与其他的职业和行业一样，只要有一个持续的目标，人们就能够追求不同程度的成功，这就包含了评价这一事业的成功必须具备的条件，这些条件就是法律的内在道德。每一个成功的立法者，都追求某些不能直接写入法律之中的条件，这些虽未直接写入法律之中，但要法律事业成为一部"杰出的作品"，就必须重视这些条件。在富勒看来，作为法律的内在道德，必须具备八项标准：③ 一是法律必须具备普遍性。既然法律是一种"规则治理"，那么这种规则就必须具有普遍性，其对象必须是一般的人和事而不是特殊的人和事。二是法律需要公布，即要求法律保证人人皆知而不误入法网。三是法律只适用于将来而不能溯及既往，以实现对人类行为的规则调整。四是法律要有明确性，即要求法律不能模棱两可、含混不清。五是在同一法律内部和不同的法律之间必须避免矛盾，即要求力戒法律自相矛盾导致执法艰难和当事人受损害。六是法律不应当规定不可能实现的事情，即要求法律不能超过公民力所能及的范围随意发号施令。七是法律要有稳定

① ［美］马丁·P. 戈尔丁：《法律哲学》，齐海滨译，96 页，北京：生活·读书·新知三联书店，1987。

② 参见［美］富勒：《法律的道德性》，郑戈译，113、124、125、143、146、152 页，北京：商务印书馆，2005。

③ 参见［美］富勒：《法律的道德性》，郑戈译，55～107 页，北京：商务印书馆，2005。

性，即要求法律不能朝令夕改使人无所适从。八是官方的行动必须和法律保持一致性①。以上八项标准，构成了法律内在道德的必备条件。这些条件是内在于法律的本身的，如果不能实现这些条件，其结果并不是导致一种坏的法律体系，而是导致一种根本没有法律体系的情况。它们之所以是"内在的"，是因为它们内含于法律的概念之中；之所以是"道德的"，是因为它们提供了评价法律和官员行为的善恶标准。不具备内在道德性，就不可称其为法律体系了。

与法律的内在道德相对应的是法律的外在道德，这种外在道德可以理解为法律的实体目标。对这个问题，富勒没有作详细的说明，但它与法律的内在道德互相联系和影响。富勒将法律的道德性问题和自然法观念结合起来，将内在道德称为程序的自然法，而将外在道德称为实体的自然法。这里对"程序"一词要作广义的解释。上述八项标准，可看成是一些必备的程序：只有经过这些程序，才能完成一种符合内在道德的法律体系。但程序的自然法与实体的自然法，即内在道德与外在道德之间是相互影响的：那些在实体目标上是非正义、非道德的法律，如纳粹法律，是会严重损害法律内在道德的。但法律的内在道德也会为不同的外在道德即法律的实体目标服务。他举例说，当时美国社会上正在争论不休的一个伦理问题是避孕是否道德？富勒认为，作为法律的实体目标，法律无论是"被设计来禁止还是鼓励避孕"，都不会损害法律的内在道德②。富勒举此例的目的在于阐释法律的内在道德相对于实体目标具有中立性。法的外在道德本身与正义是一致的，所以法的外在道

---

① 富勒将第八项标准作为一项重要的法治原则提出来，他写道："法治的精髓在于，在对公民采取行动的时候（如将其投入监狱或者宣布他据以主张其财产权的一份契据无效），政府将忠实地适用规则，这些规则是作为公民应当遵循、并且对他的权利和义务有决定作用的规则而事先公布的。如果法治不意味着这个，它就没有什么意思。"参见［美］富勒：《法律的道德性》，郑戈译，242页，北京：商务印书馆，2005。

② ［美］富勒：《法律的道德性》，郑戈译，177页，北京：商务印书馆，2005。

德就是法的价值目标——正义。在富勒看来，完善的法律是内在道德和外在道德的统一，是程序自然法和实体自然法的结合。①

概括而言，自然法的观念萌发于古希腊，后被古罗马法学家、中世纪神学法学家、近代自然法学派及现代自然法学派所继承和发展，成为西方法律思想史上影响深远而广泛的法律思想体系。就新自然法学思潮本身看，富勒的法律道德论为法律道德性问题从抽象的应有领域进入具体的实践领域提出了一种新的思路。尤其是他对法律内在道德的八种基本原则的系统阐述更是使他的自然法学说突破了认识论的意义而具有了方法论的实用价值。正是这些特点使得富勒的法律道德论在西方法理学中相当引人注目，被推崇为当代西方自然法学的主要代表理论之一。

（二）法律实证主义的分离命题

我国历史上的宗法制度在法律与道德的关系方面可用"德主刑辅"一词加以归纳，自近代西学东渐后，法律才逐渐发展为一门能自给自足的似乎完全独立于道德的科学。西学中的法律科学化则是在借助 16、17 世纪的自然科学经由罗马法逐步发展的普适的自然法理论的基础上，随着国家主权权威取代曾经的教会权威，实在法（国家法）取代自然法的地位，才得以实现的。在这种情况下，自然法已经让位于宪法，并在宪法下形成了独立于宗教、道德、意识形态的金字塔式的统一、完整的现代法律规则体系。正是在统一、完整的实在法（国家法）的法律体系中，才形成韦伯所谓的"形式理性法"。无疑，正是以民族国家为背景，正是基于以国家法为核心的制度化的形式理性法的确立，正是由于专业化的法律职业的兴起，正是由于法律科学方法摆脱了哲学或者政治学命题的干扰，法学才摆脱了哲学、政治学、宗教和伦理学的控制，成为

① 值得指出的是，虽然富勒正确地指出了法律与道德具有不可分割的联系，首次提出了程序自然法，但他没能够从内容和形式上正确地说明这种联系，特别是没有在肯定二者联系的同时指出它们的差别。

一门独立的科学；从此，法理学不是在柏拉图、黑格尔式的哲学中或者亚里士多德、孟德斯鸠式的政治学中找到自己的位置，而是体现在 12 世纪以来注释法学、潘德格顿学派、概念法学、机械法学、法律形式主义和分析法学之中，这些形形色色的称呼都汇集在一面伟大的旗帜之下，这就是法律实证主义①。

　　"实证主义"（positivism）一词源于拉丁文 positum，意思是指制定或颁布的法律。一般而言，法律实证主义的核心观点是任何法律的有效性都要上溯至一个客观的可确证的渊源。边沁和奥斯丁是早期法律实证主义的代表人物，他们认为法律源自主权者的命令。边沁在启蒙精神的影响下，试图让英国普通法服从于形式理性，"以反对判例法的陈规陋习和判例法的非合理性"②，他声称诉诸自然法不过是自命为立法者的看法。在改革家边沁的理论基础上，作为其弟子的奥斯丁则明确地指出："法学的对象，是实际存在的由人制定的法，亦即我们径直而且严格地使用'法'一词所指称的规则，或者，是政治优势者对政治劣势者制定的法。"③ 在奥斯丁看来，法律科学关心的是实在法，或者严格意义上的法，它们与善恶无关。但是，进入 20 世纪，尤其是纽伦堡大审判出现的法律与道德问题，奥斯丁的法律实证主义遭到了诘难。面对这种诘难，H. L. A. 哈特一方面修正奥斯丁的法律实证主义立场中备受批判的主权者命令和国家强制理论，但另一方面他坚决捍卫法律与道德的分离。哈特理论的核心是认为存在官方承认的基本规则来规定立法程序。其中最重要的基本规则被哈特称为"承认规则"，该规则是一个法律体系中最基本的宪法规则，被执法者视为详细规定着判定

---

　　① 强世功：《法律的现代性剧场：哈特与富勒论战》，20 页，北京：法律出版社，2006。

　　② ［德］马克斯·韦伯：《论经济与社会中的法律》，张乃根译，294 页，北京：中国大百科全书出版社，1998。

　　③ ［英］约翰·奥斯丁：《法理学的范围》，刘星译，13 页，北京：中国法制出版社，2002。

一个规则是否确实是一个规则的有效性条件或标准。

法律实证主义者经常声称把法律和道德联结起来毫无必要①，对法律概念的分析则是值得研究下去的，并且这种分析与社会学和历史学的探究以及严格的价值评判是截然不同的。法律实证主义者之间最重要的共同观点是，出于研究与分析的目的，制定法应当与道德上应然的法律区分开来。换句话说，必须在"应当"（道德上可取的）与"是"（实际存在的）二者之间划分清楚。法律实证主义割裂法律与哲学、政治学、宗教、伦理学的联系，提出"法律就是法"就是法律与道德的关系的解决方案，进而为国家统治下法律秩序的合理性和正当性提供了论证。正是通过这种抽象分析的方法，分析法学才将法律与道德问题区分开来，当这种分析方法将政治、经济、哲学、道德和文化因素从法律科学中剔除出去的时候，就成为一门"纯粹的法学"②。正如凯尔森指出的，"纯粹法理论所试图回答的问题乃是'法之实然'（what the law is），而非'法之应然'（what it ought to be）。后者乃是政治问题，而纯粹法理论则是一门科学。纯粹法理论之所以'纯粹'，在于其试图将一切异质因素排除于对实在法的认识之外。对此对象及其认识必须在两个方向上予以清晰限定：一方面特定法律科学，即俗称之法学（jurisprudence），必须区别于正义哲学（the philosophy of justice）；

---

① "如果在制定和不制定法律的问题上，法律与道德之间存在着如此紧密的互动关系，那么我们到哪儿去寻找那种坚持将这两种社会控制力量区分开来的学说的突破口呢？约翰·奥斯丁为什么要批评曼斯菲尔德勋爵将道德考虑纳入他的某些司法意见呢？当霍姆斯法官说'如果能够把所有具有道德含义的语词从法律中清除出去'，那么这将是一种收获，但是他这样说的理由又是什么呢？显而易见，上述观点乃是旨在反对那种在实施与执行（与制定相区别）实在法时把法律标准与道德标准混为一谈的做法。"参见［美］E. 博登海默：《法理学——法律哲学与法律方法》，邓正来译，397～398 页，北京：中国政法大学出版社，2004。

② 强世功：《法律的现代性剧场：哈特与富勒论战》，35 页，北京：法律出版社，2006。

另一方面亦必须有别于社会学（sociology），即对社会现实之认识"。①

"作为一种社会技术，法律实际上是一种通过司法职业解决纠纷从而维持社会秩序的技术。正是在法律职业的分析技巧和推理技术中，法律与道德才截然区分开来，人们甚至像坏人那样来理解法律。一句话，以现代社会的实在法为基础的分析法学是一门关于法律的技术科学，而不是法律的伦理科学，是一门关注形式理性的科学而不是关注实质理性的科学。"② 正如霍姆斯指出的，"在我强调法律与道德的区别时，我是在关注一个单一的目标，即为学习和理解法律而强调的"。③ 为何法律作为关注形式理性的科学，就不需要关注实质理性呢？这在韦伯看来，实在法的形式合理性已足以为法律本身提供正当性④。形式理性的法律制度成为法律实证主义或者分析法学主张法律与道德之分离命题的基础，从而使得法律实证主义研究的是"法之实然"。质言之，法律实证主义的方法论以及法律职业共同体的思维逻辑决定了其必然坚持分离命题。

概括而言，法律实证主义的分离命题主要有以下基本立场：法律就是人们下达的命令（法律命令理论）；法律与道德之间或者法律实际上是什么与法律应当是什么之间，并不存在必然联系；应当

---

① ［奥］凯尔森：《纯粹法理论》，张书友译，275 页，北京：中国法制出版社，2008。

② 强世功：《法律的现代性剧场：哈特与富勒论战》，39 页，北京：法律出版社，2006。

③ Oliver Wendell Holmes, *The Path of the Law*, Harvard Law Review, Vol. 10, No. 8, 1897, p. 459.

④ "由于法律上的理性主义和现代知识界的怀疑主义，自然法的原理已难以被用于证明法律制度的基础。与法律规范含有的宗教信仰或古老传统的神圣性相比，那些通过抽象获得的，最具说服力的规范，也难以充作法律制度的基础。于是，如今法律实证主义大有压倒一切之势。旧的自然法理论之消失使得以形而上学的内在品质充实法律的可能性不复存在。作为协调相互冲突的利益之技术手段或产物，法律的绝大多数重要领域已脱离了形而上学。" ［德］马克斯·韦伯：《论经济与社会中的法律》，张乃根译，294～295 页，北京：中国大百科全书出版社，1998。

对法律概念采取分析性研究方法；法律体系是封闭的逻辑体系，因此正确的法律决定可以依据逻辑手段从先在的法律规则中演绎出来，无须借助社会目标、政策和道德准则；道德判断无法同事实判断一样，可以通过理性论证、证明或证据进行确立和辩护，即坚持伦理学的不可知论①。在区分法律与道德的意义上，法律实证主义之所以坚持分离命题，就是为了反对道德或以道德面目出现的政治意识形态对法律的干扰或侵蚀；法律实证主义坚持的法律与道德分离命题与其说产生于实证主义哲学的方法论，不如说产生于自由主义的政治哲学②。

二、亲属法伦理限度命题之证成

综合自然法学和法律实证主义所提出的分离命题和反分离命题，就本书主题而言，笔者认为，自然法理论有助于确证亲属法的道德命题，法律实证主义理论却为亲属立法的伦理限度命题提供了一定根据。

为什么自然法理论有助于确证亲属法的道德命题呢？主要原因在于自然法学研究法律理念体系的主要目的符合所有部门法的评价性分析。该主要目的在于，指明法律规范应该是怎样的，以及应该制定怎样的法律规范，也就是研究法律的价值问题。从这个意义上来讲，亲属法伦理性之描述性命题和评价性命题都属于自然法范畴。运用自然法理论，可以从"应然"到"实然"的二律背反中

① 参见高全喜主编：《从古典思想到现代政制：关于哲学、政治与法律的讲演》，551～552页，北京：法律出版社，2008。

② ［英］H. L. A. 哈特：《法理学与哲学论文集》，支振锋译，64～65页，北京：法律出版社，2005。法律实证主义建立在功利主义或自由主义的政治立场上，功利主义者认为："坚定地坚持有关法律与政府的自由主义原则，但也仅仅将之奠基于其自身的功利主义基础之上。从未有任何一个人像功利主义者那样将沉着冷静与明智稳健集于一身，将改革的热情与对法律的尊重以及对控制权力滥用之必要性的认识——哪怕这些权力掌握在改革者手中——结合在一起。"（［英］H. L. A. 哈特：《法理学与哲学论文集》，支振锋译，57～58页，北京：法律出版社，2005）

为亲属法寻求道德的价值和理想，通过对亲属法背后所蕴涵的平等、自由、人道、秩序等价值的肯认和倡导，把婚姻家庭生活引往和谐幸福的理想境界；也可以在方法上采用纯理性、抽象的逻辑思辨来推导亲属法存在的合理性基础；还可以人人平等观、自然权利观为亲属法保护家庭成员的平等、自由等提供理论支撑等。

为什么法律实证主义理论为亲属立法的伦理限度命题提供了根据？这主要源于法律实证主义者哈特所提出的"最低限度的自然法"命题。一般来说，哲学或伦理不是自然法的预定的先验安排，而必须是包括法律实证主义者在内的每一个人面对的道德困境的决断，一项必须承担后果的伦理实践。有关对法律与道德相关联的现实状况或历史事实所作的常识性判断，足以使人们有理由认为道德在很大程度上影响了法律的发展，进而认为法律实证主义的分离命题是错误的。事实上，法律实证主义者并不必然认同"恶法亦法"，边沁和奥斯丁都承认不服从恶法是正当的，而且坚持分离命题的法学家从来没有否认道德在历史上对法律的影响[1]。正如霍姆

---

[1]　哈特认为，边沁、奥斯丁等法律实证主义者都承认有许多方面属于法律与道德规范之间的交叠处，"首先，作为一个历史事实，他们从未否认诸法律体系的发展曾受到道德观点的强烈影响，而且相对应地，道德标准也深刻地受到了法律的影响；因此，法律规则的内容也反映了道德规则或原则……其次，无论是边沁还是其追随者都未曾否认这个：借助明确的法律规定，许多道德原则也许可以在各个不同的方面被引入法律体系之中，并构成法律规则的一部分；法院也可能负有依其所认为的正义或者最佳状态来进行裁决的任务，并且这是合乎法律的"。（［英］H. L. A. 哈特：《法理学与哲学论文集》，支振锋译，61～62页，北京：法律出版社，2005）既然在历史事实或现实状况中，法律与道德是如此不可分割，法律实证主义者为何仍主张法律与道德的分离命题呢？在哈特看来，"无论边沁还是奥斯丁所急欲宣称的，只不过是下述两个简单的方面：其一，在没有明确的宪法与法律规定的情况下，仅仅从一个规则违反了道德标准的事实，不能够说这个规则不是法律规则；其二，相反地，也不能仅仅从一个规则在道德上是值得赞扬的，就说它是一个法律规则了"。（［英］H. L. A. 哈特：《法理学与哲学论文集》，支振锋译，62页，北京：法律出版社，2005）

斯所指出的，"法律是人类道德生活的见证和外部沉淀。"① 由此可见，法律实证主义者主张的法律与道德的分离与人们对于法律与道德的常识性判断实际上是两个层次上的问题。与后者不同的是，前者已不再考虑历史现实中法律与道德之间事实上的因果关系，而是从规范的角度考察法律与道德之间在概念上的逻辑关系②。与边沁、奥斯丁、凯尔森等以往的实证主义法学家不同，哈特在与富勒等人的论战③中，在坚持法律实证主义基本立场的同时，提出了"最低限度的自然法"的命题，体现了向自然法学靠拢的倾向。哈特对法律实证主义的概念作了一个新的解释："这里我们说的法律实证主义的意思是指这样一个简明的观点：法律反映或符合一定道德的要求，尽管事实上往往如此，然而不是一个必然的真理。"④这足以看出，哈特的法律实证主义法学已不是那么"纯粹"，而给道德留下了一个地盘。

哈特的"最低限度的自然法"命题是基于一个自然目的和五个自然事实而提出的。所谓一个自然目的是指生存，五个自然事实是指：（1）人的脆弱性。法律与道德对社会生活最重要的禁令就是禁止杀人或造成身体伤害的暴力使用。（2）几乎平等。这个事实最能彰显相互自制和妥协的体系的必要性，它是法律和道德义务

---

① Oliver Wendell Holmes, *The Path of the Law*, Harvard Law Review, Vol. 10, No. 8, 1897, p.459.

② 庞德认为在法律与道德的关系上，有三种研究方法：历史的角度、分析的角度和哲学的角度。（See Roscoe Pound, *Law and Morals*, Chapel Hill, N.C.: The University of North Carolina Press, 1924.）法律实证主义的这种研究方法即为庞德所谓的"分析的角度"，或称分析法学方法论。

③ 从某种意义上，哈特与富勒的论战之所以引起法律与道德之关系的讨论，就在于在"告密者案件"中，法律实证主义所主张的法律与道德分离在现实中陷入了一个困境之中，即"道德上恶的法律所导致的一系列困境"。参见强世功：《法律的现代性剧场：哈特与富勒论战》，57 页，北京：法律出版社，2006。

④ ［英］H. L. A. 哈特：《法律的概念》，张文显等译，182 页，北京：中国大百科全书出版社，1996。

的基础。（3）有限的利他主义。人类不是魔鬼，也不是天使，人类是在这两个极端的中间，这使得互相自制的体系既是必要的又是可能的。（4）有限的资源。这就足以使财产制度以及相关规定成为必要的；所有社会都必须发展分工以获得适当的物资，让个体能够创造义务及其范围；分工合作的必要性以及互助合作的永恒需求也使得社会生活中其他动态的或创造义务的规则成为必要的因素。这确保承诺的承认成为义务的来源。（5）有限的理解力和意志力。使那些尊重个人、财产和承诺的规则在社会生活中有其必要性的事实，其实非常单纯，这些规则与人类社会生活间的相互裨益也十分明显；理性要求的是在强制体系中的自愿合作。[①] 基于这五个自然事实，任何一个法律制度都应具有一些最低限度的道德内容：不得杀人的规则，相互克制和妥协，不得以暴力解决冲突的规则，财产权规则，对合同中不尽义务者予以强制的规则等。因此，哈特指出，"这普遍被接受的行为原则，奠基在关于人类、自然环境和意图的基本真理上，我们可以视其为自然法最低限度的内容。"[②]

按哈特的"最低限度的自然法"之逻辑，亲属法实际上也有类似于哈特所言的自然事实以及基于此类自然事实而应具有的一些最低限度的道德内容，如家庭成员不得实施家庭暴力的规则，权利平等的规则，财产所有与流转的规则，相互扶养的规则等。但是，亲属法的伦理内容远不止于此，还应当包括价值层面的内容。也就是说，哈特的"最低限度的自然法"观点虽然有助于为亲属法的伦理限度命题提供根据，但不能以此就限定了亲属法的伦理之"度"。这种"根据"是亲属法的伦理限度命题提出的前提性必要条件，而不是充分条件。因为，哈特所谓的"最低限度的自然法"

① ［英］H. L. A. 哈特：《法律的概念》，许家馨、李冠宜译，181～183页，北京：法律出版社，2006。

② ［英］H. L. A. 哈特：《法律的概念》，许家馨、李冠宜译，179页，北京：法律出版社，2006。

不过是一些"事实",而不是"价值",这是其一。其二,虽然哈特主张"最低限度的自然法",但并不是指法律源于道德或在这二者之间存在必然的概念上的关联。在哈特看来,法律与道德的关联只是一种人类生存事实的自然必然性,而不是通过人类理性设计或选择的必然性。

因此,在将哈特的"最低限度的自然法"作为亲属法伦理限度命题的证成根据的基础上,我们还应当将前文所述的自然法学家富勒的"内在道德"和"外在道德"纳入思考,以作为提出亲属法伦理限度命题的必要性依据。应当看到,无论是自然法的方法论抑或是法律实证主义的方法论,实际上都是建立在"实然"与"应然"之间的区分上。法律与道德之争的背后就是哲学与法律之争,即究竟是以哲学还是以法律来解决价值冲突所涉及的至善问题①。在"应然"与"实然"的二律背反中,法律实证主义研究的是"法之实然",其优点在于它既肯定了法律本身的存在,又鼓励从道德的立场来抵制恶法,从而兼顾道德和法律;而自然法则诉诸深奥哲学问题来解决法律与道德的冲突问题,从而兼顾"法之应然"和"法之实然"。因此,无论是以哈特的"最低限度的自然法"还是以富勒的法律道德理论来作为证成亲属法伦理限度命题的必要性依据,有一点是肯定的,那就是亲属法不能等同于婚姻家庭伦理,亦即亲属法应当有伦理限度。

第二节　亲属法伦理限度模式的立法选择

亲属法的伦理限度命题只是一个前提性的立论,如需把握该命题所含的具体"度"和"量",则尚要厘定亲属法与婚姻家庭伦理的关联模式,才有可能再以此为基础确立亲属立法建构或立法完善

---

① 强世功:《法律的现代性剧场:哈特与富勒论战》,55 页,北京:法律出版社,2006。

上的实质伦理限度和形式伦理限度。

一、法律与道德的关联模式

法律与道德的关系不是法哲学的局部问题，而是贯穿于整个法哲学的全局问题①。二者的关系极其复杂而多变，诚如耶林所言，"法律与道德的关系问题是法哲学中的好望角；那些法律航海者只要能克服其中的艰难险阻，就再也不会遭受沉船的致命风险了"。② 从道德的多维性来看，道德同样包括道德观念或价值、规范或制度以及秩序或实践几个层面③。从法律的多维性来看，庞德指出，人们对法律与道德之关系的思考在很大程度上取决于对"法律"一词的理解④。对于法律实证主义而言，法律就是制定的成文法；对历史法学家而言，法律就是惯例；对于哲理法学家而言，法律就是自然法⑤。在当代西方法哲学中，法律和道德的关系这一论题主要有五个方面的问题：法律和道德的区别和联系；法律和道德有无逻辑上或概念上的必然联系；道德的法律强制；对法律的道德批评和与此相连的服从法律的道德义务；如何处理法律与道德的矛盾和冲突⑥。实际上，后四个方面的问题都是建立在法律和道德的区别和联系之上的。

在法律和道德的区别上，传统法哲学认为，法律规范和道德规范属于不同的社会规范体系，二者的明显区别表现在产生条件、表

---

① 张文显：《二十世纪西方法哲学思潮研究》，333 页，北京：法律出版社，2006。

② Roscoe Pound, *Law and Morals*, Chapel Hill, N. C.：The University of North Carolina Press, 1924, p. 89.

③ 严存生：《法与道德关系模式的历史反思》，载《法律科学》，41 页，2001 (5)。

④ Roscoe Pound, *Law and Morals*, Chapel Hill, N. C.：The University of North Carolina Press, 1924, p. 24.

⑤ Roscoe Pound, *Law and Morals*, Chapel Hill, N. C.：The University of North Carolina Press, 1924, p. 117.

⑥ 张文显：《二十世纪西方法哲学思潮研究》，334 页，北京：法律出版社，2006。

现形式、体系结构、作用范围、调整对象、实施力量等方面。"康德式理论"是最具影响力的法律和道德的区别理论。康德认为，道德讨论的是人的内在自由，法律讨论的则是人的外在自由。他说："有别于自然法则的自由法则，是道德的法则。就这些自由法则仅仅涉及外在的行为和这些行为的合法性而论，它们被称为法律的法则。可是，如果它们作为法则，还要求它们本身成为决定我们行为的原则，那么，它们又称为伦理的法则。如果一种行为与法律的法则一致就是它的合法性；如果一种行为与伦理的法则一致就是它的道德性。前一种法则所说的自由，仅仅是外在实践的自由；后一种法则所说的自由，指的却是内在的自由，它和意志活动的外部运用一样，都是为理性的法则所决定的。"① 也就是说，"法律与道德的区别可见之于这样一个事实，即法律调整人们的外部关系，而道德则支配人们的内心生活和动机"。② 但是，这种内在与外在的区分法并不能绝对化。博登海默指出，"认为法律只与外部行为有关而道德则关注出自'善意'的内在动机的那种观点，并不能被人们当作对这两种社会控制力量之间的关系的一种普遍有效解释加以接受。这两种社会控制力量之间的关系要比康德式理论所描述的更为复杂、更为模糊、更为易变"。③ 罗门也指出，"道德仅限于内在的安宁、仅限于内在的东西，是完全不能让人满意的。伦理涵盖了人的全部活动，他的内在的和外在的行为。孝敬父母的行为、诚实讲话的行为，及谨守诺言的行为，当然不会仅仅因为通过其外在化变成了法律行为，而丧失其道德性。因为它们自身就是善的，即使没有法律，它们也是正当的行为，相反的做法则是不正当的，即

---

① ［德］康德：《法的形而上学原理——权利的科学》，沈叔平译，14 页，北京：商务印书馆，1991。

② ［美］E. 博登海默：《法理学——法律哲学与法律方法》，邓正来译，388 页，北京：中国政法大学出版社，2004。

③ ［美］E. 博登海默：《法理学——法律哲学与法律方法》，邓正来译，390 页，北京：中国政法大学出版社，2004。

使实证法规范没有明确地这样规定"。① 由此可见，虽然法律与道德有所区别，但仍无法割裂二者的内在联系。即使在法律实证主义者哈特看来，法律也是存在"最低限度的自然法"。

在法律和道德的联系上，传统法哲学认为，法律与道德内容相互渗透、法律与道德功能相互促进。在现代社会中，"法律与道德是相互联系的，并且在一定程度上相互作用和影响。这表现在对实在法的合伦理性所适用的特定标准以及对伦理自由的法律巩固"。② 现代意义上的法包括价值性规范和技术性规范两种成分。前者的很多内容都是与道德重合的，一般来说，违反这类规范的行为也就是违反最低限度道德要求的行为。后者间接地也与道德发生联系，它是为保障价值性规范而进行伦理性适用的基础。即使在最为技术的层面上，也实质涉及到或者追溯到对道德与法律之关系的澄清③。

从历史发展的角度看，如前文所述，自然法学派与实证主义法学派各自在不同层面上解释法律与道德的关系问题，双方始终未能在规范或制度层面上阐释法律与道德之间的联系和区别。然而，就本书而言，亲属法与婚姻家庭伦理在规范或制度层面上的联系和区别却是重要内容之一，因此厘定其关联模式更是难点之一。但在厘定关联模式上，我们仍得借鉴西方法哲学特别是自然法学理论对法律与道德之关系模式的论述，以求对亲属法伦理限度模式的立法选择提供参考。

关于法律与道德之间究竟存在何种关联，西方经典作家的论述各不相同。康德和黑格尔都认为，道德与法律的共同的和原初的出

---

①　[德] 海因里希·罗门：《自然法的观念史和哲学》，姚中秋译，186 页，上海：上海三联书店，2007。

②　Marijan Pavcnid and Louis E. Wolcher, *A Dialogue on Legal Theory Between a European Legal Philosopher and His American Friend*, Texas International Law Journal, Vol. 35, No. 3, 2000, p. 378.

③　Mark Tebbit, *Philosophy of Law: An Introduction*, London: Routledge, 2000, p. 3.

发点是人的意志，准确地说，是人的意志自由①。虽然康德认为道德与法律存在内在与外在的关系，但他将法律与自由联系起来，认为法律分为自然法和实在法，立法中必须包含自然法，立法者的立法权必须经由自然法承认。在黑格尔那里，法不再是道德的一种特殊形态，相反，道德是法的一种特殊形态或发展的一个阶段，"客观精神"便是"法"，法"是自由意志的定在"②。而霍布斯认为法律与道德的关系是制定法与自然法的形式表现，直截了当地称自然法为道德法，他把正义、公平、和平、仁慈、感恩、谦虚、守信等美德作为自然法的体现。他指出，"自然法和民约法是相互包容而范围相同的。因为自然法就是公道、正义、感恩以及根据它们所产生的其他道德……民约法和自然法并不是不同的法律，而是法律的不同部分，其中以文字载明的部分称为民约法，而没有载明的部分则称为自然法"。③ 从西方自然法学派的论述中可以看出，虽然他们的理论有所差异，但都强调法律始终以一定的道德原则为其理想目标而将二者联系起来。在自然法学派看来，以道德原则为主要内容的自然法对于实在法的创制是极为重要的，只有符合自然法的实在法才是真正的和有效的法律。法律是人所创制的实在法形式，自然法是以伦理道德为基础的，自然法的实现是社会道德律令的一种要求，故道德是置于法律之上的价值观念。

总体而言，传统理论下的法律与道德之关系是从多维度层面上理解的，这种多维视角导致了法律与道德之关系的复杂性论争，并由此呈现了多种关系模式，如亚里士多德的原生与衍生说、霍布斯的互相包容说、康德的内在与外在说、耶林的最低限度道德说、富

---

① 樊浩：《法哲学体系中道德——法律生态互动的价值资源难题》，载《天津社会科学》，30 页，2004 (4)。

② [德] 黑格尔：《法哲学原理》，范扬、张企泰译，36 页，北京：商务印书馆，1961。

③ [英] 霍布斯：《利维坦》，黎思复、黎廷弼译，207～208 页，北京：商务印书馆，1986。

勒的道德性说、狄骥的根源之一说、庞德的动态关系说、凯尔森的不相关说、哈特的部分同一说、川岛武宜的共同根源说等①。以本质同一说以及部分同一说为例，我国学者以图解方式总结了以下几种关联模式：②

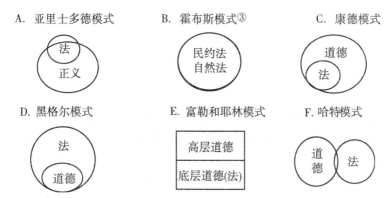

A. 亚里士多德模式　　B. 霍布斯模式③　　　C. 康德模式

D. 黑格尔模式　　　E. 富勒和耶林模式　　F. 哈特模式

尽管法律与道德之关系无论在中国还是西方都是一个古老而又常新的问题，但从上述关联模式中可以看出，法律与道德之关联是有一定的规律可循：法律与道德有相交部分，只是范围大小不同而已。正如博登海默指出的，虽然"法律和道德代表着不同的规范性命令，然而它们控制的领域却在部分上是重叠的"。④ 这一重叠规律从外在"形象"方面揭示二者的关系。在道德与法律重叠的地方，道德的要求就是法律的要求，二者具有同质性。在这一规律下，我们要注意法律与道德之间的相互渗透、相互补充的功能，也

---

①　严存生：《法与道德关系模式的历史反思》，载《法律科学》，37～39 页，2001 (5)。

②　严存生：《法与道德关系模式的历史反思》，载《法律科学》，40 页，2001 (5)。

③　原文中的此处图形不能反映"相互包容而范围相同"之意，故笔者修改了此图形。

④　[美] E. 博登海默：《法理学——法律哲学与法律方法》，邓正来译，400 页，北京：中国政法大学出版社，2004。

要注意法律道德化与道德法律化的现象与趋势，以更好地厘清法律应具有的功能和界限。就本书主题而言，这种重叠规律为我们宏观上把握亲属法与婚姻家庭伦理之关联模式提供了一种可能性的依据，也能为后文的立论奠定基础。

二、亲属法伦理限度的立法模式

前文以哈特的"最低限度的自然法"和富勒的法律道德理论为基础，提出了亲属法的伦理限度命题；以西方法哲学家的法律与道德之关联模式为基础，指出了其关联模式的重叠规律。那么，本书此处要思考的问题就是：如何将亲属法的伦理限度命题和法律与道德之关联模式的重叠规律这两者结合起来以提出亲属法伦理限度的立法模式？

在社会生活里，伦理道德和婚姻家庭的关系是最密切的，也是最容易被人注意的。家庭是社会组织的细胞，而家庭的基础是婚姻，男女婚配而形成家庭，家庭关系便自然地构成最基本的伦理关系。夫妻之间的财产关系和人身关系、家父的教育权利和子女的服从同样具有一个法律的层面，其首先是伦理的自然，其符合生活的自然关系[1]。这也决定了在婚姻家庭领域中道德与法律关系的处理上不如法哲学上的法律与道德之关系那么棘手。家庭关系被视为一个自然关系，作为此种自然关系的家庭关系甚至超出人的禀性的界限，家庭关系被视为必须超然于实证法[2]。人们尽管看到了家庭结构的统治性、两性关系及代与代之间关系中充满了暴力、民事活动中妇女缺乏平等，但是却不能否定，这么长时间以来，如此众多的男性和女性在过去和将来仍固守作为超实

---

[1] ［德］罗尔夫·克尼佩尔：《法律与历史——论〈德国民法典〉的形成与变迁》，朱岩译，108 页，北京：法律出版社，2003。

[2] ［德］罗尔夫·克尼佩尔：《法律与历史——论〈德国民法典〉的形成与变迁》，朱岩译，102 页，北京：法律出版社，2003。

证制度的家庭法的传统结构；现代家庭法解读起来不再像描绘一个虚构的、自然伦理的生活关系，而是如同一个社团章程，在该章程中涉及名称、登记、婚姻事务执行权、家庭内部的收入平衡与清算程序①。

通过前文的分析，我们看到，亲属法与婚姻家庭伦理在内容上有很大程度上的一致性。例如，我国现行《婚姻法》以"婚姻自由、一夫一妻、男女平等"为基本婚姻制度，婚姻家庭伦理也以恋爱自由、男女平等、夫妻平等、家庭成员一律平等为基本道德原则；《婚姻法》以"夫妻应当互相忠实，互相尊重"为倡导义务，婚姻家庭伦理也以"忠实扶助"、夫妻"互敬互爱"为重要内容；法律规定亲子间有"抚养教育"和"赡养扶助"的义务，婚姻家庭伦理也以"父母慈爱，子女孝敬"为主要内容；法律规定兄弟姐妹在特定条件下有相互扶养的义务，婚姻家庭伦理也在同胞"友爱互助"中强调这一点；法律倡导"家庭成员应当敬老爱幼"，婚姻家庭伦理也将"尊老爱幼"规定为长幼间的基本规范。此外，在结婚条件、结婚程序、夫妻人身效力、夫妻财产效力、离婚条件、离婚效力、离婚救济等方面也具有深厚的伦理意蕴并提出了具体的伦理要求。虽然有些婚姻家庭伦理道德并不是亲属法的调整范围，但亲属法调整的却是婚姻家庭伦理道德所要求的。因而，在基本原则和规范层面上，亲属法与现代婚姻家庭伦理之间存在相互包容、相互渗透的关系。质言之，基于亲属法的伦理限度命题和法律与道德之关联模式的重叠规律，亲属法伦理限度的立法模式就应当体现上述关系，如下图：

---

① ［德］罗尔夫·克尼佩尔：《法律与历史——论〈德国民法典〉的形成与变迁》，朱岩译，112、114 页，北京：法律出版社，2003。

从亲属法伦理限度的立法模式图可见，婚姻家庭伦理是涵盖亲属法的，亲属法本身就是婚姻家庭伦理的最低限度。虽然亲属法与婚姻家庭伦理之间大致存在一个限定范围，且这种伦理限度模式与"法律是最低限度的道德"这一普世观点有一致之处，但问题是：如何具体确定亲属法的伦理空间呢？在婚姻家庭伦理的空间或范围里，我们究竟是要向上提升亲属法的伦理空间还是要往下压缩？值得注意的是，在修改《婚姻法》之初，有学者大声疾呼："把道德的东西还给道德。"① 在笔者看来，这种观点未免太武断了，有欠理性。如确实主张"把道德的东西还给道德"，则必须论证什么样的道德不宜被法律纳入以及法律应当体现什么内容，而不是大声疾呼。何况在主张法律与道德分离的哈特看来，法律也是存在"最低限度的自然法"的。但是，该观点对于进一步审视亲属法的伦理限度还是有启示意义的。因而值得追问的是，我们的亲属法如何"把道德的东西还给道德"呢？应当把哪些道德还给道德？职是之故，在亲属法的伦理限度模式下，我们还必须对亲属法的实质伦理和形式伦理进一步地限定范围（后两章分别论述）。

第三节　亲属法的伦理限度模式与民法典定位之思考

上文所提的亲属法伦理限度模式的重点关注点是亲属法自身的

---

① 李银河、马忆南主编：《婚姻法修改论争》，15～17 页，北京：光明日报出版社，1999。

伦理"含量"问题。如换一种角度来考量亲属法之外的那部分伦理"含量"时，我们要思考的问题是：如果该部分的婚姻家庭伦理脱序了，亲属法应该如何应对？或者说，脱序的那部分伦理是不是原来就应当属于亲属法的调整范围？实际上，这是从反面来提出在亲属法伦理限度模式下应当如何限定亲属法自身的伦理"含量"问题。同时，鉴于有学者指出亲属法的伦理属性和民法的私法属性之间有可能存在冲突的情形，因此本书此处必须从更为宏观的角度来思考亲属法在民法典中的定位问题。我们如果仍固守中国传统的伦理法，就没有必要进行现代意义的民事立法，更没有必要以自由、平等之理念来进行亲属立法。但是，我们能不能因民法的私法属性而拒绝将亲属法纳入民法典，抑或是亲属法在"回归"民法后是不是就不存在伦理限度？这些尚属疑问，有厘清之必要。是故，民法典定位问题虽与亲属法的伦理限度模式没有直接关联性，却与厘定限度模式的必要性具有直接关联性。

一、亲属法厘定当代婚姻家庭伦理脱序的条件

中国自秦汉统一以来，社会生活的规范依据有赖于家法、行规、风俗等加以维系，生活习惯久之成"礼"。"礼"系由社会伦常、习俗中分离而成一种合乎理性及逻辑之价值体系。深受儒家思想影响的传统中国社会，礼法伦理便成为亲属间规范的依据。"礼"，在古代中国是自然法的代表，有其社会自发的内在基础，着重人伦秩序的约束力。近代以来的我国亲属立法深受西方自由平等思潮的影响，其基本精神乃继受欧美以"个人主义"建构的近代法律思想，尤其是人格独立及男女平等的观念。现代亲属法的特质，毋庸置疑地需保障人格平等与发展，以达成社会正义。法律工具理性下的现代亲属立法形式及立法精神，也说明了对西方亲属法接受的程度和对中国传统伦理的认同程度。现行亲属法可谓是汇集东方传统以及西方影响的法律制度，首先是对"传统的背叛"，而后又是对"传统的复辟"。一方面，在法律形式上，立法模仿德

国、瑞士法制，将婚姻家庭关系规范置于民事法律体制下，并对婚姻要件、婚姻效力、父母子女关系、离婚等予以明确规定，并强调对亲属成员的人身和财产权益保护，以达成正义；另一方面，在法律内容上，对婚姻家庭的价值观，仍借重中国传统伦理观念上的道德义务，但并不涵盖社会深层内在的婚姻家庭的伦理价值。中国传统伦理观念与西方平等自由思想的碰撞，似乎对继受性的亲属法产生了先天性的困境："……这是我们固有文化的扬弃，固有道德的反叛，与我们的伦常观念，适相背道而驰，水火不能兼容，我们的社会积极地在鼓吹固有道德，维护固有文化，而我们教法律的人呕心吐血的在灌输独立人格观念，二方简直是白刃相接，矛盾一致于斯！"① 然而，随着我国经济的发展以及教育的普及，西方的个人主义及权利本位之思想，逐渐融入了中国社会生活，架构在个人主义下的亲属法，也渐为一般民众所理解与接受。现代亲属法的那种先天性矛盾，在当下中国社会似乎已不再是个问题了。

有论者指出，现代伦理危机源于现代社会造成的伦理始点的迷失。"随着社会的发展进步，消灭封建社会的宗法家族制度是合理的，但不应一并消灭作为伦理始点的家庭本身。但不幸的是，这两者的区别在激进的反传统浪潮中很容易被忽视，造成的实际情况恰恰就是，在反对宗法家族制度的同时解构了家庭作为伦理始点的地位。于是，随着家庭伦理始点地位的解构，留给我们的只能是重重的伦理危机。"② 于是乎，学者们开始重视婚姻家庭伦理的构建或重构，如提出"重塑以爱情为基础的现代婚姻结构；遵从自由、自律与负责任的婚姻行为；建构平等、尊重与包容的夫妻关系；强调及履行与权利并重的婚姻家庭义务，倡导利他与奉献；经营宽松、互谅及和谐与温馨的婚姻生活；培育忠实、宽容与丰富多彩的

---

① 王伯琦：《近代法律思潮与中国固有文化》，54~55 页，北京：清华大学出版社，2004。

② 赵庆杰：《家庭与伦理》，235 页，北京：中国政法大学出版社，2008。

夫妻情感等"。① 之所以提出重构或建构婚姻家庭关系的伦理价值体系，提出厘定当代婚姻家庭伦理脱序之问题，在亲属法视野下，其原因大致有以下几点：

一是家庭功能的扭曲。在我国过去"君臣父子"的身份制度下，家庭中个人不会有独立的地位，个人权利观念当然无从产生。这样的亲属规范乃是以义务为本位的法律。工业革命之后，由于城市化以及生产消费形态的改变，使家庭之组织缩小，由夫负责出外赚取"面包"，而妻在家操持家务并照顾子女。"这种由夫妻及其婚生未成年子女所组成的核心家庭的生活形态，是最能适应工业社会需求的经济生活基本单位"②，因此渐渐成为众所偏好之家庭组织。核心家庭的兴起，使得家庭沦为公司、企业的"宿舍单位"。现代家庭制度的衰落无疑主要是由于工业革命的影响，家庭制度衰落起源于个人主义的理论③。家庭大部分的教育、生产等传统功能，不是被国家所垄断，便是为市场所压抑。即便"男女工作平等"这样的概念，也无法判别究竟为家庭服务，还是为资本市场服务，哪一项价值更高。试想，核心家庭成为养家糊口的经济单位，少了传统角色的"社会连带"，徒有两性平等权，哪有空间与时间安顿夫妻情感、亲子关系呢？

二是市场机制的功利取向。因导入个人主义及权利本位的思想，使亲属关系面临成员间理性的物质计算，从而呈现日趋功利化的现象。"父子人格独立，财产独立，父债子可不还，子债父可不管，继承可以抛弃或限制……家不过是共同生活的处所而已，既无家财，则除各人应负的扶养义务外，各人过各人的日子，可以漠不

---

① 张伟：《转型期婚姻家庭法律问题研究》，355 页，北京：法律出版社，2010。

② E. Nathaniel Gates, *Bondage, Freedom and the Constitution: The New Slavery Scholarship and Its Impact on Law and Legal Historiography*, Cardozo Law Review, Vol. 18, Part Ⅱ, 1996, p. 863.

③ ［英］伯特兰·罗素：《性爱与婚姻》，文良文化译，127 页，北京：中央编译出版社，2005。

相关。"① 试问：这样以市场经济功利主义为主导的倾向，再以现代继承法配合亲属法，这是方便于切割父母财产或夫妻财产？还是有利于维系家庭情感？

三是对个人主义的误解。在自由主义与个人主义下，"我即宇宙"虽打破了儒家传统伦理观念，但又陷入个人本位的极度伸张。相较于社会公共事务，与个人更加密切的亲属关系，如能以"权利的家庭本位"调节当代家庭结构，适度地制约个人权利的扩张，是否该被视为压抑成员人格的发展呢？诚然，以婚姻、血缘为基础的婚姻家庭伦理规范与以权利义务为架构的亲属法律规定，其实并不必然相称。但是，传统上根植的儒家思想，仍持续发挥着影响力。亲疏远近、长幼有序的伦理规范，仍对继受性的亲属法提出了挑战。

由上观之，有一个问题是必须思考的：亲属法有必要对以上几个原因导致脱序的婚姻家庭伦理进行矫正吗？从亲属法与婚姻家庭伦理之关系来看，答案应当是肯定的。但笔者认为，亲属法厘定婚姻家庭伦理的脱序应当有个"度"，并采取相应的法律对策。

一是重塑亲属法规范的权利定位。在亲属法规范的权利定位上，去寻求一种超越"义务本位"和"权利本位"这两种定位，确立"以权利为基础的家庭本位"②，是否可能呢？家庭概念的重建，应是成员具有情感、平等、自治、尊严的伦理空间，不应再以"义务本位"的狭隘观念来界定，反而应以"权利本位"为内部基础。但是，个人主义如何被安置于共同追求其集体目标的家庭中呢？这种个人与家庭之间的利益冲突是亲属法律制度构建中所不可

---

① 王伯琦：《近代法律思潮与中国固有文化》，55 页，北京：清华大学出版社，2004。

② 王伯琦指出，"西洋法律由义务本位进至权利本位，再由权利本位进至社会本位"，"所谓社会本位的法律，不过是权利本位法律的调整。它的基础还是权利，仅是有目的的予以限制而已"。王伯琦：《近代法律思潮与中国固有文化》，63、65 页，北京：清华大学出版社，2004。

避免的法理冲突。亲属关系是一种以具有共同伦理目的为本质的社会结合关系，并不同于财产关系着眼于追求自身交易的利益。亲属关系在本质上具有人伦的情感因素，故亲属法律规范往往存在其内发的伦理秩序，重在维护家庭的稳定与和谐。因此，亲属法应允许家庭于一定程度上享有自治的空间，维护个人人格尊严与自由平等，保护私法权利，同时应借重婚姻家庭伦理的义务本质，进而形成"以权利为基础的家庭本位"的亲属规范，以实现个人价值与家庭价值之间的衡平。

二是针对伦理脱序的原因采取相应的法律对策。诚然，法律并非万能，但中国古谚"法不入家门"并非全然消失。古语云："清官难断家务事"，其中"官"的尴尬处境，正是"国家"对于家务的"伦理"本质干预的困境。通常情况下，亲属法规范是在纠纷发生后才被据引为解决纠纷的依据。亲属之间的法律关系，原本不同于在权利观念下日趋功利化的社会交易关系，这岂容市场经济下的个人主义的权利观念瓦解亲情内发的伦理观念？儒家的婚姻家庭伦理对待家庭关系，是立基于天理人情，责成"父子"、"夫妻"、"兄弟"等当事人间互爱互敬、各尽本分，以达成理想境地。所谓父慈子孝、兄友弟恭、夫妻互助的伦理道德思想，现仍为民众所认同与遵行。亲属法的价值体系，理应被民众所认同与理解，理应建构在社会内发的伦理基础上。

首先，亲属法必须矫正现代社会对家庭功能的扭曲。家庭内个人权利的平等本来就与传统家庭价值相抵触，在家庭政策实施过程中，若没有对家庭整体性的考虑便会影响家庭的和谐与稳定。因此，在亲属法的修正方向上，应当坚持三点要求：（1）不应只着重个人的权利、平等、自由以及个人的长进，忽略其所造成家人之间情感的疏离，而应重在人格尊重与发展，同时提升家庭团体的精神价值。家庭团体的精神价值，并非借由对成员人格的抑压达成，而系立基于家庭团体认同下的互助关怀。（2）应当纠正家庭财产资本化的倾向，防止家庭成为物质计算单位（参见本书最后一章有关"婚姻财产制与家庭抚养功能的伦理难题及其立法规制"的论述)。（3）发挥次级规范体系①的作用，确立并强化基层调解组织作为家庭及其成员间关系、纠纷的仲裁者。

其次，亲属法对于亲属团体的自治空间宜再扩大。亲属之间相互扶助及其生活的规范，实际上系根源于自然的情义与自发的伦理，因此在一个伦理功能正常的亲属团体内部，其权利义务原具有和谐及共识的基础，无须法律的强制达成。亲属之间应关怀并尊重其成员，以维系个人利益，同时成员个人则应认同家庭亲属团体，共同营造家庭的和谐与稳定。因此，亲属法对于亲属间的纠纷解决，似可赋予诉讼前及诉讼中更大的自治空间，以适应家庭内部更切合实际的价值调整。概言之，当家庭之运作有悖于个人价值与家庭价值衡平时，即构成国家依法介入或干涉的原因。

二、亲属法"回归民法"抑或"宣布独立"

民法作为市民社会的基本法，作为组织社会生活的基本规则，它必然需要通过婚姻家庭制度来调整婚姻家庭关系，构建稳定和谐的社会秩序②。民法调整的人身关系具体可分为人格关系和身份关系，其中身份关系主要是由亲属法调整的。是故，有学者建议改婚姻法为亲属法，可以使法律名称与其规范和调整的对象吻合，有利于构建亲属法的完整体系，同时顺应中国民法典的制定，重新界定亲属法在法律体系中的地位，实现亲属法向民法典的回归③。

自1950年《婚姻法》颁行之后至1986年《民法通则》颁行之前，学者们一般认为婚姻法是一个独立于民法的法律部门。这种

---

① 它是以人的内心信念、社会舆论和风俗习惯维系的社会规范，但它与一般道德规范的抽象性不同，它是通过对特定社会生活情景下人们的一言一行、一举一动的规定而具体体现的道德规范。这种具体性，使道德精神更为具体可感，使主体更具有执行的可操作性，有利于巩固道德的教化作用。

② 王利明：《民法典体系研究》，468页，北京：中国人民大学出版社，2008。

③ 曹诗权：《完善我国婚姻法的立法选择》，载《法律科学》，78页，1994（2）。

观点的产生主要源于以下几个因素：一是革命根据地时期婚姻立法经验的影响。革命战争时期以独立部门法形式颁行婚姻法的立法经验一开始就影响了新中国的婚姻家庭立法，使其从名称到地位乃至基本框架内容都没能跳出习以为常的旧模式①。二是前苏联法学的影响。原苏俄民法典首次将家庭婚姻关系和劳动关系排除在民法典之外，另立家庭婚姻监护法典和劳动法典，其主要理由是这两种关系不属于商品关系范畴②，认为将婚姻家庭法划归民法部门是资产阶级意志和利益的体现，是婚姻家庭关系商品化、契约化的产物③。三是中国古代礼法传统的潜移默化。重伦理、重身份的礼法传统，使新的立法未能在深层上超越家庭本位的身份伦理关系，而这正是婚姻家庭法有别于民法一般原理的个性基础，由此而忽视了亲属财产法和现代身份权的民法属性，人为地抹杀了婚姻法与民法的共性，强化了婚姻家庭法的独立性，使其难于与民法沟通，阻碍了婚姻家庭关系向非身份的民事法律关系的靠近和转化④。四是对民法的不同认识。持这种观点的学者认为，婚姻家庭领域里的财产关系是从属于人身关系的。民法中的一些基本原则，如私法自治、等价有偿等，在婚姻家庭法中是不宜适用的。因此，基于调整对象的不同性质和特点，亲属法应当成为独立的法律部门。

自 1986 年《民法通则》颁布以后，"婚姻家庭法是一个独立法律部门"的观点受到了挑战。许多学者提出了婚姻家庭法在法律体系上归属于民法的种种理由。有学者认为，婚姻家庭法是不是一个独立的法律部门，同婚姻家庭法学能否成为法学的一个分支学科，是性质不同的两个问题；从婚姻家庭法学的广泛内容和发展婚姻家庭法学的实际需要来看，似以作为法学中独立的分支学科为

---

① 曹诗权：《中国婚姻法的基础性重构》，载《法学研究》，103 页，1996（3）。
② 江平：《制订民法典的几点宏观思考》，载《政法论坛》，27 页，1997（3）。
③ 曹诗权：《中国婚姻法的基础性重构》，载《法学研究》，102 页，1996（3）。
④ 曹诗权：《中国婚姻法的基础性重构》，载《法学研究》，103 页，1996（3）。

宜；因而 20 世纪 90 年代以来的婚姻家庭法学者均不采部门婚姻家庭法说，而采学科婚姻家庭法说①。因此，无论以何种理由来排斥亲属法归属于民法，事实是"历史上民法将人身关系的调整排除出民法之外的种种努力总不得善终，也无多少的赞同"。②

然而时至今日，亲属法在民法典体系中的定位似乎还没有定论。有论者即使在认为"随着当前《民法典》草案建议稿将婚姻法定位为民法亲属法篇，抛弃传统的婚姻家庭法独立部门法传统似成定局，倘若对此提出异议似不合时宜"③ 的情形下，仍主张以身份关系为中心建构独立于其他法律的立体式的家庭法典。该论者对"回归民法"的反思主要基于以下三个方面的理由：一是我国家事实体法改革方向上与家事程序法背道而驰，其理论依据也截然相反；二是婚姻法"回归民法"后凸显了诸多问题，事与愿违；三是理论层面上"回归民法"的立论依据与前提难以成立，且对婚姻家庭关系及其调整方法、婚姻法与家事领域自由关系等认识不清，存在根本性偏差，有必要重新审视④。由此可见，该论者明显对"家庭共同体价值及善良风俗"寄予了殷切的希望⑤。其之所以主张在公法、私法与社会法之外单列家庭法作为独立法律领域，归

---

① 杨大文、马忆南：《新中国婚姻家庭法学的发展及我们的思考》，载《中国法学》，37 页，1998（6）。

② 麻昌华、覃有土：《论我国民法典的体系结构》，载《法学》，61 页，2004（2）。

③ 巫若枝：《三十年来中国婚姻法"回归民法"的反思——兼论保持与发展婚姻法独立部门法传统》，载《法制与社会发展》，68 页，2009（4）。

④ 巫若枝：《三十年来中国婚姻法"回归民法"的反思——兼论保持与发展婚姻法独立部门法传统》，载《法制与社会发展》，68～69 页，2009（4）。

⑤ 该论者指出，"儒家伦理是传统文化的重要组成部分，在传统中国起到了维系社会稳定与秩序的信仰作用，其重点在于五伦关系的调整，家庭伦理的巩固和发扬被视为'治国平天下'的重要基础。家庭是传统的载体，是传承文化的重要场所。保持并巩固婚姻家庭法的独立地位，也有助于当前中华优秀民族文化的复兴和重建"。巫若枝：《三十年来中国婚姻法"回归民法"的反思——兼论保持与发展婚姻法独立部门法传统》，载《法制与社会发展》，82 页，2009（4）。

根到底在于"家庭关系作为人类与次级关系（一般社会关系）相对应的初级关系的典型，具有深刻的伦理性与公益性，有其法律调整的独特规则与方法"①。该论者指出，"婚姻家庭是伦理实体，婚姻关系不能服从于夫妇的任性，这是马克思关于婚姻家庭关系的经典性论述。在此基础上，认为婚姻家庭关系与商品经济存在本质差异，应适用不同的调整方法，这是婚姻法独立部门法的重要理论依据"。② 一言以蔽之，该论者正是基于对婚姻家庭伦理本质的认识，才提出了亲属法的独立命题。至于上述所谓的三点理由，实际上都是围绕婚姻家庭的伦理本质而试图证成独立命题的。姑且不论其质疑"回归论"立论前提与逻辑推论的理由是否错误③，单就独立命题而言，笔者不甚认同。亲属法仍是民法的重要组成部分，应无疑问。以下结合独立论者的论据，以伦理为视角提出本书仍坚持亲属法为民法组成部分的理由：

第一，从将婚姻家庭的伦理性等同于亲属法的伦理性，再推衍出独立法律部门，这种演绎逻辑有问题。婚姻家庭具有伦理性，这是普通人均可感受到的常识问题。但是，作为调整婚姻家庭关系的亲属法是不是一定具有伦理性呢？能不能因为调整对象显具伦理性就必须是亲属法具有伦理性？如前文所述，这是需要论证的。在实然层面，需要我们就现行法律作伦理分析，以证明亲属法是如何具

---

① 巫若枝：《三十年来中国婚姻法"回归民法"的反思——兼论保持与发展婚姻法独立部门法传统》，载《法制与社会发展》，81 页，2009（4）。

② 巫若枝：《三十年来中国婚姻法"回归民法"的反思——兼论保持与发展婚姻法独立部门法传统》，载《法制与社会发展》，74 页，2009（4）。

③ 有学者专门撰文评判独立论者，参见雷春红：《婚姻家庭法的定位："独立"抑或"回归"——与巫若枝博士商榷》，载《学术论坛》，142～147 页，2010（5）。该文认为，婚姻家庭关系的伦理性并不意味着婚姻家庭法不是私法、权利法，婚姻家庭关系法律调整方法的特殊性，不改变家事纠纷是民事纠纷的性质。独立部门法的定位不能实现婚姻家庭法研究和立法的基本目标。今后婚姻家庭法归位民法的研究，应着重于婚姻家庭法与民法总则、其他民事法律的关系，以消除对"回归论"意图在婚姻家庭法领域推进私法自治的"误解"。

有伦理性的；在应然层面，我们不能因婚姻家庭具有伦理性而使亲属法不加区别凸显伦理性，因而把握亲属法与婚姻家庭伦理的立法限度就显得特别重要。然而按独立论者的观点，显然不是这样的。以此观之，以调整对象即婚姻家庭关系的独特性而强迫亲属法具有独特性，进而使亲属法成为独立的法律部门，这在逻辑上有问题。再者，婚姻家庭的伦理本质与亲属法的权利表达虽表面看起来大相径庭，但逻辑上并不矛盾。我们知道，婚姻家庭伦理倚重道德义务体系，更多的是一些道德命令。然而，作为体现或反映婚姻家庭伦理的亲属法如果仍只倚重道德命令，则会失去法律应具有的意义。法律应当有一套自己的语言体系，其中权利义务就是法律语言的基本范畴。在将婚姻家庭上的伦理义务作法律表达时，除注意本书论及的立法限度外，关键是要处理好权利义务的关系。既没有无义务的权利，也没有无权利的义务。至于亲属法是以义务为本位，还是以权利为本位，这当然不能简单给出答案。实际上，这又涉及前文所述的是否需要亲属法予以厘定婚姻家庭伦理脱序的问题。前文基于婚姻家庭伦理本质而提出亲属法应"以权利为基础的家庭本位"的观点，较能排除独立论者的"忧思"。我国学者指出，"家族本位的观念形成了极其复杂的亲属制度，成为中国传统民法的一个主要的内容"。① 虽然"以权利为基础的家庭本位"和"以家族为本位"在内涵上有所区别，但两者都注意到了亲属法所调整对象的独特性。

第二，婚姻家庭关系的伦理本质并不会因"回归民法"转变成为平等主体之间的契约关系。独立论者可能忧虑民法上的私法自治、契约自由会被滥用于具有伦理性的婚姻家庭关系中，以避免造成婚姻家庭关系的商品化以及对弱者权益的侵害。与前苏联法学家的理论一样，这种担心也是多余的。其一，在私法自治与国家干预关系上，无论是民法还是亲属法都会遇到国家权威介入的界点问

---

① 赵万一：《民法的伦理分析》，304 页，北京：法律出版社，2003。

题。国家不会因为婚姻家庭关系的伦理性、公益性而强行介入所有婚姻家庭领域，也不会以法律手段强制推行婚姻家庭的伦理建设以达到所谓的"保存并发扬中华民族优秀传统文化"[①]。即使如此行事，必适得其反。其二，婚姻被称为身份契约，也根本无法抹杀婚姻家庭作为一个伦理实体的事实。更确切地说，婚姻是身份的伦理性契约，指的是结婚行为的契约，婚姻伦理实体是这种契约的伦理性后果。独立论者以麦克尼尔的关系性契约（或称身份契约）与个别性交易（或称目的契约）理论为论据，意在说明"身份契约与个别性交易存在根本差异"，以强化马克思关于婚姻家庭关系伦理属性的判断。然而在麦克尼尔看来，人身关系层面的关系契约与个别性交易都涉及"交换"。麦克尼尔指出，在关系性契约中，人身关系就是社会学家所说的初级关系，这种关系的参与者从中得到各种人身的非经济的满足，除了进行一个局外的观察者所谓的经济交换外，还进行社会性的交换；就现代的情形来说，婚姻关系是一个明显的例子；个别性交易则不是初级关系，它们只涉及很少的一部分人格，范围十分有限，就人身而言也不是唯一的，因而完全是可以转让的[②]。虽然关系性契约和个别性交易中的"交换"都涉及人身，且内容和程度有所不同，但就根本而言，亲属法"回归民法"并不会导致家事领域自由泛滥，也不会剥夺或削弱法律对家庭弱者的保护。离婚率高低与离婚自由有关，但与道德沦丧无任何关系。高离婚率并不意味着家事领域自由泛滥。虽然相较于民法，亲属法"地位薄弱"，但应归因于民法上的财产权利与亲属法上的身份权利之间的属性不同。财产权倾向于经济意义上的"法、理"秩序，而亲属法讲究社会意义上的"情、理、法"轻重。亲属法

① 巫若枝：《三十年来中国婚姻法"回归民法"的反思——兼论保持与发展婚姻法独立部门法传统》，载《法制与社会发展》，82 页，2009（4）。

② ［美］麦克尼尔：《新社会契约论——关于现代契约关系的探讨》，雷喜宁、潘勤译，12～13 页，北京：中国政法大学出版社，1994。

如若继续倚重明显存在的传统伦常秩序、重男轻女等伦理观念提升法律地位，则会因若干法律规定违反人格尊严与平等自由等现代法律思潮而在民众中缺乏认同。

第三，民法并不会因其私法属性而不具有伦理性。我国有学者曾在《民法的伦理分析》一书中阐释了民法上的平等、公平、意思自治、诚实信用、公序良俗、禁止权利滥用等原则都是法律化的伦理原则①。在外表上，法律更多的情形是与道德大不相同，但只要稍加解析，就会发现法律的外壳之下隐藏着的正是伦理道德，毋宁说，此处法律与道德之间的外观差异，乃是法律形式化的必要结果。例如，民法，它们的大部分条款岂不正是从自由平等、诚实信用、公平交易、遵守诺言等道德原则衍化而出？又有哪一条民法的基本原则能够与伦理绝缘？②

值得指出的是，《德国民法典》和《法国民法典》的形成都有赖于自然法学家的努力。例如，在《法国民法典》最终草案的序编中明确规定："存在着一种普遍的永恒的法，它是一切实在法的渊源：它不过是统治着全人类的自然理性。"③《法国民法典》的相关规定，还认为婚姻是一种天生的自然行为，婚姻关系产生于爱的帝国；家庭是一个道德的圣殿，家庭关系是受夫、妻、子、女之间自然的亲情所牵系；承认离婚自由；扩大子女权利等④。德国学者指出，"在合法性与伦理性之间的紧张关系中，启蒙哲学和作为该启蒙哲学后果的民法理论通过一些可信的说服而希望能够将重心置于伦理性。在塑造人类、从而控制其人格昏暗的（非理性的）部分、并令其生活在理性中时，这似乎是可能的。然而，一旦出现主

---

① 参见赵万一：《民法的伦理分析》，北京：法律出版社，2003。

② 胡旭晟：《解释性的法史学：以中国传统法律文化的研究为侧重点》，76～77页，北京：中国政法大学出版社，2005。

③ ［法］阿·布瓦斯泰尔：《法国民法典与法哲学》，钟继军译，载徐国栋主编：《罗马法与现代民法》（第2卷），290页，北京：中国法制出版社，2001。

④ 马俊驹：《人格和人格权理论讲稿》，53页，北京：法律出版社，2009。

观性的可预见性受挫的危险时，民法才又回归到合法性，即回归到客观化。当从法律主体那里，人们无法再信赖其一般的、目的理性的行为时，该一般（理性）必须法定加以规定。这不是内容上的断裂，而是（交易的）正确性标准的内在化与外在化之间的断裂"。①

随着两大法典的实施以及之后法律职业群体的兴起，在合法性与伦理性之间的紧张关系中，重心侧重于韦伯所言的"实在法的形式合理性"，法律实证主义因此在注释法律方面取得了显著成功，并对传统的自然法学形成了挑战。诚如霍姆斯指出的，"在我强调法律与道德的区别时，我是在关注一个单一的目标，即为学习和理解法律而强调的"。② 即使如此，也不能抹杀两大法典的自然法基础。我国学者指出，"在我们看来中国在移植和借鉴大陆法系民法之时，并未很好地考察其产生的西方理性主义的文化背景，更未深入地分析中西方不同的法律文化而给确认人的伦理价值所带来的影响。我们知道，由《法国民法典》所开创的将人的伦理价值视为人的内在要素，并且形成生物人取得法律人格的近代民法人格技术，是建立于自然法观念之上的，而自然法观念在西方社会有着悠久的历史文化传统，并且与宗教信仰密切相关"。③ 正因为如此，论证包括亲属法在内的民法的伦理正当性是如何形成和变迁的，这对当下编撰民法典无疑具有重要的理论意义。

综上所述，亲属法的伦理性并不当然等同于婚姻家庭的伦理性，亲属立法的伦理是有限度的，更不能因婚姻家庭的独特性而主张以法律手段强制推行婚姻家庭的伦理建设，以达到所谓的"保存并发扬中华民族优秀传统文化"的目的。亲属法厘定婚姻家庭

---

① ［德］罗尔夫·克尼佩尔：《法律与历史——论〈德国民法典〉的形成与变迁》，朱岩译，123 页，北京：法律出版社，2003。

② Oliver Wendell Holmes, *The Path of the Law*, Harvard Law Review, Vol. 10, No. 8, 1897, p. 459.

③ 马俊驹：《人格和人格权理论讲稿》，86 页，北京：法律出版社，2009。

伦理脱序是有条件的。同时，婚姻家庭关系的伦理本质并不会因"回归民法"转变成平等主体之间的契约关系，而民法也不会因其私法属性而不具有伦理性。所有的公民之间的关系中也有法律，这便是民法①，亲属法概莫能外，但在限度模式下具体限定亲属法的实质伦理和形式伦理的"含量"仍是非常必要的。

① ［法］孟德斯鸠：《论法的精神》（上卷），许明龙译，11 页，北京：商务印书馆，2009。

第五章 亲属立法的实质伦理限度

如前所述，亲属法的实质伦理是由不同层次的范畴构成的，主要为两大类别：一是亲属法的伦理价值，其又可分为高值价值（伦理价值取向，即正义目标）和低值价值（伦理价值体系，即正义要素）这两个层次；二是亲属法的伦理原则。由于二者所处的位阶以及涵盖的范围有所不同，因而在立法限度①上也应当有所不同。

第一节 亲属法伦理价值的立法限度

一、亲属法道德层次的立法区分

善法作为立法活动的逻辑结果，其创制必须依循一定的伦理之"应然"。但这种立法之"应然"，更为重要的是区分其道德层次。道德层次，通常指道德要求的高低、程度上的差别及相互关系。中国古代法具有伦理法、情理法的特征，有时法律与伦理道德没有一条明确的限度，浑然一体，甚至把一些纯粹属于伦理道德的要求规

---

① 本书所提的立法标准或立法限度，是指划定伦理范围的极限。因为实质伦理都比较抽象，不可能具有类似于"切分蛋糕"一样的效果。何况以"蛋糕切分法"划分法律与道德，不可能有准确的分界线或分割线。

定到法律中，要求人们去遵守。在西方法制史上，特别是在宗教法中，也曾经把高层次的道德要求规定到法律中，从而包含了许多普通人很难实现的道德要求。随着"法律是最低限度的道德"这一命题的提出，如何具体区分法律的道德层次则成为一种必要。

道德规范按照不同的标准，有不同的划分。康德将道德分为"完全的义务"与"不完全的义务"；富勒在说明法律的道德性、法律和道德的关系时区分了"义务的道德"和"愿望的道德"；哈特将道德划分为基本的道德和非基本的道德等。道德层次的划分表征了制定法律必须在联系现实的基础上具有适度的理想性。因此，立法活动既要考虑到较低层次，又要考虑到较高层次的道德需要，只有这样才能体现法律的可操作性。有些伦理道德要求，如"勿杀人"、"勿奸淫"、"勿偷盗"等，是一个社会得以维系的最基本条件，是对人们最低限度的要求；而另外一些伦理道德要求，如舍己救人、仁慈、博爱等，则给人们提供了一种道德理想，与前一类道德相比，处在较高的层次上，不可能要求每个人都做到。从立法角度来说，处于较低层次的道德规范可以被法律化，而较高层次的道德规范，一般而言，则不宜被法律化。就本书而言，如果将较高层次的道德作为对家庭成员的一种普遍性的立法要求，则会由于大多数人难以做到，而产生普遍的"法不责众"的心理，难以实现对婚姻家庭的有效约束。那么哪些是婚姻家庭的较高层次道德规范？哪些又是婚姻家庭的较低层次道德规范？在区分道德层次上，富勒的法律道德层次理论有值得借鉴之处。富勒把法律的道德性分别称为"义务的道德"和"愿望的道德"，他认为"义务的道德"与法律最为类似。由此可见，划分亲属法的道德层次，首先要明确亲属法有哪些"义务的道德"和"愿望的道德"，重点是厘清何谓亲属法的"愿望的道德"。

"愿望的道德"，在富勒那里，被称为理性的终极目标，其实类似于德性伦理的"至善"。"愿望的道德"同法律的内在道德有联系。法律的内在道德（即程序自然法），是有关法律的制定、解释和适用等程序上的原则或法治原则，是使以规则治理人类行为的事业成为可能的道德，亦即是法律之所以能成为法所绝对必需的先决条件。富勒指出，我们的全部法律制度代表了一套规则体系，旨在使人们摆脱命运的盲目摆布，能够从事有意义的有创造性的活动。但法律只能从人们的生活中排除比较严重的、明显的运气和非理性的现象，创造合乎理性的人类存在所必要的条件。对于实现法律的目的来说，这些是必要的，但却不是充分的条件，需要"愿望的道德"的帮助和支持。富勒指出，"所有这些都导向一个结论：法律的内在道德注定基本上只能是一种愿望的道德"。① 也就是说，富勒是"将法律的内在道德描述为主要是一种愿望的道德，而不是义务的道德"。② 在富勒看来，法律根本没有办法强迫一个人做到他能够达到的优良程度，因而"愿望的道德"自身难以实现，只能通过法律的内在道德才可达至。

　　基于以上认识，亲属法的道德层次也可以分为两类："义务的道德"，是指亲属法形式层面的道德，与亲属法的形式伦理相关联（下一章着重探讨这一问题的立法限度）；"愿望的道德"，是指亲属法实质层面的道德。如前所述，亲属法的实质伦理又有两个不同层次的范畴。那么这两个层次的实质伦理是不是与富勒所言的"愿望的道德"相一致呢？笔者认为，亲属法实质伦理中的伦理价值不属于富勒所言的"愿望的道德"，而亲属法的伦理价值取向才属于富勒所言的"愿望的道德"。因为，亲属法的伦理价值取向就是亲属法的法治理想，而其伦理价值及其原则虽然也是实体目标，但更多强调的是亲属法规则制定的依据，并且其伦理价值及其原则也是亲属法本身的一种规则。至于如何在区分亲属法的道德层次的基础上实现立法上的伦理限度，下文将逐一解答，此处只是提出立法区分标准的前提而已。

---

　　① ［美］富勒：《法律的道德性》，郑戈译，52 页，北京：商务印书馆，2005。
　　② ［美］富勒：《法律的道德性》，郑戈译，122 页，北京：商务印书馆，2005。

二、亲属法伦理价值取向的立法取舍

亲属法要以一般人能够达到的水平为标准，不要强众人所难。亲属法的伦理价值取向体现了法律理性规制婚姻家庭秩序的终极目标，因而通常要比亲属法的伦理原则和具体法律规则更笼统、更不准确。亲属法的伦理价值取向就类似于富勒所言的"愿望的道德"，但由此产生的疑问是：亲属法的伦理价值取向是不是难以实现？是不是只能通过亲属法的内在道德才能达至？如果亲属法只是诉诸伦理价值取向来实现其法治的理想，则会削减亲属法设定的权利和扩大亲属法限定的义务，因为人们难以据亲属法的伦理价值取向调整自己的行为。亲属法的基本原则及其具体权利义务规范只有体现和反映其伦理价值取向，才能获得普遍认同，进而变成对婚姻家庭关系真正起规范作用的效力规则。换言之，亲属法的伦理价值取向是该法背后深藏的主导立法的东西，其只有通过设定权利义务的法条方式以实现本身的内在道德，才能达至。如此立法，亲属法本身蕴涵的那深藏的主导立法的东西并不会被剥离，相反还要比将其直接设定为法律上的道德义务更具可操作性。

如前所述，亲属法的伦理价值取向在于实现个体幸福与家庭和谐。我国《婚姻法》第四条规定的"夫妻应当互相忠实，互相尊重；家庭成员间应当敬老爱幼，互相帮助，维护平等、和睦、文明的婚姻家庭关系"应当被看做亲属法伦理价值取向的法条表达。所谓"法条表达"，主要有两层含义：一方面是指该条文就是一种体现了价值取向的纯粹道德要求，另一方面它又是亲属法对夫妻、亲子、祖孙、兄弟姐妹等设定法律义务的伦理性要求。就前者而言，既然是纯粹道德要求，法律是不是应当直接作出规定，尚属疑问。就后者而言，其应当体现对夫妻人身、亲子、祖孙、兄弟姐妹等设定权利义务的具体法律规定之中。在这些权利义务的具体条款中，如果法律仍只言"夫妻应当互相忠实、互相尊重"，"家庭成员间应当敬老爱幼、互相帮助"，而不作具体要求，则对守法者而言确实难度不小，其性质又与前者相差无几。因此，就后者而言，与其大声倡导道德，不如将其转化为具体的可被遵守的行为（后文详述这一问题）。那么，"法条表达"第一层含义上的亲属法的伦理价值取向又应当如何进行立法？可以说，现行立法肯定是有问题的。这样的立法除给行为人以道德感召力外，实施效益可能为零。即使实践中有如此行为之人，但很难说一定是亲属法的强制后果，因为其间起作用的很可能就是行为人所秉持的道德观念。

要实现对道德的跨度性把握，除了以道德的理想性为基础以外，关键的也是最难的，就是对"应有"的价值取向进行界定。由于对"应有"的价值取向规定不同，便形成了不同的道德要求。因此，就我国《婚姻法》第四条的道德倡导性规定而言，可能的立法完善对策有三种：一是将该条置于该法第一条，作为立法宗旨；二是不予直接立法，而是将该条所体现的伦理内容转化为具体的可被遵守的行为，放入分则部分；三是将该条直接作为法律原则。比较而言，第一种立法对策实际上意义不大，价值取向与立法宗旨还是有所差别；第三种立法对策看似合理，但与《婚姻法》所确立的法律原则存在位阶上的不一致，价值取向的位阶要高于法律原则；而第二种则较为可行。所以，笔者主张，我国《婚姻法》第四条规定的就是一种"愿望的道德"，在立法上应予摒弃这种明文规定的道德倡导性做法，亲属法的"愿望的道德"应当通过其"内在道德"去实现，而不要以为只要规定了自己的"愿望"就一定能实现。毕竟立法不是写童话故事。

三、亲属法正义底限的立法明确

亲属法的正义底限是以法律的形式确立下来，要求亲属法所规范的一定范围内的亲属都应当遵守的最起码、最基本的道德准则。亲属法的正义底限具有最大的普适性，它通过对人的外在行为方式的引导和规制而实现对人的内在价值取向的塑造，它为婚姻家庭行为的正当性提供最低限度的评判标准。

虽然正义有着一张"普洛透斯似的脸"，但前文所涉及的体现亲属法实质正义的平等、自由、人道等价值就限定了正义这个多变面容的具体内容。这些正义面相即为亲属法的实体目标，也为亲属法的外在道德。在富勒那里，法律的外在道德，即实体自然法，是指法律的实体目标或理想，如人类交往和合作应当遵循的基本原则、抽象的正义，等等。按照富勒的说法，法律的外在道德与正义是一致的。法律的外在道德作为法律的内在道德要达到的实体目标，不是单一的，而是多元的。也就是说，法律的外在道德所蕴涵的多元化实质正义的价值内容应当由法律的内在道德所体现的形式正义来实现。基于此，我们可以说，制定至善的亲属法律制度时所追求的实体目标必然是一个具有丰富内容的综合概念。

如前所述，现代家庭秩序主要是由亲属法来维持的，以达到平等、自由、人道，进而实现个体幸福和家庭和谐。由此可见，亲属法的实体目标是为终极目标服务的。那么，这类实体目标在立法上是不是也应当采取与终极目标一样的立法应对呢？答案是否定的。尽管富勒区分实体自然法和程序自然法，提出法律的外在道德这一法治理想，但在他的著作中对法律的外在道德着墨不多，其主要论述的是法律的内在道德。这并不表示富勒反对在法律中界定实体目标的底限。亲属法并不仅仅是法律工具，它是规范与目标的结合，而且影响着人们的整个婚姻家庭生活方式，因而对亲属法的规范作出价值上的分析和总结并予以立法规定，既是必要的，也是有意义的。可以说，前文的亲属法伦理原则就是这种价值分析的总体表征。但是，以"平等、自由、人道"为表征的亲属法外在道德作为亲属法本身的实体道德目标，还不足以使亲属法与其他法律相区别，还需要对这类实体目标予以具体化。

从前文所述亲属法伦理性之实然面向来看，现行《婚姻法》确立的婚姻自由原则、一夫一妻原则、男女平等原则、保护妇女、儿童和老人合法权益原则和计划生育原则是平等、自由、人道这三个实体道德目标的具体要求。但是，从亲属立法伦理性之应然面向考虑，则应逐一核对这个五个基本原则是否具有统御亲属法的功能。一般认为，法律的基本原则是指体现法律的根本价值和调整方法，它是整个法律活动的指导思想和出发点，构成了法律体系的神经中枢。婚姻自由原则、一夫一妻原则、男女平等原则、保护妇女、儿童和老人合法权益原则均体现在亲属法的诸多条文中，这种价值判断已成为我们社会共同体的无可否认的道德共识。然而，计划生育原则的功能和意义在亲属法中却相当有限，也就是说，计划生育原则不应当作为亲属法的实体目标。计划生育原则的确立主要是从国家利益出发，基于控制人口、发展经济和提高全民素质的考虑，体现了国家的意志和要求。这种政策性原则是特定社会情势的产物，自然会随着社会情势的变更而变更。况且，实行计划生育在伦理上也是有争议的，如计划生育是否剥夺了人的出生权、是否贬低了人的生命价值、是否破坏了人的生育权等问题。从法律的功能来说，这一政策性原则也不应当由亲属法来规定，而应当由计生法来规定，因为现行《人口与计划生育法》更有利于贯彻计划生育政策，所覆盖的范围更大，包括非婚生育的现象。

综上所述，平等、自由、人道这三个实体目标既是亲属法的价值，也是评价亲属法的伦理标准，更是确定亲属法基本原则的基本依据，因而基于这些要求，亲属良法应继续践行婚姻自由、一夫一妻、男女平等、弱者保护之基本理念，使这些外在道德确实实地成为我们社会维持婚姻家庭秩序的正义底限。

第二节　亲属法伦理原则的立法限度

如前所述，亲属法的伦理原则包括平等原则、自由原则和人道原则。这三个原则是由相应伦理价值转化而体现在亲属法的基本法律原则之上的。诚如博登海默所言，"那些被视为是社会交往的基本而必要的道德正当原则，在所有的社会中都被赋予了具有强大力量的强制性质。这些道德原则的约束力的增强，当然是通过将它们转化为法律规则而实现的"。① 但在立法的应然层面上，仍需要进一步厘清的问题就是"应当怎样"实现平等原则、自由原则、人道原则这三个伦理原则。

一、私域下性别平等的立法导向

（一）私域下性别平等的立法依据

生活世界分为私人领域和公共领域，私人领域的核心是家庭，公共领域的核心是公众舆论。中国传统儒家伦理主张"男主外"、"女主内"，"男正位乎外，女正位乎内"②。"男主外"，主要是讲男子在外要担负起维持家庭生计、寻找生活来源的责任；"女主内"，则表明女子负责家内一应事宜，如养育子女、家务劳动，尤其还要担任家庭内部的管理、处理家内各种关系等。这种伦理观念将女性限制于家庭范围之内并通过伦理道德的力量将女性确定为家庭的从属地位，似乎已是有"自然根据"的，也就是说，女性天生就不适合家庭之外的公共领域的活动。在当今中国社会，这种伦理观念并没有全然消失，法律对于实现真正性别平等的目标仍有一段距离。

在立法上实现性别平等，无论是在中国还是在西方国家都是极为关注的问题，为性别平等立法提供理论依据则是解决这一问题的关键。绝大多数西方国家实际上为公共领域下性别平等的立法提供解释的理论是"差异论"。以"差异论"作为立法基础，其依据的逻辑前提是：只要当男性与女性之间存在真实性别差异并且存在应

---

① ［美］E. 博登海默：《法理学——法律哲学与法律方法》，邓正来译，392 页，北京：中国政法大学出版社，2004。
② "男主外，女主内"源于《周易》。《周易·家人·象传》曰："家人，女正位乎内，男正位乎外。男女正，天地之大义也。"其本义有三重意思：第一，一个家庭之中，男女应该有协作性的分工。第二，男女之间的具体分工是：女子负责家庭的内部事务，男子负责家庭的外部事务，即"女正位乎内，男正位乎外"。第三，男女分工并不是男人一方的意志，也不是女人一方的意志，而是参照天地之理分工的。

当对性别加以区别对待的正当理由时，那么这种可以解释并提供依据的区别对待就不是歧视。这种"差异论"为立法所提供"道德力量"在于：让女性能够有机会获得男性有机会获得的东西，即机会平等。而真正的问题是，女性如何以机会平等的形式参与男性按照自己的利益和价值所构建的社会制度呢？在按男性利益所型构的社会制度里，男性作为群体控制着女性的一般机会，男性作为个体则在婚姻之内控制着经济上弱小的女性。在以"差异论"所建构的辨别身份的社会体系中，男性强壮的身体特性往往会与经济收入挂钩，而女性特征则意味为男性提供性、家务和抚育后代的服务。男性与女性结婚时就具有不同的经济收入潜能，而这种差异在婚姻过程中将扩大，使得女性更依赖于对婚姻的维系，也使得男性在婚姻期间对女性有了控制力。由此可见，以"差异论"为公共领域性别平等的立法解释尚有问题，如再以此种理论为私人领域性别平等提供依据，则会出现更大的问题。

任何为性别平等立法所提供的立论如果忽略家庭，其局限性必将越来越明显。虽然罗尔斯说家庭是要由正义理论来加以评价的一种社会制度，但他只是假设传统家庭是正义的，然后就致力于按照归于"一家之主"的"家庭收入"来对分配的正义性进行评估，这样，家庭内部的正义问题就不在考虑之列。他指出，"虽然家庭的内部生活和教养可能像其他因素一样影响着儿童从教育中获益的动机和能力，因而也影响着他的生活前景，但这些影响并不是必然地与机会的公正平等不相容。即使在一个满足两个正义原则的良序社会中，家庭也可能构成对个体之间平等机会的一种障碍"。[①] 在罗尔斯看来，正义关涉的是"公共"领域，成年男性之间的行为准则就是双方同意的契约，而家庭关系则是只由自然本能或同情来进行管理的"私人"领域。

---

① ［美］约翰·罗尔斯：《正义论》（修订版），何怀宏等译，236页，北京：中国社会科学出版社，2009。

之所以出现正义理论不考虑家庭内部关系的正义问题，实际上与"差异论"所主张的机会平等理念有关，更与公私领域的二元区分有关，因为公私领域二元区分就有可能使家庭关系免于公平正义的检验。在公私领域二元区分下，正义理论认为家庭从本质上讲属于自然领域。而人们也或隐或现地认为，男性是家庭这种自然单位的主导者，而女性则从事无薪的家务劳动和生育劳动。这种认识是危险的。如果女性只是与纯粹表现动物功能的家务劳动和生育劳动联系起来，而男性却与属于家庭领域的"自然"功能或本能分离开来，那么包括女性在内的人类在公共领域的真正自由则不可能实现，更谈不上私人领域的性别平等。

综上所述，在决定是否应将性别纳入考虑之前，我们首先要明确已存在的制度是如何将性别纳入考虑的。作为私人领域的家庭越是以"差异论"为依据规定自主和机会平等，就越有可能出现性别不平等。从根本上说，性别不平等的根源并非基于非理性的性别歧视，而是基于男性的支配地位。因为男性的支配地位才是问题所在，因此，此问题的解决之道不能只是消除歧视，而是要消除男性的支配权利。平等的要求不只是有平等机会去追求男性规定的角色；平等的要求还包括女性要有平等的权利去创造可由女性规定的角色，或者去创造男性和女性都愿意平等追求的非性别角色。职是之故，在私人领域内，为性别平等的立法提供解释的理论应是"支配论"。只有消除男性支配的原因或依据，性别平等才有可能。

（二）亲属法对性别平等的立法目标

私人领域是争取性别平等的重要场所。要正视私人领域内的不正义，就要求对家庭关系进行实质性的法律调整。而如何消除男性在家庭内的支配原因或依据，则是亲属法对性别平等的立法目标。

家务劳动的不平等分配应是亲属法予以关注的一个中心问题。在现行法律制度下，即使男子与女子都分担了无薪的家务劳动，也很难被当做真正的性别平等。因为我们的传统伦理仍然在贬低家务劳动的价值。也就是说，即使男女双方平均承担了家务劳动，也很难给予正面评价。这在一定程度上强化了男性在绝大多数婚姻中不从事或少从事家务劳动的意愿。因此对家务劳动的贬低，无疑是对女性工作的全面贬低的一种表现，要增加对女性的尊重，就要更尊重她们对家庭的贡献。反观我国现行《婚姻法》，虽然其第四十条①肯定了家务劳动的价值，但要实现家务劳动的价值是有两个前提的：一是要离婚，二是夫妻婚姻关系存续期间实行分别财产制。除此之外，家务劳动的价值则不太可能实现，除非夫妻双方自愿补偿。这样的立法例显然不能消除男子在家务劳动方面的支配地位。要消除此种支配力量，或者说要消除私人领域中贬低女性家务劳动的价值，法律就应当在现有立法的基础上进一步强化对家务劳动的尊重。而解决这一问题的关键，应当在于全面实现家务劳动的货币化，而不管是实行共同财产制还是分别财产制，也不管是婚姻存续期间还是离婚时。可以说，以家务劳动货币化的方式，把本该属于女性应得的财产，用法律规范加以保证，从而达到性别平等，这就是亲属法在家务劳动不平等分配问题上的立法目标②。

亲属法还应当对"隐私权"语境下的性别平等提出立法目标。对家庭隐私的最初辩护所依据的是"一家之主"的学说。按此学说，家庭被认为是一家之主的人格延伸，因此，干涉男人的家庭事务就是对属于他个人的私有领地的侵略。之所以以"隐私权"拒绝对家庭行使干预，原因还是在于公域与私域的二分，把家庭视做私域的核心。按照这种逻辑，如果以正义之名对家庭行使干涉，则必然影响家庭、婚姻、母爱、生育和抚养小孩等事情上的个人私密性。如此一来，妻子就成了丈夫的婚内财产，她在法律的意义上就

---

①　《婚姻法》第四十条规定："夫妻书面约定婚姻关系存续期间所得的财产归各自所有，一方因抚育子女、照料老人、协助另一方工作等付出较多义务的，离婚时有权向另一方请求补偿，另一方应当予以补偿。"

②　应当说，家务劳动所涉及的问题很多，如知识产权、学历文凭、职业资格证的获得等都与夫妻一方的家务劳动息息相关。鉴于本书此处只涉及性别平等的立法目标，有关这些问题的解决措施在第六章最后部分再展开论述。

不再是人，她的利益被家庭所规定并消融进了家庭的利益，而家庭则被当做了她的自然归属。这种基于家庭隐私的学说假设，意味着对家庭的任何外在干涉都是对隐私的侵犯。那么，那些旨在保护妇女不受家庭暴力和婚内强奸的侵害、赋予女子起诉对方的权利，都会被家庭隐私所压制。随着家庭其他成员的权利逐渐被承认，父亲或丈夫的权威就受到了挑战，"一家之主"学说终于被摒弃了。虽然现代的家庭不再视为父亲或丈夫的财产，但传统家庭的基本结构仍被视做社会稳定的前提。因此，曾经基于"家庭是男人的私人财产"而获得辩护的立法政策，现在则转向如何为隐私权适用于个人而不是适用于像家庭那样的集体单元提出立法政策。质言之，亲属法所应当保护的隐私权绝非家庭的隐私权，而是家庭成员的隐私权。由此观之，现行法律在婚内侵权民事责任[①]的立法方面仍有完善之必要，我们的法律就应当明确规定夫或妻在婚姻关系存续期间有提出损害赔偿的权利。

亲属法也应当对离婚后的性别平等提出立法目标。由于绝大多数"家庭收入"源于男人的领薪工作，从事无薪家务的女人就必须依赖于男人才能获得资源。随着离婚率的提高，这种依附性的后果就变得更为严重。虽然婚姻中的夫妇也许享有一样的生活水准，但离婚的后果却严重不平等。由此而导致的问题是，我国有没有必要借鉴西方某些国家的夫妻离婚后的扶养立法，以维持婚姻期间的生活水平？当然，这需要综合考虑我国的现实情况以及文化传统因素的影响，但不排除未来的亲属立法朝着离婚后性别平等的目标前行。

---

① 学界对于婚内侵权民事责任制度存在争议的根源在于《婚姻法司法解释（一）》第二十九条的不同理解。该司法解释规定：在婚姻关系存续期间，当事人不起诉离婚而单独依据《婚姻法》第四十六条规定提起损害赔偿请求的，人民法院不予受理。

二、婚姻家庭行为自由的边界划定

（一）法律限制自由的道德原则

为了保障社会分工与合作所需的社会秩序，法律对自由的限制是必要的，这也是绝大多数思想家的共识。马克思就曾指出："自由就是从事一切对别人没有害处的活动的权利。每个人所能进行的对别人没有害处的活动的界限是由法律规定的，正像地界是由界标确定的一样。"① 问题是法律应如何划定个人自由的界限？中外思想家们为此提出了多种道德原则，其中常在哲学论战中被引用的有下列"四项限制自由的原则"②：

1. 伤害原则

伤害原则，即对伤害他人的自由加以限制。该原则宣称，"人类之所以有理有权可以个别地或者集体地对其中任何分子的行动自由进行干涉，唯一的目的只是自我防卫。这就是说，对于文明群体中的任一成员，所以能够施用一种权力以反其意志而不失为正当，唯一的目的只是要防止对他人的危害"③。如果不涉及对他人的利害，个人就有完全的行动自由，不必向社会负责，他人对于这个人的行为不得干涉，至多可以进行忠告、规劝或避而不理。英国著名思想家约翰·密尔的这一原则被当代国家的立法广泛采用。

2. 亲缘主义原则

亲缘主义原则，即对伤害自身的自由加以限制。该原则主张，当一个人的行为会严重伤害自己，或者将使他丧失重大利益时，限制他的自由可以得到确证。该原则隐含的依据是：一个人自愿的行为有时并不是自由的行为，因为该行为人可能没有意识到自己行为

---

① 《马克思恩格斯全集》（第1卷），438页，北京：人民出版社，1956。

② 参见［美］汤姆·L. 彼彻姆：《哲学的伦理学——道德哲学引论》，雷克勤等译，402页，北京：中国社会科学出版社，1990。

③ ［英］约翰·密尔：《论自由》，许宝骙译，10页，北京：商务印书馆，1998。

的不可逆转的危害结果。禁止自我伤害的法律，即家长式法律强制，也是合理的。在这种情况下，运用法律手段进行引导，控制可能出现的自我伤害行为，无疑会有助于被强制者自我利益的实现，并增进其自由。但该原则有扩大国家对个人自由干预的危险，必须加以严格限制。立法上关于禁止吸毒、要求骑摩托车时戴头盔的规定就是亲缘主义原则的应用。

3. 立法伦理主义原则

立法伦理主义原则（又称法律道德主义原则），即对不道德行为的自由加以限制。该原则主张，法律应该对违反道德而又没有或仿佛没有受害者的行为进行限制。反对立法伦理主义原则者的论证集中一点就是：把道德法律化，严重侵犯和压制了个人权利，没有尊重个人的隐私，而在一个多元化的社会中，不同的观念是不可避免的。支持立法伦理主义原则的人认为，第一，法律体现公众的意志，如果某一行为是社会普遍的道德观念所禁止和反对的，就必须以立法加以禁止；第二，法律的主要功能之一是防止邪恶并促进美德，而且那些与社会秩序密切相关的道德规则也具有予以立法强制的必要性①。社会是由一些看不见的共同思想的纽带连接在一起的，而"道德纽带的松弛常常是社会瓦解的第一步"②。既然公认的社会道德对社会是必须的，那么社会就有权利运用法律保护社会的公共道德。因此，立法伦理主义原则常用来限制同性、两性之间某些行为的自由，如限制赌博、卖淫、同性恋行为等。

4. 冒犯原则

冒犯原则，即对冒犯他人的自由加以限制，通常被援引来限制传播某些出版物的权利。赞同以冒犯原则来限制个人自由（如书刊检查制度）的观点认为，冒犯行为与犯罪联系紧密，具有导致

---

① 参见 ［英］H. L. A. 哈特：《法律、自由与道德》，支振锋译，8～47页，北京：法律出版社，2006。

② P. Devin, *The Enforcement of Morality*, London：Oxford University Press, 1965, p. 13.

伤害他人的性质，应加以禁止；而反对者则认为，政府不应介入公民的私生活，因为一方面任何人都有权过自己的私生活，另一方面政府的干涉常常产生比它欲防止的伤害更为严重的伤害。

在上述四项道德原则中，伤害原则几乎被普遍承认为有效的限制自由的原则，其他三项则是以它为基础，并且是对它的补充。

（二）亲属法限制自由的道德原则

亲属法对婚姻家庭领域中的行为自由进行限制，既是必要的，也是可行的。在亲属法领域，由于其本身的伦理属性，故限制行为自由的道德原则有二：立法伦理主义原则和伤害原则。

本书之所以仍主张采立法伦理主义原则，主要原因在于：在限制个人自由的问题上，将法律与道德截然分开或者将道德等同于立法强制的做法都是不切实际的，可行的做法是区分行为的道德性程度，将道德确证上的极端危害性的行为自由予以限制。一般来说，人们都反对将外在的道德观点以立法的形式强加在自己身上，此外，我们的法律又是以道德信仰、价值和规范为基础得到确证的。日常用语中有所谓"违反道德"，使得我们有理由认为有些行为应当纳入法律的规制范围。按此逻辑，立法伦理主义原则显然超出了作为有效限制自由的基本道德原则，即伤害原则的范围。这又涉及了道德内容的种类和程度的问题。如果确实存在这些道德内容，那么就可以依据这些道德内容制定法律。但问题是：哪些背离道德的行为是法律应当规制的行为？以伤害原则限制个人自由是许多国家现行法律的通行做法，然而以道德原则来限制个人自由的焦点不在于伤害原则，而在于立法伦理主义原则。以伤害原则为考虑基点，可以将涉及违反道德且是否需立法强制的行为分为两类：一是因仿佛并没有人受到伤害的或者因出于自愿而没有受害人的违反道德的行为；二是有受害人的违反道德的行为。吸毒、赌博、卖淫等行为是法律禁止的行为，这些行为虽违反道德，但没有直接伤害他人。在这里，法律援引的道德原则显然不是伤害原则，而是亲缘主义原则和立法伦理主义原则。相反，强奸行为也是违反道德且是法律禁止的，但这种行为有具体的受害人，因此可直接依据伤害原则予以道德上的立法强制。由此可见，如何确证限制自由的道德原则就直接转变为一个伦理争论，即法律是否应当把没有受害人的违反道德的行为加以规制。一般认为，此类行为通常是非法行为，不是因为有人身心受到伤害，更为主要的是因为此类行为所固有的堕落、卑鄙和邪恶。这种论证不是基于伤害原则，而是基于立法伦理主义原则。

因此，在限制个人自由问题上，可行的做法是区分行为的道德性程度。在公众尊严和私人道德之间，法律对个人自由的限制应该局限于道德确证上的极端危害性（有损于公众尊严或者对他人构成伤害），即衡量公众受到"侮辱"的尺度应当是社会必要性和道德重要性。如果某种行为威胁到维持社会秩序的道德规则，那么道德的立法强制应就能得以确证。因而，法律把公众所强调的正义标准付诸实施，该法律即可被认为是有效的、正当的，除非它违反了宪法。

在亲属法上，上述争论集中体现在是否应当对违反道德的重婚、姘居、通奸等行为予以立法强制这一问题上。重婚、有配偶与他人同居（俗称姘居）、通奸（包括一夜情）、网恋等行为都是违反夫妻忠实义务的行为。如从当事人双方来说，此类行为应属"没有或仿佛没有"受到伤害的违反道德的行为，但在将配偶他方也纳入考虑时，就存在间接的受害人。因此，依伤害原则和立法伦理主义原则对违反夫妻忠实义务的行为进行法律禁止，就是一种"社会必要性"。在此还要注意，我们不可能将所有此类违反夫妻忠实义务的行为都加以立法强制。与重婚、有配偶者与他人同居相比较，婚内的通奸、网恋等行为所受的道德非难性就小多了，并没有达到极端危害性。现行《婚姻法》将重婚、有配偶与他人同居予以立法强制，不仅认为是一种"社会必要性"，更为重要的是体现了"道德重要性"，即极端危害性。当然，这并不是说婚内的通奸、网恋等行为就应当视为"法不禁止即合法"，而是说这些行为应由道德去调整。

此外，亲属法以伤害原则划定行为自由的边界也是必要的。应当看到，现行《婚姻法》原则性地规定禁止家庭暴力，然而如何禁止及怎样禁止，法律及相关司法解释却没有指明，显然不具有可操作性。婚姻家庭的伦理性和私隐性都不应当成为法律不予调整的理由。法律的滞后性和谦抑性不能为家庭暴力实施者提供机会，虽然现行《婚姻法》规定无过错方可以对家庭暴力的实施者提出损害赔偿之请求，但法律的滞后性和谦抑性确实为施暴者提供了机会，即法律是不是在默认施暴者有对过错方施暴的权利？如果这些规定仍然停留在有责主义的阶段，这必然会导致对家庭暴力制裁不力的后果。

三、"以人为本"宗旨的立法要求

法律制度在制定时就应当蕴涵了是否满足人们需要，是否公正，是否合乎人道目的等伦理价值的考虑，制定之后的法律制度必须是合乎人性要求，合乎伦理目的。无论是在中国，还是在西方，人文（或称人道）精神都是现代法律制度产生和不断改革的强大动因。在西方，人文精神的基本内涵分为三个层次：一是人性，对人的幸福和尊严的追求，是广义的人道主义精神。二是理性，对真理的追求，是广义的科学精神。三是超越性，对生活意义的追求，是广义的宗教精神；简单地说，就是关心人，尤其是关心人的精神生活；尊重人的价值，尤其是尊重人作为精神存在的价值（尊重精神价值）①。在人文精神影响下，西方立法以个人主义为中心，强调个人的自由意志，形成了个人本位主义的立法特征。在中国，由于与西方社会的历史环境、文化背景不同，因而没有出现西方近代意义上那么系统的人文主义思潮。但是，中国传统文化是人文类型的，其人本思想和仁政学说也是传统文化中人文精神的典

---

① 周国平：《安静》，342～343 页，太原：北岳文艺出版社，2002。

型。在这种人文精神的影响下，中国古代立法则呈现了家族本位、社会本位的特征。

中国当代社会的"以人为本"就是中国传统伦理精神的主要内涵之一，其根源于中国古代传统的人本思想（与神本相对立）或民本（与官本相对立）思想。从价值内容来看，"以人为本"则是对中国传统人本思想的扬弃与超越，同时又兼涵西方人文精神的合理因素。因而，"以人为本"就是把人放在首位，关注人的价值和生存意义，极力维护人格尊严的思想。在立法上，"以人为本"的内涵则体现在权利本位、人格独立、自由平等、财产不可侵犯、政府不得滥用权力等诸多内容上。

"以人为本"与亲属法相结合，便是婚姻家庭领域中的"以人为本"的法律观。它要求亲属法必须以人为起点和目的，以人伦道德为基础，承认人的自然本性，尊重人的尊严和人格独立，提倡人的自由平等，保障人的权利。亲属法上的婚姻自由、男女平等、弱者保护、子女最佳利益等，都是"以人为本"为它们开辟了可以存在的空间。作为亲属法的基本理念和立法宗旨，"以人为本"应当包括以下内容：（1）"以人为本"代表亲属法的一种根本追求、一种可欲达的根本理想。人性与婚姻家庭伦理的关系是"以人为本"构建和谐家庭这一理念所形成的较为重要的理性基础。婚姻家庭伦理是在人性的两重性上形成的，而亲属法是对婚姻家庭伦理的超越。对人性予以充分的理解和尊重是亲属法"以人为本"的根基。这里所谓的理解和尊重人性，既包括肯定感官的快乐、幸福等这类生物性欲求，也包括重视人的精神性存在，说到底就是要尊重人的个体价值和家庭价值。因而，"以人为本"的人文精神是可在亲属法上实现的。（2）"以人为本"以善待人、关怀人为基点。在家庭中，家庭成员之间地位平等，不存在上级、下级或命令、被命令的关系，这种平等首先是一种形式平等，进而才有实质平等的可能。只有对弱者进行人文关怀，才能谈得上实质平等的实现。家庭成员的实质平等就是亲属法关怀人、善待人、"以人为本”的深化。（3）"以人为本"是亲属法的理性的根本理念。这种理念要求我们以人的外在行为为立足点，分析家庭成员间的外在行为之间的关系，总结婚姻家庭秩序的行为规律。在家庭成员的人身关系方面，应当表现出人格的拥有和尊重、身份的产生与解除以及人格和身份在事实中的利益与不利益等。在家庭成员的财产关系方面，应当表现出财产的所有、管理、流转、消费等规律。以这种通过现象到本质的理性的逻辑推理方式，才能使"以人为本"之根本理念与亲属法紧密联系在一起。一言以蔽之，"以人为本"的亲属立法理念强调在个人本位的基础上，更多的是要体现婚姻家庭内部的义务与责任、互助与和谐的精神。

第六章 亲属立法的形式伦理限度

亲属法之良善，固然主要取决于亲属法所内涵的实质伦理，但如果缺少了外在的形式上的保证，亲属法之内在价值的确立乃至于实现都是不可能的。因此，反映和确立亲属立法的伦理之"应然"，除应当借力于其实质伦理之"应然"外，尚需形式伦理之"应然"的辅助。形式伦理之立法"应然"又具体地表现为所立法律之形式的合伦理性和法律内容的合伦理性。亲属法只有符合了上述两个要件，才表明其获得了最起码的形式合理性，从而才可能从形式上而言成为正义的法律。但在亲属立法层面上，应当如何实现形式伦理之"应然"，则不无疑问。

第一节 亲属法形式伦理限度的立法标准

如前所述，亲属法力图维持其秩序价值时，就必定注重稳定性的观念。然而社会是不断发展的，人们的伦理认识也是不断发展的，由形式价值型构的亲属法的稳定性与目的价值所型构的正义观念之间有时难免会发生冲突。这种冲突在很大程度上是个司法的问题，只有当人们对某一现象达到普遍的伦理共识，才能在法律上作出相应修改。形式正义或遵守体制要求的力量，显然有赖于制度的实质性正义和改造它们的可能性①。只要一个现行的法律制度满足了人们的基本需要和要求，社会就会认为该法律制度是正义的，或者其合理的程度至少是能为人们所接受的②。

以伦理所规范的重点为依归，富勒所提"内在道德"的立法标准可以分为以下几种情况：普遍性、一致性、可实现性是对立法内容的要求；公开性是对立法形式的要求；稳定性是对立法程序的要求；明确性是对立法技术的要求；非溯及性是指法律应该规定生效期限并且不能追溯立法生效前的行为。"不溯及既往"是法律的一项重要原则，应该属于立法内容的规范。但"官方的行动须与法律保持一致性"，与其说是立法内容的标准，不如说是对司法的要求。结合富勒的自然法理论，考虑亲属法形式伦理所特有的规范要求和基本内涵，本书认为亲属法形式伦理在立法之"应然"上应当有所区别，其立法限度包括了以下几个方面的内容。

一、尊重婚姻家庭中的自然规律

人为的规律与自然的规律是相对应的。亲属法就是一种人为的理性规律，而婚姻家庭本身却是一种包括了生物性和社会性在内的自然规律。然而，亲属法的人为性不代表任意性，在亲属法领域中，是没有任意决定的余地，它应是对人性之动物性和特性的确认和调整。亲属法是在反映了婚姻家庭的自然规律的基础上被规定下来的，而婚姻家庭的自然规律是婚姻家庭赖以产生和存在的自然条件以及婚姻家庭关系中所固有的自然规律。婚姻家庭的自然规律对人们的婚姻与家庭起着制约作用。随着人们对自然世界认识的提高，婚姻家庭中的自然规律由自发的作用变为被人们自觉地运用。

① ［美］约翰·罗尔斯：《正义论》（修订版），何怀宏等译，46 页，北京：中国社会科学出版社，2009。

② ［美］E. 博登海默：《法理学——法律哲学与法律方法》，邓正来译，337 页，北京：中国政法大学出版社，2004。

古今中外的亲属立法，都或多或少地考虑到这些自然规律。但是，亲属法对婚姻家庭的自然规律的尊重和反映不是直接的，其中要经过婚姻家庭伦理的规范和认可。从立法角度而言，亲属法应当尊重的婚姻家庭自然规律表现在以下几个方面：

1. 要尊重性关系的自然规律

男女两性结合的基础是婚姻的自然基础和生物属性，亦即婚姻是以男女两性的差异和人类固有的性本能为其生物基础。无论是在古代社会，还是在现代社会，婚姻成立的自然基础仍是两性的差异。"两性结合是生理和心理发展的需要，是人的一种自然本能和生理性的行为。从这一角度说，婚姻必然会受生物规律、自然规律的制约。"① 但是，婚姻中的双方是否必须是异性而不能是同性？性取向是无法改变的，这是否意味着必须尊重这种自然事实？诚然，西方个别国家已将同性婚姻合法化，"性别与性取向与个体接受家庭的权利和义务的能力没有关系"②。但是不能说婚姻家庭可以涵盖一切自然因素。同性"婚姻"所具有的自然因素，尚不足以成为一种自然规律。同性"婚姻"只好像是（seems to be）婚姻，而不具有婚姻的本质，它并不是（is）婚姻。质言之，男女性别不同仍是人伦的自然结构和自然规律。因此，并非所有的性结合都被认定为婚姻，只有在特定的法律、伦理的规定之下建立起来的两性关系，才是婚姻关系。将婚姻限制在异性伴侣上，这并非内在地构成了对基于性的定向的不公正的歧视，而是实际上承认人口生产以及人类复杂经验的特殊重要性和庄严性。尊重男女两性结合的自然规律，也是维护一夫一妻制的前提，并且以夫妻性生活为主要内容的夫妻同居义务也应当是法律予以规定的内容。我们没有必要把婚姻的自然结构基础给去除掉，而是要把这种结构向伦理文明状

---

① 邓伟志、徐榕：《家庭社会学》，32 页，北京：中国社会科学出版社，2001。

② Richard Dien Winfied, *Reason and Justice*, Albany, N. Y. : State University of New York Press, 1988, p.187.

态提升①。这也就使得对性关系的自然规律的尊重有了社会性的伦理意义。

2. 要尊重婚配年龄的自然规律

如前文所述，法定婚龄太高或太低，都是违反自然性、违反人性的。这是从整体来说。从两性角度来看，男子和女子的适婚年龄又如何确定呢？从我国现行《婚姻法》来看，男子的适婚年龄比女子大两岁。在此有个问题，即为什么男子的适婚年龄要大于女子呢？亚里士多德指出，"女子适合于在 18 岁左右结婚，男子适合于在 37 岁左右结婚。此时婚配，男女的身体都正值鼎盛时期，他们的生育能力的衰退也将彼此同步"。② 在亚里士多德看来，男女不同适婚年龄的确定主要源于生理机能、抚育能力和代际关系。虽然亚里士多德所主张的男女适婚年龄相差过于悬殊，但这种认识所体现的自然婚龄理念不无道理。

中国自古以来的划分婚龄不外两种方法，一是自然婚龄，二是法定婚龄。自然婚龄最为古老，男女性成熟是划分自然婚龄的基本标志，早在原始群婚时代即由性交的实现而形成氏族俗规。原始氏族无疑以是否具有本能的生育能力作为婚配的界线，这就是自然婚龄，确切地讲是育龄。由于社会形态的进化，婚姻制度也愈加完善，自商、周起人们相应地建立起诸多的婚姻规范，使婚姻成为一种受社会调整的自觉行为，主要表现为"婚礼"，"婚礼"之中涉及的婚龄问题，实质把自然婚龄上升为法定婚龄，即人为地限定了婚龄界线。特别值得指出的是，这种法定婚龄是以自然婚龄的男大女小规律确定适婚年龄的。存在的，即有合理之处。有些国家的亲

---

① 有关同性婚姻的伦理难题与立法规制，详见后文分析。

② ［古希腊］亚里士多德：《政治学》，颜一、秦典华译，262 页，北京：中国人民大学出版社，2003。

属立法也是按自然婚龄的男大女小规律确定法定适婚年龄的①。这种立法实际上就是建立在生物科学上的，并且也是人们对现实夫妻生活的一种经验总结。也有些国家的亲属立法是将男女的适婚年龄作为整齐划一的规定②，但这种立法是在"差异论"理论指导下的性别平等立法，已全然抽离了自然婚龄的规律。如前所述，"差异论"下的性别平等立法不太可能实现实质平等。因此，我们要在反对将男女两性适婚年龄整齐划一的做法的同时，坚持以生物学、心理学等理论为基础并综合伦理因素，在适当高于自然婚龄的基础上合理划定男女之间适婚年龄的差距。

3. 要尊重血缘联系的自然规律

血缘联系是婚姻家庭赖以形成的自然条件，亦即血缘的联系和基因遗传是家庭关系的自然纽带。首先，人类要把具有一定遗传特性的人联系在一起，形成特定的关系，并实现其特殊的社会职能，就必须以出生来确定血亲关系。出生是发生自然血亲唯一的原因。因而亲属法规定自然血亲是理所当然的，同时还要坚持婚生子女与

---

① 例如，《法国民法典》第 144 条原规定："男未满 18 岁，女未满 15 岁，不得结婚。"（《法国民法典》，罗结珍译，163 页，北京：法律出版社，2005。）但该条经 2006 - 399 号法律修正后，改为"男、女未满 18 周岁，不得结婚"。（参见《法国民法典》，罗结珍译，52 页，北京：北京大学出版社，2010。）《埃塞俄比亚民法典》第 581 条规定："男未满 18 周岁，女未满 15 岁，不得结婚。"（《埃塞俄比亚民法典》，薛军译，119 页，北京：中国法制出版社，2002。）《日本民法》第 731 条规定："男未满 18 岁，女未满 16 岁，不得结婚。"（《最新日本民法》，渠涛编译，156 页，北京：法律出版社，2006。）

② 例如，《德国民法典》第 1303 条规定："婚姻不应在达到成年年龄之前予以缔结。"[《德国民法典》（第 3 版），陈卫佐译注，416 页，北京：法律出版社，2010。]《瑞士民法典》第 96 条规定："男满 18 周岁，女满 18 周岁，始得结婚。"（《瑞士民法典》，殷生根、王燕译，30 页，北京：中国政法大学出版社，1999。）《意大利民法典》第 84 条规定："未成年人不得结婚。"（《意大利民法典》，费安玲等译，31 页，北京：中国政法大学出版社，2004。）《葡萄牙民法典》第 1600 条规定："凡无法律所规定结婚障碍之人，均具有结婚能力。"（《葡萄牙民法典》，唐晓晴等译，278 页，北京：北京大学出版社，2009。）《韩国民法典》第 807 条规定："满 18 岁者，可以结婚。"（《韩国民法典·朝鲜民法》，金玉珍编译，124 页，北京：北京大学出版社，2009。）

非婚生子女的无差别对待，完善婚生子女推定、否认等制度。除此之外，亲属法还应当就整个亲属关系制定一个通则，例如，亲属种类、范围、亲等、亲属关系的发生与终止、亲属关系的法律效力等制度。而这恰恰是现行《婚姻法》所欠缺的。其次，人类要实现人种的繁衍，产生血缘亲属关系网络，就必须限制近亲结婚。如前文所述，亲属法规定哪些人不能结婚，不能形成婚姻权利义务关系，其本质是反映了婚姻伦理和优生伦理的要求。应当说，这种伦理上对血缘婚的拒斥，实际上表现了人们对其后果的禁忌。依此类推，为维护伦理道德和防止亲属关系发生混乱，立法应禁止"拟制直系血亲之间结婚，并且即使拟制直系血亲关系解除后，亦同"①；"从我国国情出发，即使直系姻亲关系解除后，亦应禁止结婚"②；"为维护拟制旁系血亲当事人的利益，立法宜规定在拟制旁系血亲关系解除后，才允许其结婚更为妥当"③；相应地，立法也应禁止"四亲等内辈分不同的旁系姻亲间结婚，但如其旁系姻亲关系解除后，则不应予以禁婚限制"④。

二、明确亲属法中伦理内容的客观性

在法律与道德之间既然存在某种基本的联系，那么有效的法律一定具有某种有意义的道德内涵，缺此就不属于真正的法律规范。然而，当法律呈现道德问题时，法律能做到客观吗？道德既对人的行为进行调节，又对人的思想进行调节；既可以规范人们的外在行

---

① 陈苇：《中国婚姻家庭法立法研究》（第二版），108 页，北京：群众出版社，2010。

② 陈苇：《中国婚姻家庭法立法研究》（第二版），108 页，北京：群众出版社，2010。

③ 陈苇：《中国婚姻家庭法立法研究》（第二版），109 页，北京：群众出版社，2010。

④ 陈苇：《中国婚姻家庭法立法研究》（第二版），117 页，北京：群众出版社，2010。

为，也可以评价、引导人们的思想观念，通过社会舆论和个人自觉来纠正其不良行为，这是道德区别于法律的一个重要特征。陶冶人的道德情操、提升人的道德境界、培养人的道德理想，是道德的重要作用之一。如果人们的行为符合这方面的道德要求，他们会因此而受到尊敬；如果人们的行为没有达到这方面的道德要求，他们也不会因此而受到惩罚。这部分内容属于个人心性修养方面的内容，具有一定的个体性和主观性，因而不宜被法律化。既然前文提出了"以人为本"的体现人本伦理的立法宗旨，那么我们如何在亲属法上建立客观而正当的伦理判断标准呢？

如前所述，道德和法律的调整范围是道德与法律相互关系命题中的一个重要问题。康德以"内在性"和"外在性"标准来划分道德和法律。法律仅调整人们的外部行为，而道德可支配人们的内心活动的观点为划分法律和道德提供了基本标准，并对后世法学家产生了巨大的影响。但博登海默强调指出，"道德并非对行为毫不关注。不表现为道德行为的善意，或者会产生不道德的或有害的非意图后果的高尚动机，都很难被视为是社会道德的有意义的表现"。① 因此，"一个社会的道德准则对人们的要求往往不只是培养纯洁的心灵……道德律令的主要目的则是引发被社会认为可欲的行为"。② 博登海默清晰地说明，人们通常所说的道德既包括道德观念和道德情感，又涉及道德行为规则，前者在于主体内心，后者则作为前者的外在形式而独立存在。因此，道德不单调整主体的内心，而且也调整人的行为。道德观念和道德情感是道德的主观性内容，道德行为规则是道德的客观性内容。法律规范的主要功能是为人的行为提供准则和尺度。尽管法律涉及内在心智和外在行为，但

---

① ［美］E. 博登海默：《法理学——法律哲学与法律方法》，邓正来译，391 页，北京：中国政法大学出版社，2004。

② ［美］E. 博登海默：《法理学——法律哲学与法律方法》，邓正来译，391～392页，北京：中国政法大学出版社，2004。

"法律真正规定的不过是外部行为"①，亦即法律是一种外在的客观规范。由此可见，法律绝不直接干预游离于行为之外的内心活动，即使不健康的内心活动也不能为法律所左右，法律更不制裁无行为载体的意识、观念或思想。反观现行《婚姻法》，该法是不是出现了将道德的纯粹主观性内容纳入调整范围呢？答案是肯定的。

1. 应将"感情破裂"修正为"婚姻关系破裂"

如前所述，提出婚姻伦理本质论的代表人物是黑格尔，其继受者是马克思和恩格斯。应当注意到，黑格尔是反对把婚姻看成仅仅建立在爱的基础上的观点的。爱是一种感受性，有主观性、偶然性的因素。黑格尔认为如果要对婚姻下一个精确的定义，那就应该说："婚姻是具有法的意义的伦理性的爱"，只有对爱作了这样的限定，才可以"消除爱中一切倏忽即逝的、反复无常的和赤裸主观的因素"。② 需指出的是，黑格尔撇开家庭、一夫一妻制以及婚姻的不可离异性等历史上的、经济上的因素，显然是一种唯心史观。不过，黑格尔强调婚姻应以爱为基础，又同时注意清除感情的主观任意性，这种观点还是值得高度重视的。

现行《婚姻法》第三十二条规定："……如感情确已破裂，调解无效，应准予离婚……"我国离婚立法之所以确立判决离婚标准的性爱说，主要是源于恩格斯所倡导的"以性爱为基础的婚姻"观点。我国立法者所力主的这种立法例，显然是混淆了伦理与法律的功能。实际上，恩格斯的这种婚姻性爱说的实现是建立在消灭资本主义生产以及它所造成的财产关系的基础之上的。我国的婚姻状况仍然受制于我国现阶段的社会物质生活条件，有关财产关系仍是人们日常生活中的一种重要关系。如果断言爱情是社会主义婚姻的基础，那只能是一种理想主义或超前的乌托邦思想。恩格斯所说的

---

① 张文显：《二十世纪西方法哲学思潮研究》，335页，北京：法律出版社，2006。

② ［德］黑格尔：《法哲学原理》，范扬、张企泰译，177页，北京：商务印书馆，1961。

"男子一生中将永远不会用金钱或其他社会权力手段去买得妇女的献身；而妇女除了真正的爱情以外，也永远不会再出于其他某种考虑而委身于男子"①，这或许是我们将来所要追求的理想境界。目前而言，中国人即便都可"裸婚"，但仍摆脱不了做"房奴"的噩梦。

情是主观性，法是客观性；情是特殊性，法是普遍性；情是感受体验，法是理性规则。"即使没有法律就没有持久的共同体——没有家庭、没有国家，也没有任何别的社团，这样的共同体也并不是通过法律而具有生命的，相反，它就生活在法律中。结婚的夫妇、家庭是通过爱而生活的。爱控制了这对配偶最深层的存在的独特性。法律则只触及他作为配偶的一般属性。不管什么时候，只要忘记了这一点，只要试图把人与人的所有每一种关系都强制纳入法律的范畴，生活的意义就会丧失。"② 摒弃道德的纯粹主观情感，还法律以客观性，才是我辈理应明确的。正如马克思曾精辟地指出，"对于法律来说，除了我的行为以外，我是根本不存在的，我根本不是法律的对象。我的行为就是我同法律打交道的唯一领域，因为行为就是我为之要求生存权利、要求现实权利的唯一东西，而且因此我才受到现行法的支配"。③

按黑格尔的逻辑，既然婚姻关系已是具有法的意义的伦理性的爱，那么离婚法律就没有必要再画蛇添足似地强调"如感情确已破裂，调解无效，应准予离婚"。也就是说，即使离婚法律直接规定"如婚姻关系确已破裂，调解无效，应准予离婚"，也不会消解婚姻关系的伦理性。虽然离婚理由大都与夫妻感情破裂有关，但依据离婚法律所要解除的不是"感情"，而是婚姻关系。法律只是把

---

① 《马克思恩格斯选集》（第4卷），79页，北京：人民出版社，1972。

② ［德］海因里希·罗门：《自然法的观念史和哲学》，姚中秋译，189页，上海：上海三联书店，2007。

③ 《马克思恩格斯全集》（第1卷），16～17页，北京：人民出版社，1956。

婚姻已经破裂的事实，追认一下而已①。因此，离婚立法应将反映人性之特性中的情感因素予以客观化，坚持婚姻关系破裂的原则，并适当列举若干判断婚姻关系破裂的客观行为作为标准，以利于司法实践。

2. 应当将"亲子情"、"婚外情"之类的主观道德情感客观化为可被法律规制的行为

如前文所述，"父母慈爱，子女孝敬"是亲属法中人道原则的重要体现，也是婚姻家庭伦理的基本要求。亲子之情是通过权责伦理关系来实现的。因父母有责任教养子女，子女有权享有此教养，故法律上确立了"父母对子女有抚养教育的义务"（《婚姻法》第二十一条第一款）和"父母有保护和教育未成年子女的权利和义务"（《婚姻法》第二十三条）。因子女有报答责任和友爱责任，故法律确立"子女对父母有赡养扶助的义务"（《婚姻法》第二十一条第一款）也是有必要的。赡养，是指子女在物质上、经济上提供必要的生活费用和用品；扶助，是指子女给予父母精神上的安慰和生活上的照料②。由此可见，子女的报答责任主要是一种物质上、经济上的责任（即赡养义务），而子女的友爱责任是一种精神上的责任（即扶助义务）。若子女不履行赡养义务，无劳动能力的或生活困难的父母，有要求子女付给赡养费的权利（《婚姻法》第二十一条第三款）。然而，若子女不履行扶助义务，法律应该怎么处理呢？现行《婚姻法》对此没有规定，但《老年人权益保障法》第十一条第一款规定了"赡养人应当履行对老年人经济上供养、生活上照料和精神上慰藉的义务，照顾老年人的特殊需要"。在此，我们可看到一个现象：法律做了件不应该做的事情。试问，赡养人如何去履行"精神上慰藉的义务"？我们不能说这种义务不重

---

① ［英］伯特兰·罗素：《性爱与婚姻》，文良文化译，160 页，北京：中央编译出版社，2005。

② 杨大文主编：《新婚姻法释义》，131 页，北京：中国人民大学出版社，2001。

要，实际上这种义务非常重要，甚至比物质赡养义务还重要，特别是在物质生活日益丰富的当今社会。既然如此，法律就应当务实点，不能老提倡导性的口号。应当注意到，既然《婚姻法》规定父母离婚后可以探视子女，那么法律规定成年子女探视或看望老年人，是不是更具有可行性和可诉性呢？

因此，我们完全可以比照或借鉴离婚父母对子女探望权的规定和司法实践经验，来处理成年子女探视或看望老年人的问题。也就是说，既然法律规定离婚父母有探望子女的权利，那么老年父母也有要求子女探望的权利，子女相应地有去探望父母的义务。只有这样，道德义务中的主观色彩才能被法律规定的行为内容的客观性所涵盖。

现代社会中的男女交往已经十分广泛和频繁，男性和女性之间的关系也不仅仅局限于夫妻生活关系。当然，问题是确有一些人在婚外两性交往中失去了应有的分寸。其中，婚外情则是夫妻婚后一方或双方在婚外两性交往中"移情别恋"的结果。婚外情，是指已婚的男女在婚姻之外与未婚或已婚异性之间发生的情爱。婚外情既有婚外恋的双方在精神上的相互沟通，又有肉体上的相互愉悦。无论男女的情爱多么神圣，都不能撇开人类的本能——性行为，当然婚外情中柏拉图式的纯精神之恋在现实生活中也是可能存在的。如此说来，婚外情一般包括重婚、有配偶者与他人同居（俗称"包二奶"、"养二爷"、"姘居"）、通奸（包括"一夜情"）、婚外恋（包括"网恋"、"网婚"）等。无论何种形式的婚外情都是不道德的，都不应被视为是对人性的回归，因为纯粹生物上的"自然人"是不存在的。虽然婚外情中的精神沟通和肉体满足一般不能截然分开，二者往往是合一的，但就整体而论，以"情"为重。若论对配偶的伤害大小，精神出轨比身体出轨尤甚。

法律面对婚外情该何去何从？法律肯定不能把所有的婚外情纳入调整范围，只有那些表现为具体外在的且是"破坏婚姻关系稳定和谐、导致夫妻感情恶化"① 的行为才是法律应当规制的行为。重婚行为、有配偶者与他人同居行为就是此种应被法律规制的对象。至于通奸行为是否应纳入法律的调整范围，则看法不一，这主要源于当今社会人们在伦理上的相对宽容态度以及实践中的查证难度较大，司法成本过高等原因。英国哲学家罗素指出，"传统道德歪曲了通奸的心理，它认为，在实行一夫一妻制的国家中，若对一个人有了爱情，那就不可能同时再对另一个人有真正的爱情了。所有的人都知道事实并非如此，但由于嫉妒的影响，所有的人又都根据这一伪理论，而把一件极微小的事造成了一件极大的事。因此，通奸并不能构成离婚的充分依据，除非人们在通奸的时候，真的认为第三者比自己的丈夫或妻子好"。② 可见，即使在倡导性解放的罗素那里，通奸虽然不能构成离婚的充分依据，但毕竟还有个"除外"。在英国立法上，罗素的这种不明确态度是有所体现的。例如，英国1970年修正法，删除了1965年《英国婚姻诉讼法》有关因通奸所生的损害赔偿请求权的规定，但根据《英国离婚改革法》（1971年施行）第二条规定，夫妻一方与他人通奸且夫妻他方不能容忍与之共同生活，是证明婚姻关系破裂的法定情形之一③。我国现行《婚姻法》将"重婚"和"有配偶者与他人同居"这两种严重行为作为诉讼离婚的法定理由和诉请离婚损害赔偿的法定事由。因而在婚外情问题的处理上，应当说现行立法是比较成功的。但笔者认为，鉴于通奸行为有可能对婚姻关系的存续造成严重冲击，还是有必要借鉴英国立法将通奸行为作为诉讼离婚的法定理由

---

① 王歌雅、刘滨：《伦理与法律的介入：当代国人的婚姻关系》，载夏吟兰、龙翼飞主编：《和谐社会中婚姻家庭关系的法律重构》，13页，北京：中国政法大学出版社，2007。

② ［英］伯特兰·罗素：《性爱与婚姻》，文良文化译，161页，北京：中央编译出版社，2005。

③ 陈苇：《中国婚姻家庭法立法研究》（第二版），211页，北京：群众出版社，2010。

之一①。

综上所述，亲属立法应当首先对婚姻家庭领域中的道德主观性内容作出鉴别，概括出具有行为内容的道德客观现象，进而将那种符合法律规制规律的行为纳入其调整范围。正如德国自然法学家罗门指出的，"只有那些触动感官、只有那些打算表现出来的东西，才是法律要处理的对象……法律和伦理一样都有指导人的能力。但强迫的能力只属于法律。涉及他人的行为或不作为，只要其可被强制执行而无内在矛盾，就是法律事务"。② 亲属法的形而上的客观性与其合理的确定性有关。要在亲属法与道德之间建立联系，必然要防止由道德给亲属法带来不确定性的危险出现。自然法理论之所以能够成立，其实是以某种伦理学理论的成立为条件的，其中最为重要的就是伦理客观主义③。依此，亲属法就不会因缺乏不确定性而导致失去指引行为的功能。如果亲属法理由（群）中包括了道德理由，那么只有当伦理内容或伦理推理是客观的，亲属法才有客观的可能。一言以蔽之，道德的客观性是亲属法客观性的必要条件。

---

① 我国司法解释曾将"通奸"作为诉请离婚的理由。例如，1989 年最高人民法院《关于人民法院审理离婚案件如何认定夫妻感情确已破裂的若干具体意见》第八条规定："一方与他人通奸、非法同居，经教育仍无悔改表现，无过错一方起诉离婚，或者过错方起诉离婚，对方不同意离婚，经批评教育、处分，或在人民法院判决不准离婚后，过错方又起诉离婚，确无和好可能的。"

② ［德］海因里希·罗门：《自然法的观念史和哲学》，姚中秋译，188 页，上海：上海三联书店，2007。

③ 一种主张人的行为由外在事物所决定的理论。该理论认为伦理学的陈述与原理是通过经验或逻辑对外界的认识，由这种认识而转化为人的行为，产生善与恶、正确与错误，对社会发生影响。（参见冯契、徐孝通主编：《外国哲学大辞典》，293 页，上海：上海辞书出版社，2000。）目前西方伦理学较为流行的看法，认为伦理学中的逻辑主义"道德感"理论、各种神学理论以及客观自然主义等，都是较典型的伦理客观主义。（参见《简明伦理学辞典》编辑委员会编：《简明伦理学辞典》，262 页，兰州：甘肃人民出版社，1987。）

三、把握亲属法中"义务道德"的可实现性

由于法律的特有属性是可以强制执行，因而，划分的界限在历史上是不断移动的；推动其移动的是，确定的道德义务是否被公众意见认为对于维护具体的共同体的存在是必要的，这些义务是否要以法律的形式出现①。同时还应看到，即使以法律形式出现的义务，也不一定具有守法上的可实现性。因为道德中的"应当"与义务性法律规范中的"应当"，既具有同质的可能性，也具有异化的趋向。由此可见，道德义务的可实现性是伦理内容的客观性的必要逻辑结果。

在社会生活的基本道德中，伦理内容一般是否定式地要求不作为，如勿杀人、勿伤人、勿骗人等。但法律的内在道德却不限于不作为，要求法律的普遍性、明确性、公开性、法律和官方行为的一致性等原则，就不仅要求不做有害的行为，而且要求必须致力于特定的成就。这也就说明法律的内在道德既包括了"愿望的道德"，也包括了"义务的道德"，但主要是"义务的道德"。富勒所言的"义务的道德"实际上是一种底线伦理，一种最低限度的善。那么"义务的道德"和法律又是一种什么样的关系呢？富勒提出了"愿望的道德"与"义务的道德"的区分，认为"未能作出这一区分是导致讨论法律与道德之间关系时存在诸多含混之处的原因"②。富勒指出，"义务的道德"和法律最接近，它们像"表亲"。"义务的道德"可以帮助法律决定某一行为是否应在法律上加以禁止。"义务的道德"所谴责的行为一般说就是法律所禁止或应当禁止的行为。不同之处仅仅在于，法律在禁止这些行为时应区别行为本身的严重程度和危害大小。

---

① ［德］海因里希·罗门：《自然法的观念史和哲学》，姚中秋译，191页，上海：上海三联书店，2007。

② ［美］富勒：《法律的道德性》，郑戈译，6页，北京：商务印书馆，2005。

现行《婚姻法》第四条规定了"夫妻应当互相忠实"的义务，在此，我们有必要质疑：这样的道德义务是不是具有守法上的可实现性呢？如按富勒的"愿望的道德"与"义务的道德"的区分理论，那"夫妻应当相互忠实"究竟是"愿望的道德"，还是"义务的道德"呢？按富勒的理论逻辑，我们可以先假定有一位持"义务道德"立场的道德立法者，由他/她来决定夫妻是不是应当忠实。这位假定的道德立法者一般情况下会认为：如夫妻之间不忠实，则不仅会损害夫妻双方的感情及家庭的稳定，而且会危及以和谐家庭为基础的和谐社会的道德构建。如果这位道德立法者曾经研习过经济学、心理学以及社会学理论，他/她还可能会运用托比分析、心理分析、社会调查等理论工具进一步证明夫妻不忠实对家庭和对社会的危害性。于是，这位道德立法者在权衡这些因素之后，会形成"夫妻应当相互忠实"这样的结论，也会进一步得出民众普遍认同应当存在"夫妻应当相互忠实"这样的一般性道德义务的结论。那么，这样一项道德判断与法律是否应当规定"夫妻应当相互忠实"这个问题之间有着什么样的关系？答案是：它们之间有着直接的关联。我们再假定由这位道德立法者来制定真正的法律规则。道德立法者在转变为法律规则制定者的身份之后，他/她将面临着一个更复杂的问题：如何区分夫妻的哪些行为属于不忠实？解决这一问题有两条进路：第一，他/她如果找不到具体的划分标准，通常情况下就会将夫妻的所有不忠实行为都纳入法律规制范围之内，而将具体如何区分忠实行为与不忠实行为的问题留给法官。第二，他/她如果能找到某种划分标准，通常情况下就会将依该标准对夫妻的不忠实作出区分并作出相应的法律规定。当然，这位立法者还可能有第三种选择，那就是：既规定概括性的夫妻忠实义务，又规定某些具体违反夫妻忠实义务的行为是应受法律制裁的。在道德上，区分何为严重的不忠实行为和不严重的不忠实行为，其意义并不大，因而第一种进路下的立法者实质上仍是一个道德主义者。在法律上，区分这些行为却非常重要，因为法律在禁止这些行为时就应当区别行为本身的严重程度和危害大小，因而第二种进路较好地处理了法律与道德的关系。然而，第三种进路虽是前二者的折中选择，但显然是有冲突的。类似第三种进路的冲突在现行《婚姻法》上是有体现的。应当看到，《婚姻法》一方面规定"夫妻应当互相忠实"（第四条），另一方面又规定"禁止重婚"、"禁止有配偶者与他人同居"（第三条第二款），并规定了违反这两类行为的法律后果，如"重婚的"婚姻是无效婚姻（第十条第一项），"重婚或有配偶者与他人同居的"是诉讼离婚的法定理由（第三十二条）和诉请离婚损害赔偿的法定事由（第四十六条）。从道德义务的可实现性来看，根据行为本身的严重程度和危害大小并规定"重婚"、"有配偶者与他人同居"是违反夫妻忠实义务的具体行为，这种立法技术是相当成功的，值得肯定。但是，《婚姻法》又同时概括性地规定"夫妻应当互相忠实"，这势必造成这种规定成为道德义务的倡导性规定，也使得这种道德义务不可能被每一个人履行，即使是正人君子也难免会偶尔"暗流涌动"。法律不可能强迫一个人做到他的才智所能允许的最好程度[1]。通过这种冲突性的立法例，我们可以想象出立法者在面对法律与道德的复杂关系所做立法选择时的复杂心情。"夫妻应当互相忠实"是所有已婚男女所应当追求的善的愿望，也是我们构建和谐社会的基础性的完美图景。但是，寄希望于司法能界定"夫妻应当互相忠实"，也是不现实的。既然立法者都没能确定具体判断夫妻是否忠实的标准，加之现实生活复杂多样，法官在面对"夫妻应当相互忠实"这种选择性司法时也是没有能力界定"夫妻应当互相忠实"的。因此，《婚姻法司法解释（一）》第三条明确地规定："当事人仅以婚姻法第四条为依据提起诉讼的，人民法院不予受理；已经受理的，裁定驳回起诉。"

　　由上观之，纯粹的"夫妻应当相互忠实"之义务并不是富勒

---

[1]　［美］富勒：《法律的道德性》，郑戈译，11 页，北京：商务印书馆，2005。

所言的"义务的道德"，而是一种"愿望的道德"。至于对"愿望的道德"如何立法的问题，在前文的亲属法伦理价值取向之立法标准中已涉及，此不赘述。本书此处再次提出夫妻忠实义务的立法问题，目的是在于提醒立法者不要把一些貌似"义务的道德"的"愿望的道德"作为"义务的道德"，也在于强调相当于法律的"义务的道德"的一个明显特征，即可实现性（或称为可被履行性）。因此，针对"夫妻忠实义务"、"夫妻同居义务"、"家庭成员间应当尊老爱幼"等道德义务提出立法建议时，就应当注意这一类的义务是不是"义务的道德"，是不是具有可实现性。

第二节　亲属法形式伦理临界问题的立法规制

如前所述，"性欲"（人的动物性）、"性爱"（人的特性）分别与婚姻伦理的形成和发展相关联，也与家庭的生物目的和社会目的及其家庭伦理相关联。从立法之"应然"来看，这些关联应当得到一定的区分，也就是说并非所有的与人性、婚姻、家庭有关的形式伦理都可以纳入法律视野，其间应当有一个临界点。那么，婚姻定义与婚姻伦理在法律上的临界点应当以何标准确立？家庭功能与家庭伦理在法律上的临界点应当以何标准确立？本节试就这两个问题加以阐释。

一、婚姻定义上的伦理难题与立法规制

现代男女自主精神和平等意识的弘扬和个性发展，婚姻功能日渐萎缩，使得传统的一夫一妻婚姻又一次受到挑战。于是，近年来对于婚前同居、同性恋等是否应由法律调整一直存在激烈的争论。问题是，难道传统的一夫一妻制也同样需要"现代化"，而赋予婚前同居、同性恋以合法婚姻效果？从哲学、伦理学的角度来看，婚姻是对人类性行为的制度规范，这种作为一种男女结合的制度，对于人类社会而言，并不是可有可无的，对个人而言，也不是可有可

无的。基于这种制度的特质，使得其不能还原为可以分离的男女二人的性质之和，在这个意义上，它就是一种伦理实体。性以及性关系或性行为是婚姻的中心事实，是婚姻的核心指向。在男女性关系的基础上建构起来的婚姻伦理实体，潜在地存在性与婚姻的伦理冲突。以通奸和卖淫为补充形式的一夫一妻制婚姻，在今天特别受到了美色、金钱与权势的引诱，也受到了同性恋者婚姻诉求的冲击，因而避免不了来自法律与性伦理的双重诘问。

（一）性自由与婚姻的伦理难题及其立法规制

性自由，是指人的性活动在一定条件下不受其他任何组织、个人的干预，它体现的是人的自由意志和自主决定的能力。正如《性权宣言》对"性自由"的界定一样：性自由包括两层含义，其一是"自为的自由"：个人表达其全部性潜力的可能性，其二是"摆脱的自由"：排除任何时间、任何地点、任何情况下发生的任何性强迫、性剥削与性辱虐。① 在婚姻制度层面，性自由被制度化为"性"和"婚姻"的统一，表现为夫妻之间排他性的性生活。婚姻是对人类性行为的制度规范，使"性"这一生理事实被赋予具有重要社会意义的伦理内涵。在婚姻对"性"的制度规范下，人类自身的自然的"性"，从来就是被管制的性，被规制的性，从一开始就完全丧失了自由的性，成为社会关系之一部分的性；"性"通过"婚姻"成为表达社会关系的要素，而"婚姻"基于对"性"的联结创造了社会纽带②。

"婚姻以外的性是罪恶；婚姻以内的性便不是罪恶。"③ 这只是人的规定性。在动物世界，这样的规定是不成立的。时至今日，这条道德准则不论在西方还是在中国几乎都不存在。由英国学者霭理

① 门从国：《中国当代性伦理构建》，203 页，成都：四川科学技术出版社，2006。
② 陈庆德等：《人类学的理论预设与建构》，325 页，北京：社会科学文献出版社，2006。
③ ［英］伯特兰·罗素：《性爱与婚姻》，文良文化译，74 页，北京：中央编译出版社，2005。

士、美国法官林赛以及英国哲学家罗素等人所倡导的性自由理论认为，在两性关系上，最高的道德原则是实现个人幸福，应去除有碍于幸福的种种人为束缚，使人们不拘泥于婚姻，自由地选择两性结合的形式，男女欢悦就在一起，合则继续，不合则分手①。哲学家罗素一方面主张"家庭是限制性自由的惟一合理依据"②，另一方面又主张，只要男女双方情愿，性关系就是自由的③。从他的这种观点出发，他不仅对性的传统教育方法以及传统道德规范进行了批判，而且对传统的婚姻关系提出挑战。婚姻为性满足提供了条件，也为性自由划定了界限。罗素主张冲破这一界限，按照人的自然需要来满足性的自由，所以他赞同婚前性行为、试婚，主张女性也可以像从前的男性一样有一种开放的性态度和性生活，并赋予"婚外恋"等现象以合法化。由此可见，由婚姻所规范的"性"与罗素所主张的性自由之间存在某种紧张关系，因而在亲属法律构建层面，我们有必要思考性自由对婚姻制度的冲击和影响。本书此处拟考察与婚前性自由和婚外性自由有关的诸如同居关系、婚姻忠诚协议和"青春补偿费"等方面的伦理与法律问题。

1. 同居关系的亲属法调整限度

最狭义的同居关系，是指除已进行结婚登记以外的男女基于性生活而形成的一种公开生活、居住的关系④。这种同居关系按同居双方对外所公示的称谓为标准，又可以分为以男女朋友名义对外相称的非婚同居关系和以夫妻名义对外相称的事实婚姻关系。

---

① 卢乐山主编：《中国女性百科全书·婚姻家庭卷》，159 页，沈阳：东北大学出版社，1995。

② ［英］伯特兰·罗素：《性爱与婚姻》，文良文化译，121 页，北京：中央编译出版社，2005。

③ 罗素指出："夫妻双方就必须明白，既然婚姻有实现它的可能性，那么，无论法律是怎样规定的，他们在各自的私生活中都必须是自由的。"［英］伯特兰·罗素：《性爱与婚姻》，文良文化译，104 页，北京：中央编译出版社，2005。

④ 余延满：《亲属法原论》，15 页，北京：法律出版社，2007。

（1）亲属法不应调整非婚同居关系

中国男女非婚同居现象的出现，相对于传统婚姻家庭大规模、集中化以生儿育女、抚养后代为己任的伦理道德观念而言，似乎是大逆不道的。在英国哲学家罗素那里，其允许婚前性行为是有其原因的，目的是破除婚姻与性的天然联系。因为通常人们是把结婚和生育放在一起的。罗素说，"无论男女，如果他们从未有过性体验，就想进入以生孩子为目的的庄严的婚姻，我是不敢苟同的"。[①]为了获得这种经验，就应允许婚前性行为。罗素还认为，只要不生孩子，性关系便纯属私事，与政府或邻里都没有关系。罗素的这种观点在当时是大逆不道的，而今却已经被许多国家越来越多的人所接受。中国非婚同居现象的出现也是这种性自由理论的产物。自由结合的同居方式已经被越来越多的未婚年轻人所接受。他们不再认为婚姻是一种不可改变的制度。不过同居的利弊有谁能说得一清二楚？整个人生都难以说清，何况同居？它仅仅是人生中的一个环节。同居至少有一点好处：双方想分开时，可省去离婚的麻烦。也许，同居更容易享受到真正性爱的快乐。不过构建和谐的两性关系永远需要相互尊重。

因此从根本上讲，婚姻家庭伦理在不断适应着社会的发展和满足广大社会成员日益增长的关于婚姻家庭生活领域的各种需要。大多数人对非婚同居的赞同和理解正体现了这一点。也就是说，婚姻家庭伦理的调整是动态性的。人们的道德标准和道德规范随时间的流转而变化，对某种性行为和性关系的道德调整在不同时间可能有不同的特性。和法律一样，道德标准、道德规范的内容也是随时间而变化的。由于婚姻家庭伦理的变化性，从而会容忍非婚同居现象的存在。十多年前，人们从未怀疑过婚姻的价值、意义以及合法性形式，人们对于婚姻是人类性活动的合法形式这一点是坚信不疑

---

① ［英］伯特兰·罗素：《性爱与婚姻》，文良文化译，119页，北京：中央编译出版社，2005。

的。在某种程度上，性和婚姻被人们看成等同的一件事物。随着非婚同居、"试婚"、"一夜情"等现象的出现，人们开始认识到性和婚姻被区分开了，不是婚姻导致了性，而是性导致了婚姻；婚姻的前提却是性的和谐，不是婚姻导致了幸福和谐的生活，而是性和谐导致了婚姻，婚姻却成了和谐同居生活的结果。因而在婚姻之前，和谐的同居生活比婚姻更为本质。人们以前将婚姻当做目的，而现在似乎发现了婚姻的意义：婚姻只是达至幸福和谐生活的手段而已。婚姻如果没有了幸福和谐的生活，又有什么意义呢？在那个将婚姻和性等同的时代里，人们有理由结婚。因为我们需要性（出于本能），因而需要结婚（结婚才获得性的权利）。当人们认识到是性在前而不是婚姻在前，认识到是性导致婚姻而不是婚姻带来性，那么一眼望穿性和婚姻之间的虚妄联系的人们还有什么理由去结婚呢？

既然男女非婚同居现象对传统婚姻提出了某种质疑，那是不是需要法律对这种准婚姻的同居关系赋予婚姻的效力呢？答案应当是否定的。从未婚男女同居的目的来看，他们并不旨在结婚。他们如果意图结婚，则完全可以缔结法律承认的婚姻关系。法律如赋予男女非婚同居关系以准婚姻关系的效力，则反而会以制度的反向导向功能削弱传统婚姻的伦理价值。法律如对涉及私生活的所有性行为都进行调整不仅不可能，而且也是无力、苍白的。

因此，男女双方非婚同居关系不应受法律的调整和保护，而应属于由婚姻家庭伦理领域调整的范畴。至于同居双方发生的纠纷，按现行法律处理即可。例如，根据现行《婚姻法》的司法解释，当事人如果起诉仅仅要求解除同居关系，人民法院不予受理，但当事人如果就同居期间的财产分割和子女抚养问题提起诉讼的，属于民法调整的法律关系，人民法院应当受理，应根据民法之规定，保护子女和当事人的合法权益。

（2）亲属法应适度认可事实婚姻的效力

在我国改革开放以来的司法实践中，对事实婚姻的调整经历了一个由法律调整到道德调整的变化过程。1994 年 2 月 1 日以前，男女双方已经符合结婚实质要件的，按事实婚姻处理。我国现行的法律和政策自 1994 年 2 月 1 日以后，对事实婚姻采取绝对不承认主义，除了符合结婚条件，补办婚姻登记外，别无选择。有论者认为，对未婚者构成事实婚姻而产生的同居关系，只要未依法补办结婚登记手续的，无论其是否具备结婚的法定条件，都让位于道德规范来调整，显然值得研究。这样的立法，不利于一夫一妻制原则的贯彻落实，进而无法认定是否构成重婚罪；不利于婚姻家庭关系的稳定，进而不利于保护未成年子女的合法权益；不利于保护善意第三人的合法权益；给违法犯罪分子玩弄异性提供了合法的外衣；所谓补办结婚登记手续的规定，根本上无操作的可能性。①

从现实情况而言，事实婚姻是身份关系的结合，具有身份"事实在先"的特点，无论法律承认与否，这些公开的夫妻身份关系都已经存在。我国是一个多民族国家，汉族和少数民族都有着自己的婚俗，法律应该承认文化的多样性，对各种婚姻习俗，只要不违反公序良俗，都应予以认可。事实婚姻要具有伦理上的公信力，必须具备两项要素：一是事实婚姻的身份合意应采取一定方式为外界所知晓，二是以夫妻名义共同生活，否则事实婚姻这一伦理实体不能成立。现实生活中的事实婚姻双方一般都按婚俗举行过婚礼，并以夫妻名义共同生活，这就使得产生夫妻"伦理实体"有了依据。在日常生活中，事实婚姻的伦理身份关系是非常具体的，也是客观的、外在的，更是为婚姻家庭伦理所认可。

因此，对事实婚姻进行法律规制时必须体现法律对已客观存在的身份事实关系的尊重，我们应当重新审视现行结婚制度，在结婚制度中增加仪式婚，采法律婚为主与事实婚为辅的双轨制度。对符合结婚实质要件的，同居达到一定期间的事实婚姻给予承认和适度

---

① 余延满：《亲属法原论》，16 页，北京：法律出版社，2007。

保护①。对于违反结婚实质要件的事实婚姻，可按新《婚姻法》第十条、第十一条的规定，属于无效婚姻；但对于符合结婚实质要件仅欠缺结婚形式要件的事实婚姻的效力，立法采取不予规定或者规定为一律无效都是不够妥当的②。在判断是否是事实婚姻时，应注意以下几个成立要件：第一，须有男女双方持续地同居生活的事实；第二，须男女双方以夫妻名义公开共同生活，即男女双方必须以夫妻名义公开共同生活，被群众公认是夫妻关系；第三，须男女双方均符合结婚的实质要件③。另外，事实婚姻的效力应当与法律婚姻的效力有所区别。对有关维护家庭和谐、生活稳定、保护善意第三人之信赖利益的不可或缺的人身权利和财产权利，事实婚姻应当与法律婚姻相同；但对不影响婚姻家庭生活稳定的一些法律婚姻当事人所享有的权利（如基于婚姻效力而产生的夫妻共同财产权、配偶继承权）则不必赋予事实婚姻当事人，以体现婚姻与事实婚姻两者是有区别的，从而维护结婚登记制度④。

2. 婚姻忠诚协议的亲属法调整限度

婚姻关系具有某种维护的价值，需要某种排他性的道德观念和法律规范来维护，并通过这种维护使其与人性中更高的抽象价值追求相衔接——如幸福、公正和自由等。然而，婚姻价值并不是一个单纯的客观状态与目标，它高度地依赖于人为的价值判断与选择。就单个婚姻家庭而言，稳定而和谐的婚姻关系特别需要依靠忠诚、恩爱等精神品质来维系。夫妻是家庭的主体，夫妻关系正常与否，

---

① 陈苇：《中国婚姻家庭法立法研究》（第二版），143页，北京：群众出版社，2010。

② 陈苇：《中国婚姻家庭法立法研究》（第二版），74页，北京：群众出版社，2010。

③ 陈苇：《中国婚姻家庭法立法研究》（第二版），145页，北京：群众出版社，2010。

④ 陈苇：《中国婚姻家庭法立法研究》（第二版），145页，北京：群众出版社，2010。

会直接影响到整个家庭。夫妻之间恪守道德，双方都以忠诚相待，保持爱情和性生活的专一性。夫妻之间应当忠实，这是由夫妻间的特殊关系决定的。忠诚或忠实对于夫妻而言，就是一种最高的善，是夫或妻为对方奉献的道德原则。既然结成了夫妻，彼此就应该对对方负责。夫妻之间不能允许第三者涉足。性自由只存于婚姻双方。夫妻中的一方如果与第三者有所谓性自由，就丧失了作为一个丈夫（或妻子）所应遵守的起码的道德准则。婚姻伦理实体具有天然的排他性。然而在现实生活中，有相当一部分人开始对婚姻价值产生了根本性的动摇。"不在乎天长地久，只在乎曾经拥有"，似乎表明婚姻排他性只是机体官能的暂时需要。"家中红旗不倒，外面彩旗飘飘"，仿佛在说明婚姻排他性在根本上就是无效的。至于非婚同居、试婚或婚前财产公证，不过是简化排他的风险和手续。于是，夫妻在婚姻存续期间为排除感情风险所采取的在他们看来最有效的手续，无非是签订"忠诚协议"，以保障对彼此的忠诚和信赖。

对于审理婚姻忠诚协议纠纷的法官而言，是因为夫妻双方的信任危机导致此种协议的出现，还是因为真爱而加重伦理层面上的精神负担，这些显然不重要，重要的是如何把握道德和法律的限度，给出法律判断。这也对法官的理论素养和"技艺"提出很高的要求。上海市闵行区关于一起婚姻忠诚协议纠纷的判例公布后，在全国法学理论界引起轩然大波，支持的声音和反对的观点都不绝于耳①。大致而言，一种观点认为，忠诚协议是当事人自愿订立，符合婚姻法关于"夫妻应当相互忠实"的原则精神，应该支持；另一种观点认为，"夫妻应当相互忠实"是道德义务，不是法律义务，属于道德的调整范畴，忠诚协议限制了一方的人身自由权，有违法律规定。针对该案，上海市高院发布内部司法解答意见，规定类似诉讼法院不予受理，表明了和闵行区法院不同的态度。同年，重庆九龙坡区法院审理了一桩引发更大争议的"空床费"案，给

---

① 案情大致如下：原告曾明离婚后通过征婚，与也曾离异的贾雨虹相识（均为化名）。经过短暂的接触，几个月后双方登记结婚。由于两人均系再婚，为慎重起见，2000 年 6 月，夫妻俩经过"友好协商"，签署了一份"忠诚协议书"。协议约定，夫妻婚后应互敬互爱，对家庭、配偶、子女要有道德观和责任感。协议书中还特别强调了"违约责任"：若一方在婚期内由于道德品质的问题，出现背叛另一方不道德的行为（婚外情），要赔偿对方名誉损害及精神损失费 30 万元。协议签订后，在婚姻存续期间，贾雨虹发现曾明与其他异性有不正当关系。2002 年 5 月，曾明向法院提出离婚诉讼，与此同时，贾雨虹以曾明违反"夫妻忠诚协议"为由提起反诉，要求法院判令曾明支付违约金 30 万元。法院经过审理，依据双方达成的忠诚协议，判决曾明支付对方"违约金"30 万元。上海市闵行区法院的理由如下：夫妻忠实义务是婚姻关系最本质的要求，婚姻关系稳定与否，很大程度上有赖于此。正因此，新修订的婚姻法第四条规定"夫妻应当相互忠实"，并在第四十六条规定，重婚、有配偶者与他人同居等情形之一而导致离婚的，"无过错方有权请求损害赔偿"。虽然，对违反夫妻"忠诚"义务、情节尚未达到"重婚"、"与人非法同居"等严重程度的一方如何承担相应责任，法律未做具体规定，但法律也未明文禁止当事人自行约定。而贾雨虹与曾明约定 30 万元违约责任的"忠诚协议"，实质上正是对婚姻法中抽象的夫妻忠实责任的具体化，"完全符合婚姻法的原则和精神"。也正是这一具体的协议，使得婚姻法上原则性的夫妻"忠实"义务具有了可诉性。所以，主审法官得出了这样的结论：既然协议没有违反法律禁止性规定，且是在双方没有受到任何胁迫的平等地位下自愿签订的，协议的内容也未损害他人利益，因而当然有效，应受法律保护。上海市闵行区的这个判例公布后，在全国法学理论界引起轩然大波，支持的声音和反对的观点都不绝于耳。本案被反诉人曾明虽然对一审不服向上海市二中院提起了上诉，但在上诉期间，上诉人与被上诉人达成了调解协议，曾明向贾虹雨支付 25 万元，双方握手言和。因此，本案中的忠诚协议是否有效并没有得到上海更高一级法院的认可或否定，就使得忠诚协议是否有效在法院系统的观点具有模糊性。参见贾明军、杨晓林：《再议夫妻忠诚协议是否有效》，http://www.iamlawyer.com/hjxw/20060903193905.aspx，2010 年 12 月 3 日访问。

法学界带来更新鲜的素材。近十年过去了，最高人民法院在这一问题上似乎举棋不定，《婚姻法司法解释（三）》草案已七易其稿，对此仍难定夺①。的确，最终颁行的《婚姻法司法解释（三）》采不予理会的立场。

夫妻忠诚协议是否有效、是否能在产生争议后得到法院的支持，显然是值得研究和商榷的。性伦理是人类基本道德的一部分，良好的性伦理是一国"善良风俗"的重要组成和表现。应当说，夫妻签订婚姻忠诚协议在一般情况下是符合善良风俗的，在伦理层面是值得肯定的。所谓"一般情况符合善良风俗"，指的是在限制配偶一方婚外性行为自由这一点上是符合善良风俗，只有这样的婚姻忠诚协议才是正当的。因为在婚外性关系中，性与婚姻、爱情与婚姻发生了分离。但夫妻签订婚姻忠诚协议也存在使感情异化为金钱的道德风险。我们将性关系限定在婚姻之内，一方面是为了使双方的性权利、性行为受到法律的保护，免受他人的干涉和妨碍，另一方面是为了明确双方性结合产生的责任和义务。责任感和义务感对人而言不仅是一种外部要求，而且是人所独有的精神境界，是人的内在自觉的意志。然而，婚外性行为所追求的只是与婚外异性的性结合，而并不能承担它所具有的责任和义务。婚外性关系不论对家庭、对配偶，还是对婚外性对象，都是不负责任、不道德的行为。因此，本书认为，对于夫妻自愿签订的婚姻忠诚协议不能一概否认其效力，这样不利于实现亲属法的伦理价值取向，法律应当有条件地承认或规定婚姻忠诚协议的效力，不同情形区别对待。

在内容上，婚姻忠诚协议只可限制配偶一方婚外性行为自由，

---

① 最初的《婚姻法司法解释（三）》草案规定，只要协议是双方自愿签订并且不违反法律规定，法院应当支持。后来，起草人的态度发生逆转，又规定，法院对这类协议不予受理、已经受理的应该驳回起诉。最新消息是，这一条将被删除，最高法院打算干脆什么都不说。参见赵蕾：《夫妻"忠诚协议"，难倒最高法院》，载《南方周末》第1388期，2010年9月23日。

不得限制除性自由以外的人身自由以及其他权利。有论者以德国帝国法院的判决为论据，认为婚姻忠诚协议不仅严重违反了夫妻之间的道德规范、危害家庭秩序，而且与我国《宪法》第三十七条规定的人身自由的基本权利相悖，违背了公序良俗，因此此类约定应该是无效的①。本书认为，该论者所举案例②与婚姻忠诚协议在实质上不同。婚姻忠诚协议限制的是配偶一方的婚外性行为自由，德国案中的妻子意思表示限制的是丈夫单独业务旅游或娱乐旅游的行为自由。限制丈夫单独业务旅游或娱乐旅游的行为自由，按照现代伦理衡量，违反了婚姻道德的本质，违反善良风俗，不应获得支持。我国实践的婚姻忠诚协议在内容上也存在限制人身自由和排除、限制法定权利的现象，如有限制离婚自由的、有剥夺孩子抚养权及探望权的、有要求下跪 8 小时的、有规定不得单独与异性在一起的、有限制时间回家睡觉的、有规定出轨方必须净身出户的等。涉及这类内容的条款当属无效。例外，还应当综合夫妻订约动机、赔偿数额的比例等方面进行考察，从而认定协议是否有效。

在性质上，婚姻忠诚协议可看做是《婚姻法》第四条的具体化以及损害赔偿的事先约定。虽然侵权损害赔偿不允许事先约定，但由婚外性行为导致离婚的损害是可以预先评估的，不似民法上诸

---

① 腾琪：《公序良俗原则功能研究》，53 页，清华大学硕士学位论文，2007。

② 由于是否违反善良风俗之判断涉及的对象是法律行为，因此，即使当事人的行为是应该受到指责的，但其从事的法律行为却可能是有效的。反之，即使当事人是善意的，只要法律行为的后果表现为不可忍受，该法律行为也可能违反善良风俗。兹举帝国法院的一项判例为例说明。在本案中，一位妻子提起离婚诉讼。在其（显然是有过错的）丈夫作出了下列承诺以后，妻子撤回了她的诉讼："丈夫承担在今后不单独进行业务旅行或娱乐旅行的义务"。此项承诺（当然这一表述是极其笨拙的，因为妻子恰恰是担心丈夫会与其他女人在一起！），旨在防止丈夫实施有害婚姻的进一步行为，以维护婚姻。这即是说，双方当事人的意图在道德上是无可厚非的。尽管如此，帝国法院正确地认为，这一承诺是违反善良风俗的。帝国法院认为，对丈夫的行动自由作出这样的限制，违背了婚姻的道德本质。[德] 迪特尔·梅迪库斯：《德国民法总论》，邵建东译，515 页，北京：法律出版社，2000。

如人身伤害的损害赔偿那么不具有确定性。即使约定的情形及赔偿数额与《婚姻法》第四十六条规定的情形及法院依法确定的赔偿一致，也绝不意味着必然是法律规定的结果，约定的情形及赔偿数额毕竟也是判决的依据。如前文所言，《婚姻法》第四条有关夫妻忠实的规定只是一种道德倡导性规定，属于亲属法的伦理价值取向之一，并建议将"婚外情"之类的主观情感客观化为可被法律规制又可被当事人遵守的行为。有鉴于此，本书认为，完善立法或制定民法典亲属编时应当在现行离婚损害赔偿制度中加上一项：夫妻一方以婚前或婚后双方签订的限制婚外性行为的协议而主张权利，且因该行为导致离婚的，人民法院应当予以支持。

（二）同性婚姻的伦理难题及其立法规制

根据 CCMD－2R 和 CCMD－3，同性恋，是指在正常生活条件下对同性持续表现性爱倾向，包括思想、感情和性爱行为，而对异性缺乏或减弱性爱倾向[①]。同性婚姻，就是同性结合。所谓同性结合，是指同一性别的双方当事人自愿以长期共同生活为目的，持续地公开共同生活的家庭形式[②]。与同性恋者受到的来自异性恋者社会中的一般批评、歧视及谴责相比，同性婚姻受到更加激烈和严厉的抨击。对于同性婚姻的道德评价，各种道德观念所持立场不尽相同。传统主义性伦理对于同性婚姻予以谴责、诅咒，现实主义性伦理予以宽恕、同情，而激进主义性伦理表示赞许、称道。自 20 世纪 80 年代以来，对于同性婚姻是否应该被法律认可的争论，在西方国家大众、舆论界和有关学术界渐趋激烈。

婚姻是否只能由异性结合？反对同性婚姻的论点指出，同性婚姻大逆不道，严重违反社会规范，是一种畸形婚姻。如果同性可以结婚，那么人和动物就可以结婚，近亲也可以结婚。正常婚姻要求

---

① 刘白驹：《性犯罪：精神病理与控制》，340 页，北京：社会科学文献出版社，2006。

② 陈苇主编：《外国婚姻家庭法比较研究》，89 页，北京：群众出版社，2006。

由两种性别的个体构成，婚姻中没有异性存在是违反社会和自然发展规律的。在婚姻结构中，只有从异性那里获取性满足才是合乎情理的。激进主义性伦理对此则认为，性满足并非婚姻的唯一条件。因为缺少那种所谓合乎自然的性满足，就否定同性婚姻应该存在，才是不合情理的。同性恋是人应当享有的恋爱权利，同性恋者有权选择自己的恋爱甚至婚姻模式。女权主义理论也认为对同性恋的歧视与对女性的歧视是同质的。

同性恋者会不会对异性恋配偶造成损害？传统主义性伦理认为，如果法律允许同性婚姻存在，那将会大大损害异性恋者的利益，特别是已经建立异性婚姻家庭的同性恋者，他（她）们的同性性关系会严重侵害其异性配偶的个人正当权益。如果允许这种同性婚姻与异性婚姻并存（对于已与异性结婚的同性恋者来说），就会构成某种意义上的重婚，从而使异性恋配偶的合法婚姻受到极大伤害。如果听任同性恋者的异性婚姻受到同性婚姻的诱惑而解体，异性恋配偶则会在经济等方面大受损失。同性恋者的异性婚姻是一种充满伪善、虚假和欺骗的性结合，社会不应该维护和支持这类徒有虚名的婚姻。异性婚姻不会给婚内的同性恋者（以及异性恋者）带来丝毫幸福感，他（她）们常常只得凭借婚外同性恋性行为来满足自己的需求。依靠这种有明显欺骗性质的既害己又害人的方式来维持同性恋者异性婚姻的存在和继续，是不道德的，不利于社会秩序的安定。激进主义性伦理对此则认为，婚姻自由乃是每一个人都应当享有的权利，应当允许和支持个人对不同种类性对象的真正的选择权利和自由。如没有选择婚配对象的自由，才是对同性恋者的最大伤害。

同性婚姻会不会违背人种延续的自然规律？传统主义性伦理认为，婚姻并非只是两个人的性结合，它还代表着子女的生育和抚养，被法律认可的异性婚姻是种族和社会得以延续的保障。同性婚姻婚不具备生育这一使婚姻和家庭稳固的功能，因此它是有害的。美国新自然法学家菲尼斯从自然法的角度反对同性婚姻，他认为异性的交媾才是真正生物学上的结合，即使不是每次交媾都会怀孕生育，那也是符合基本善的行为，他强调应"把生儿育女作为一种本能，一种不可缩减的基本价值，以与婚配/生殖/养育的倾向相对应……性交等或许是爱或者友谊的游戏或表达，以及/或者为生儿育女所进行的尝试"。[①] 激进主义性伦理则认为，随着自愿不育家庭、独身者家庭及老年人婚姻的出现与增多，生儿育女这一功能对婚姻、家庭的重要价值已大为降低，何况患有不育症者的异性恋婚姻一直就被社会承认。科学发展使人工授精、试管婴儿出现，这至少已经解决了女性同性恋家庭的生育问题。抚育领养的子女，这在现代并不少见。异性恋者的子女可能是父母过失生育或不负责任的性行为的结果，此时子女往往得不到良好的养育。同性恋者获取子女的谨慎态度超过一般异性恋家庭，因此同性婚姻完全有可能创造有益于子女身心健康成长和发育的心理、道德环境。

[①]　［美］约翰·菲尼斯：《自然法与自然权利》，董娇娇等译，73 页，北京：中国政法大学出版社，2005。

20 世纪许多西方国家在同性恋的非罪化①及非病理化方面取得了突破性进展，自 20 世纪 70 年代末，西方国家的大批同性恋者掀起了同性婚姻合法化运动。许多国家实现了同性恋者婚姻权益的法律保护。由于这些国家国情差异，有关同性恋者婚姻权益的立法模式主要有：零星规制模式、同性伴侣（家庭伴侣、登记伴侣、民

---

① 能否运用法律的手段强制推行道德，即道德的法律强制问题，是一个古老的法哲学问题。早在柏拉图、亚里士多德的著作中就已包含着有关法律强制推行和实施道德的论述。例如，亚里士多德说过："凡订有良法而有志于实行善政的城邦就得操心全邦人民生活中的一切善德和恶行……法律的实际意义却应该是促进全邦人民都能进于正义和善德的（永久）制度。"（［古希腊］亚里士多德：《政治学》，吴寿彭译，138 页，北京：商务印书馆，1983。）尽管从古希腊开始，男性的同性恋一直是西方贵族社会中的流行时尚，并获得法律的肯定，但至近代，同性恋开始受到严厉的惩罚。从 20 世纪 50 年代初期，伴随着同性恋人数的增加，同性恋者开展了争取"合法权利"并要求去罪化的斗争。1954 年，英国议会决定以议员沃尔芬登为首组成"同性恋犯罪和卖淫调查委员会"，以调查研究同性恋和卖淫问题，并就此提出法律改革意见。1957 年，沃尔芬登委员会提交了一份报告：The Report of the Committee on Homo - sexual Offences and Prostitution（即《沃尔芬登报告》）。该报告建议改革有关同性恋和卖淫的刑法：（1）废除制裁同性恋的刑法规定；（2）不把卖淫作为犯罪惩罚，但应通过立法，禁止公开卖淫。随着《沃尔芬登报告》的出台，英国法律也出现了相应的改变，对一些不正常的性行为表现出了宽容，如成年人之间私下自愿的同性恋行为不再被认为是犯罪。但这引起了激烈的辩论，如德富林勋爵与 H. L. A. 哈特之间展开的论争。德富林勋爵围绕社会是否存在公共道德、社会是否有权使用法律武器强制实行它的判断、国家在何种情况下应当行使它的权力镇压不道德行为这三个问题，阐释了他的道德强制理论。针对德富林的观点，哈特先后以"Immorality and Treason"、"Law, Liberty and Morality"为题展开了批判，他试图阐明一个中心问题：我们的社会对于法律介入道德问题的经验显示，它的确是关于个人道德的法律管制，但对于应该如何做的这个问题，却未提供任何答案。哈特与德富林之间围绕《沃尔芬登报告》而展开的论战，是关于道德的法律强制问题上的实证主义法学派和自然法学派之间的争论。尽管德富林的观点以及哈特的攻击本身是否成立都是可以争论的，这场论战似乎并没有一个很明显的胜利者，双方似乎都没有被对方的论证所折服，但该报告显然深刻地影响了英国立法和司法实践，而且也对美国和欧洲大陆的司法实践产生了重要影响。

事伴侣）的立法模式①、同性婚姻立法模式②。

在中国，历史上关于同性恋的别名，由面首（专指女性的性对象）变为娈童、男色、契弟、兔崽子，这些别名都反映了儒家传统文化对同性恋的不可接受的诸因素。由于受儒家传统伦理的影响，一般将主动的同性恋者看做有罪的，被动的同性恋者看做可耻的。但自1997年《刑法》废除流氓罪③以后，同性恋问题已主要成为民事法律所面临的一个有争议性的问题，即同性恋者的身份建构问题。有关同性婚姻的正当性争论在我国学术界并不多，这可能与中国人对同性恋问题讳莫如深有关。在我国，仅有的几次公开支持同性婚姻几乎都与一个人的名字联系在一起，那就是社科院的李

---

① 丹麦在1989年颁布登记伴侣法案（Danish Registered Partnership），成为第一个为同性伴侣制定伴侣法的国家。继丹麦之后，承认同性伴侣关系的国家有挪威（1993年）、瑞典（1994年）、冰岛（1996年）、美国（1996年起，目前有38个州）、荷兰（1998年）、西班牙（1998年）、法国（2000年）、德国（2000年）、芬兰（2001年）、瑞士（2002年）、葡萄牙（2002年）、比利时（2003年）、新西兰（2004年）、英国（2005年）、巴西（2005年）、加拿大（2005年）、澳大利亚（2005年）、捷克（2006年）、南非（2006年）、墨西哥（2007年）、阿根廷（2009年）等。此外，奥地利、匈牙利、斯洛伐克、爱尔兰等国也陆续承认同性伴侣关系。参见 http://www.csssm.org/；http://baike.baidu.com/view/939000.htm，2010年12月4日访问。

② 目前荷兰（2001年）、比利时（2003年）、西班牙（2005年）、加拿大（2005年）、南非（2006年）、挪威（2009年）、瑞典（2009年）、葡萄牙（2010年）、冰岛（2010年）、阿根廷（2010年）等国已经将同性婚姻合法化，即直接承认同性婚姻和一般的异性婚姻有着一样的法律地位。

③ 依据1979年《刑法》，我国司法实践存在将同性恋按流氓处理的现象，有关司法解释对"鸡奸"作出了明确规定。例如，1984年1月9日，最高人民检察院《关于在严厉打击刑事犯罪斗争中具体应用法律的若干问题的答复》规定：罪犯和劳教人员在服刑和劳教期间鸡奸、通奸的，情节恶劣，后果严重，屡教不改的，可按流氓罪提起公诉。1984年11月2日，最高人民法院、最高人民检察院《关于当前办理流氓案件中具体应用法律的若干问题的解答》规定："鸡奸幼童的；强行鸡奸少年的；或者以暴力、胁迫等手段，多次鸡奸，情节严重的"，构成流氓罪。

银河研究员①。李银河在《同性婚姻提案》所提理由与激进主义立场几乎一致,主要是公民权利论证和反歧视论证,其具体方案有两种:"一是设立同性婚姻法案;二是在现行婚姻法中略做改动:将婚姻法中的'夫妻'二字改为'配偶',在第一次出现'配偶'字样的地方加'(性别不限)'四字。"② 我们暂且不论其具体方案是否可行,先就李银河的论证来看,其两点主要理由恰好反映了同性恋者的婚姻困境。

在宪法语境下的分析同性恋者平等地享有婚姻权,这种美国式宪法权利分析范式在中国法律语境中则稍显突兀。同性恋者作为公民,其当然享有与其他公民一样的法定权利,包括结婚的权利,但这里的"结婚"是法律意义上的由男女双方的婚姻缔结行为。唯有在法律上承认了公民可以与任何性别的人结婚,同性恋者才享有法定的同性婚姻权。就我国情况看,显然并不存在这一法定权利。应当说,同性恋者在现行法律下平等地享有与异性结婚的权利,而不是平等地享有与同性结婚的权利。这是其一。其二,作为少数族群(而不是弱势群体)的同性恋者想要通过同性婚姻诉求国家实现对所谓少数族群利益实行法律保护,在当下中国是不可能实现的。实际上,并不是国家法律愿意歧视这种少数族群的利益,而是目前的民众伦理意识不允许。而且同性恋者的婚姻权利诉求也是矛盾的。一方面,同性恋者宣称自己有权过一种不受政府干预的同性性生活,但另一方面却强烈要求政府承认他们的生活方式、干预大众的价值判断、强制大众认同他们。同时,这种诉求既反传统又保守。之所以反传统,是因为同性婚姻

---

① 李银河曾经两次试图向人大提交同性婚姻立法,但由于收集不到足够的签名而失败。2006 年李银河又向中国人民政治协商会议提案。全国政协新闻发言人吴建民表示,同性婚姻在中国仍太超前。据信,李银河教授的努力正在继续,仍然继续向人大提交"同性婚姻法"提案。参见 http://baike. baidu. com/view/939000. htm;http://www. gx-ce. cn/Article/ShowArticle. asp? ArticleID = 12549,2010 年 12 月 4 日访问。

② 李银河:《李银河性学心得》,6~7 页,长春:时代文艺出版社,2008。

诉求挑战了传统异性婚姻的主流价值；之所以保守，是因为同性婚姻诉求的方式实质上仍是以异性恋的婚姻模式进行的，他们渴望婚姻的价值，希望摆脱传统异性婚姻带给同性恋者与其异性配偶之间的紧张关系。这种理论上的婚姻困境已非李银河所能左右。而现实生活中的婚姻困境也呈现在我们面前了。

同性恋者在传统异性婚姻压力下，以异性恋者的身份与异性结婚，从一开始就注定了对传统婚姻的挑战。同性恋者由于违背了自身真实的性倾向，就很难对异性配偶忠实，对自己也很难忠实。即使是婚后才发现自己真正性倾向的同性恋者，也可能背负着道德和良知的谴责。如若男同性恋者与性冷淡的女性结合，抑或是女同性恋者与性无能的男性结合，那倒好些，这样的婚姻说不定可以维持很久，甚至一辈子，在外人看来一定是幸福美满的婚姻。但这样的情况毕竟是少数。近年来出现的同性恋离婚纠纷案件①，也说明了同性恋者进入传统异性婚姻本身就是一个错误，也是对其异性配偶的欺骗。现行法律下的离婚理由和离婚损害赔偿都是以异性婚姻模式进行身份建构的，而同性恋者或其异性配偶如须通过诉讼途径离婚，谈何容易，能顺利离婚已算不错了。异性配偶如要诉请离婚损害赔偿，更无法律依据，除非以调解方式结案。一方面，法律对所有适婚者提供了唯一的婚姻模式，并不拒绝同性恋者进入这种婚姻模式，而对已经进入异性婚姻的同性恋者要给予否定性评价；另一方面，同性恋者进入法律所确认的婚姻模式后，对于异性配偶所造成的伤害却要遭受谴责。正因为如此，离婚标准中是否应将同性恋作为婚姻破裂的理由，以及离婚损害赔偿制度中是否应将同性恋者的不忠实作为过错行为，这些问题都凸显了同性恋者面对传统异性

---

① 陈轶珺：《妻子同性恋丈夫如愿离婚》，http://www.why.com.cn/epublish/node4/node7308/node7311/userobject7ai65818.html；陈轶珺：《同性恋妻子要离婚　丈夫不愿法院判离》，http://www.why.com.cn/epublish/node4/node10520/node10523/userobject7ai87672.html；冯霞、周建文：《因同性恋离婚　难获损害赔偿》，http://bjyouth.ynet.com/article.jsp? oid＝25794513，2010 年 12 月 4 日访问。

婚姻的困境，事实上也反映了法律在救济异性恋配偶时所遭遇的尴尬。由此似乎得出一个结论：同性恋者不应该进入传统婚姻，或者阻止同性恋者进入传统婚姻。由此又可能推出另一结论：应当赋予同性恋者以同性婚姻的权利。

正如李银河的提案中最后所提出的那两种解决方案那样，这样的一个结论似乎也是李银河要的结论。在李银河所提的第二种方案中，她建议将婚姻法中的"夫妻"二字改为"配偶"，在第一次出现"配偶"字样的地方加"（性别不限）"。应当说，解决同性恋者婚姻权益问题远非改两个字那么简单。即使能以这种简化方法更新"婚姻"的概念，由"一男一女的结合"（夫妻）改为"两个人的结合"（配偶），但这样的"婚姻"概念还有可能被进一步扩张，因为缺少传统伦理意识支撑的"配偶"含义是不确定的，最终有可能被"家庭"概念所替代。另外，由以婚姻家庭伦理为基础所建构的现行亲属法律制度面临着崩溃性的重构，而在重构之前还得将受儒家文化影响的民众所秉持的婚姻家庭伦理意识从他们的头脑中洗掉。这可能吗？既然不行，我们再来看李银河所提的第一种方案，即"设立同性婚姻法案"。我们首先要问的问题是：在现行民事法律不承认非婚同居和部分承认事实婚姻的婚姻效力的情况下，法律如现在就承认同性婚姻的婚姻效力，是不是太前卫了？西方部分国家之所以能承认同性伴侣关系甚至是同性婚姻关系，这与它们的历史根基、性解放运动以及自由主义理念有关。即使在美国，也不是每个州都认可同性伴侣关系①。在中国，目前并不具有将同性恋者婚姻权利合法化的社会基础。应当指出，法律意义上的婚姻在很大程度上受制于民众的伦理意识。婚姻的形态并不是因为法律凭空想象才存在的，也并不是《婚姻法》规定了男女可以结婚，一个男人才与一个女人结婚，而恰恰是因为社会中普遍结婚的是男女两性，《婚姻法》才有理由规定男女结婚。如要使同性婚姻合法，唯一途径就是民众提高伦理意识水平。正如同性性行为的"非罪化"过程一样，民众的伦理意识如果达到了对同性婚姻的认识和接纳程度时，同性恋者的同性婚姻诉求才有可能被法律正视。即使同性性行为已经"非罪化"，但这并不表示同性恋就合法化了，也不意味着民众对同性性行为不厌恶了。因而，同性恋者及其支持者如要指望民众不反感同性性行为甚至接纳同性婚姻，的确还有很长一段路要走。

由上述分析可见，同性恋者对同性婚姻权利的诉求，隐含着一个深刻的命题：人类的婚姻制度是否应该有自己的禁忌或道德底线？有学者进一步追问：对同性结合的排斥是不是人类在性关系和性道德中的底线？如果人类突破了这一底线，那么，在性关系上，还有公认的评判标准吗？②普通社会成员皆能接受的道德规范以及若违背将招致较大社会危害性的道德规定，才是法律所统摄或者转化的对象。正如近亲间不能通婚那样，同性恋者作为一个少数族群（而不是弱势群体），其选择配偶的行为自由并不是无度的，不能

---

① 美国 1996 年的《婚姻保护法》（Defense of Marriage Act）从联邦利益出发，将同性结合排除在"婚姻"之外。近年来，随着此问题的公开争论加剧，已有至少 40 个州颁布了制定法或修订了州宪法，明确禁止同性伴侣结婚。（［美］哈里·D. 格劳斯、大卫·D. 梅耶：《美国家庭法精要》第 5 版，陈苇译，10、26 页，北京：中国政法大学出版社，2010。）波斯纳曾指出，"美国不仅敌视同性恋（特别是男同性恋）还有强烈的残余，而且同性恋者也为一系列法律权利的限制而苦恼……联邦以及许多州的反歧视法律也都不保护同性恋者不受基于性偏好的歧视"。（［美］理查德·A. 波斯纳：《性与理性》，苏力译，389～390 页，北京：中国政法大学出版社，2002。）

② 蒋月：《婚姻家庭法前沿导论》，312 页，北京：科学出版社，2007。

游离于人类自然发展规律和社会普遍的伦理道德规范之外。解决同性婚姻问题时，既要关注同性恋者的情感和生活质量，将他们的婚姻行为纳入法律的轨道中来，又要注意使他们的婚姻行为不至于危及整个伦理体系的稳定；既要考虑民众能否接受，又要解决一旦以法律形式确定这一权利将不可避免地会出现的一系列问题。世界每天都在进步变化，我们的社会说不定也会发生意想不到的变化。一些在过去曾被认为是不道德的因而需要用法律加以禁止的行为，则有可能被划出法律领域而被归入个人道德判断的领域之中①。同性性行为的去罪化即如此。相反，原来认为是不道德且法律无涉的行为，则有可能因为道德宽容和权利诉求强烈而被纳入民事法律领域。虽然今天我们社会伦理道德观念不能接受同性婚姻，但明天说不定有可能放宽尺度，到那时"我国法律应当赋予同性结合者以婚姻当事人所享有的一部分权利"②，而不是完全与异性婚姻无差别的权利。

二、家庭功能上的伦理难题与立法规制

（一）辅助生殖技术与家庭生育功能的伦理难题及其立法规制

1. 生育与家庭的关联与脱离

如前文所述，男女两性的结合是家庭形成的前提，而家庭又是繁衍后代和养育子女的基本单位，这些是家庭产生与存在的生物目的。自从文明社会以来，家庭便是人类繁衍的规范形式。性与生育是家庭中不可缺少的要件，且二者构成一个有机整体，性是生育的前提，生育则是性的结果，这样才能建立完整的家庭，家庭的生物目的才能得以实现。费孝通先生指出，男女相约共同担负抚育他们

---

① ［美］E. 博登海默：《法理学——法律哲学与法律方法》，邓正来译，396 页，北京：中国政法大学出版社，2004。

② 陈苇主编：《外国婚姻家庭法比较研究》，94 页，北京：群众出版社，2006。

所生孩子的责任就是婚姻[1]。然而，家庭的这种使命也面临着一种诘难：生育与家庭是不是必然关联的？抑或是，不能生育或不愿生育是不是可撤销婚姻、无效婚姻或离婚的情事之一？历史上，中国人是非常重视后嗣问题的。在传统儒家伦理中，有所谓"不孝有三，无后为大"，以作为判断是否合乎孝道的基本标志。古代"七出"中的"无子去"即离婚条件之一，民国旧法也曾将"不能人道"[2] 作为可撤销婚姻的事由之一。这些法律规定实际上是"用以确认和维护围绕性交生育这种自然生殖方式所形成的一整套自然法则和婚姻家庭观念、伦理道德规范的工具……但是，当非自然生殖打破了这种性交生育的自然法则时，这一法律条款是否仍然合情合理呢？"[3] 性交生育显然不再成为家庭完成生命延续的必备要素。

---

① 费孝通：《生育制度》，71 页，北京：商务印书馆，2008。

② 我国台湾地区仍有此种规定，其"民法"第九百九十五条规定，当事人一方于结婚时不能人道而不能治者，他方得请求法院撤销之。

③ 冯建妹：《生殖技术的法律问题研究》，载梁慧星主编：《民商法论丛》（第8卷），67 页，北京：法律出版社，1997。

与收养制度补充家庭生育功能缺位的作用一样，现代的辅助生殖技术①同样可以起到延续后代的作用，法律似乎也没有理由来反对辅助生殖技术对家庭生育功能的弥补。与拟制血亲相比，以辅助生殖技术生下的子女毕竟至少有一半血统来源于父或母，家庭关系较之收养更紧密，因而我们也没有理由反对这一除性交以外的辅助生殖方式。婚姻关系的首要原则是"私事原则"，即强调性关系的私人性和隐私性准则②。法律是保护个人隐私和家庭权益的，而这也为夫妻的生育自由的实现提供了权利支撑。夫妻的生育权应当包括生

---

① 辅助生殖技术，是指替代自然生殖过程的某一步骤或全部步骤的医学技术，其大致包括以下三类：（1）人工授精（Artificial Insemination）。人工授精，主要解决丈夫不育症引起的生殖障碍，具体是指人工收集丈夫或自愿捐精者的精液，由医生注入女性体内以达到受孕目的的生殖方式。根据精子来源者的不同，可分为同质人工授精或称夫精人工授精（Artificial Insemination Using Husband's Semen, 简称 AIH）和异质人工授精或称供精人工授精（Artificial Insemination Using Semen from Donor, 简称 AID）。后者，顾名思义，其供精人是丈夫之外的第三人，既可以是精子库的捐献者，也可以是夫或妻认识的男性。（2）体外受精，俗称试管婴儿（In Vitro Fertilization, IVF）。体外受精，主要解决妻子不孕症或夫妻双方不育症引起的生殖障碍，具体是指用人工方法，让卵子和精子在人体以外受精并培育成胚胎，然后再植回母体子宫内孕育的生殖方式。（3）代理孕母，又称代孕母亲（Surrogate Mother）。代理孕母可分为两类：一是用自己的卵子人工授精代人妊娠分娩的代理孕母，分娩后交由契约对方夫妇抚养（这种方式被称为局部代孕或基因代孕）；二是接受他人的受精卵植入自己的子宫妊娠分娩的代理孕母，分娩后移转亲权于契约对方（这种方式被称为完全代孕或妊娠代孕）。严格说，代理孕母不是一种独立的生殖方式，而属于体外受精——胚胎移植的一个形式。广义的辅助生殖技术还应包括无性生殖，即克隆技术，由于其是采取单一细胞繁殖技术，与夫妻双方无直接关系，故本书不涉及。根据我国卫生部《人类辅助生殖技术管理办法》第二十四条的规定，我国临床应用的辅助生殖技术是指"运用医学技术和方法对配子、合子、胚胎进行人工操作，以达到受孕目的的技术，分为人工授精和体外受精——胚胎移植技术及其各种衍生技术。人工授精是指用人工方式将精液注入女性体内以取代性交途径使其妊娠的一种方法。根据精液来源不同，分为丈夫精液人工授精和供精人工授精。体外受精——胚胎移植技术及其各种衍生技术是指从女性体内取出卵子，在器皿内培养后，加入经技术处理的精子，待卵子受精后，继续培养，到形成早期胚胎时，再转移到子宫内着床，发育成胎儿直至分娩的技术"。

② 赵万一：《民法的伦理分析》，305 页，北京：法律出版社，2003。

育方式的运用与选择的权利。以性交方式生育与以辅助生殖技术方式生育，都是生育权的延展。辅助生殖技术的最大好处在于解决了夫妻不育的痛苦并且满足了他们生育子女的愿望，然而由于它导致了性与生育的直接分离，随之也打破了传统家庭模式的架构，强烈冲击着人们的伦理观念尤其是婚姻家庭伦理观念。特别是代理孕母，更是造成伦理与法律上的混乱以及自然生物性与社会意识性的冲突。性与生育的分离导致生育与家庭的分离，从而造成家庭关系的改变。但是，无论如何，辅助生殖技术只是作为补偿不育症的"治疗措施"才有意义，绝不可能取代自然的生殖过程，而它的确为突破生育与家庭的内在紧张提供了一个契合点，赋予了生育以新的内涵与外延。

2. 辅助生殖方式选择的伦理准则

辅助生殖"使得第三供精人、第三供卵人、代生母亲、胚胎代育者、实验室、操作医师等介入生殖过程，婚姻、两性结合、供精、供卵、受孕、妊娠、分娩及抚育的一体化生殖系统被分解割裂，结果产生代生母亲与养育母亲、供卵母亲与孕体母亲、生物父亲（基于遗传）与社会父亲（基于抚育）、有婚姻的父母与无婚姻的父母等多重角色并存，生育上的单向联系变成了多重复合关系，多元代替了传统的一元"。① 面对如此复杂的关系，引发我们思考的是：不孕夫妇选择某一辅助生殖方式是否应以符合伦理为前提？答案应当是肯定的。但每一辅助生殖方式所面临的伦理问题并非完全一致，是故应逐一加以甄别。

（1）人工授精的伦理价值判断

评价社会行为的善恶标准主要是从动机到效果判断对人是有利还是有害。用此标准衡量人工授精技术，可以说此种技术是合道德之举，"功德无量"。人工授精的成功，可使患器质性疾病的丈夫

---

① 陈小君、曹诗权：《浅论人工生殖管理的法律调控原则》，载《法律科学》，46页，1996（1）。

或因心理原因造成不育的妻子实现生儿育女的愿望。这有助于和谐家庭关系的建立，增加家庭的社会适应能力，不仅给予不育者生理上的补偿，而且使其得到心理和社会的满足，消除了因丧失正常生育能力而带来的负疚感和夫妻感情上的危机，有利于家庭和睦、社会稳定。同时，开展人工授精技术，可以减少遗传病儿的出生，为计划生育提供生殖保险，解除绝育者的后顾之忧，有益于社会控制人口增长及优生优育。然而，由于 AID 使第三者的遗传物质进入家庭，打破了传统的双血亲家庭结构，使传统伦理观念受到冲击。

反对 AID 论者的观点主要有以下几点：用丈夫以外的第三者的精子受孕，是对丈夫不忠诚的表现，与通奸受孕实际上没有什么不同①；AID 所生的孩子和父亲没有血缘关系，这样的"野种"既没有传宗接代的意义，又没有血亲之间的特殊感情，不可避免地会给家庭生活带来影响，甚至给儿童的心理造成消极因素；AID 会造成亲属关系的混乱，也就是说，到底谁是孩子的父亲的问题很难解决。如果按照传统观念来理解，AID 所生的孩子的父亲只是孩子的养父，而精子提供者是孩子的亲生父亲。而传统伦理十分看重血缘纽带，血亲关系的重要性甚至超出养亲关系。那么，精子提供者和 AID 所生的孩子之间的关系具有同样的重要性吗？他们之间应该是一种什么样的社会关系？

在我国，支持和赞同 AID 的人也不少，而且文化水平较高，对传统文化有批判精神的人大都对此持赞同态度，并为此提出了许多充分的、有说服力的理由。当然由于传统文化已"浸透"在人们的血液中，即使对 AID 持赞同态度的人，如果涉及自己，也难免或多或少会感到困惑和烦恼。但是，人工授精是一种能够造福于

---

① 英美昔日判例都认为在异质体外授精构成通奸罪，而将出生的子女定为私生子。例如，1921 年加拿大安大略省最高法院 Orford v. Orford 事件；1944 年英国上议院之 Russel v. Russel 事件；1954 年美国芝加哥最高法院 Marcy Doornbos v. George Doornbos 事件中，法官判决认为，借第三人之精液为人工授精成立通奸罪。黄丁全：《医疗 法律与生命伦理》（第 2 版），432 页，北京：法律出版社，2007。

人类的新的生物医孕技术，我们必须冲破传统传宗接代陋习的约束，战胜由此带来的烦恼和困惑，使它更好地为增进人类健康和幸福做出贡献。

反对论者之观点并不能完全成立。其一，把夫妻之间的忠诚理解为不能与配偶以外的人的精子或卵子生育下一代的看法，就像把和配偶以外的异性说话、共事看成对配偶的不忠诚一样，是一种愚昧的封建观念；况且未发生交媾行为，亦无情爱可言的 AID 被认定为通奸，实属牵强。其二，AID 可以提高丈夫精液无精子或丈夫患有严重的遗传性疾病而又想要孩子的夫妇的婚姻和家庭生活质量。如果丈夫精液无精子或患有严重的遗传性疾病，而妻子又想要有自己的孩子的话，丈夫的无能为力就会妨碍夫妻感情，破坏夫妻关系。AID 就可以消除这一障碍，维护和提高他们的婚姻和家庭生活质量。其三，父母与子女之间的亲情和道德、法律上的权利义务关系应该主要建立在父母对子女的抚养关系上，这样有利于家庭和社会的稳定，也更符合家庭生活的实际。就全球范围而言，许多国家对 AID 经历了一个由反对到接受的发展过程，特别是自英国1990 年出台的《人工生殖与胚胎法》（Human Fertilization and Embryology Act 1990）承认了 AID 的合法性之后，伦理对 AID 的苛责已松动。

（2）体外受精的伦理问题

体外受精技术的兴起，不仅有赖于科学技术的进步，并且以传统伦理观念的突破为前提，正因如此，它所遇到的伦理学争议是前所未有的。体外受精依据卵子来源不同，可分为：妻卵之同质体外受精（夫精妻卵）和异质体外受精（捐精妻卵），捐卵之同质体外受精（夫精捐卵）和异质体外受精（捐精捐卵）。人工授精所遭遇的伦理问题，妻卵之体外受精也同样要面对，甚至还要面对更为复杂的捐卵之体外受精的伦理问题。

在体外受精条件下，最为复杂的是父母身份的伦理问题。母亲分为"遗传母亲"、"生身母亲"、"养育母亲"三种，三者合一者为"完全母亲";父亲则分为"遗传父亲"、"养育父亲",两者合一者为"完全父亲"。在体外受精条件下,多个父母共存,那谁应该成为孩子的真正父母呢?传统观念强调亲子间的遗传关系,即血缘关系决定亲子关系。血缘关系是任何其他关系无法比拟与替代的,它比社会关系更重要,那么孩子的真正父母是不是遗传父母?不一定,也不应如此。因为这样会破坏异质性体外受精的夫妻与子女之间的相互关系,不利于家庭稳定和生殖技术的开展。实际上,社会性的养育行为比遗传物质更为重要。为了家庭稳定和辅助生殖技术的开展,理应对孩子保守遗传父母的秘密。但有少数国家和学者主张孩子有了解遗传父母的权利,如英国允许了解不提供姓名的供精者的某些情况,日本、瑞典、澳大利亚等国允许孩子成年后查阅遗传父母的情况。这样对防止近亲结婚有一定的好处,但也潜藏着孩子和养育父母关系破裂的危险。因此,关键的问题是要协调好父母生育权与子女知情权之间的冲突。

胚胎冷冻是体外受精技术迅速发展的重要因素。冷冻胚胎的主要好处在于:使受精的卵细胞得以保留,以便在妇女自然而非人工刺激的月经周期移回母体,增加受孕的机会。但冷冻胚胎可能会因夫妻离婚、一方或双方死亡带来处理上的伦理问题。其一,在夫妻双方死亡且没有对胚胎作出任何事先约定的情况下,冷冻胚胎有没有继承权?法律地位如何?属谁所有?谁有权利决定冷冻胚胎的命运?其二,女方在离婚后想利用冷冻胚胎生育而男方不同意的情况下,平衡点是应倾向于男方不愿做父亲的权利还是应倾向于女方的生育权利?谁最终对冷冻胚胎有支配权?冷冻胚胎是人还是物?回答以上问题无疑是困难的。因此,为应对出现以上两种情况所列之伦理问题以及处置纠纷,我们的法律应在这方面有所预见。冷冻胚胎应有保存期限限制,其期限以婚姻关系存续期间且取卵的母体未超过生育年龄为宜。其三,丈夫生前同意胚胎移植,没有孩子的妻子在丈夫去世后如想利用留下的冷冻胚胎生子,以重温亡夫旧貌时,是否允许?在我国,医务人员不得对单身妇女实施辅助生殖技术，然而我国首例丈夫身故后妻子要求继续胚胎移植的申请却获得了卫生部的批准①。卫生部批准的理由是：申请人申请实施的冻融胚胎移植仍属于整个辅助生殖治疗的一部分，因此同意广东省妇幼保健院提供冻融胚胎移植服务。但紧跟着就强调，这只能作为一个个案。这样做的策略是对的，但该案例并不能掩盖卫生部专家组回避了根本性的伦理问题，即冷冻胚胎与遗腹子有没有区别？把已经失去父亲的孩子生出来是否有违伦理？试想，孩子一出生就见不到父亲，卫生部不予批准或也在情理之中。夫妻双方既已同意体外受精——胚胎移植，在夫亡后解冻胚胎并植入妻子体内应无问题，但无论如何，批准冻融胚胎移植服务的前提除考虑生存配偶的生育权之外，最重要的是不能忽略"子女最佳利益原则"。至于应以怎样的标准来考量子女最佳利益，不妨参照父母离婚时监护权归属的各项因素。

（3）代理孕母的伦理难题与法律挑战

与人工授精、体外受精相比较，代理孕母的争议更广泛，且出现了不少新的伦理问题。第一要面临的仍是父母的身份问题。在代理孕母条件下，可使婴儿有 3 个母亲：生物遗传意义上的母亲

---

① 王霞（化名）与丈夫李机勇结婚三年来一直没有怀孕，后经医院诊断为双侧输卵管不通。为了能如愿以偿养育孩子，2003 年 6 月他们到某保健院"集爱"中心进行了人工辅助生育治疗，次年 2 月"集爱"中心用她的卵子和丈夫的精子成功培育了 16 个胚胎，并进行冻存。2 月 28 日，应他们要求，医院为他们进行了第一次胚胎移植手术。由于第一个胚胎质量不好被剔除，后又动用了两个胚胎均失败。当时总共剩下 13 个胚胎，准备选好时机再做第二次胚胎移植。不幸的是，5 月 12 日，丈夫在过马路时被一辆载人摩托车撞倒，当场死亡。由于王霞的丈夫车祸身亡，医院以违反《人类辅助生殖技术规范》及《人类辅助生殖技术和人类精子库伦理原则》为由，终止了其第二次胚胎移植。为此，王霞先后多次向省卫生厅、卫生部发出申请函。省卫生厅未予批准。10 月 13 日，经过卫生部专家组的讨论，她终于获准进行第二次胚胎移植。这一国内首例单身女性胚胎移植案例，由于向社会伦理和生育权提出了前所未有的挑战，至今仍然是人们关注的一个热点话题。参见 http://news. sina. com. cn/c/2004 - 10 - 30/15264089242s. shtml;http://news. qq. com/a/20041029/000109. htm，2010 年 12 月 11 日访问。

（卵子提供者）、生身母亲（子宫提供者）、契约上的母亲（契约要约人，有可能也是"遗传母亲"）；父亲则有生物遗传意义上的父亲、契约上的父亲（契约要约人，有可能也是"遗传父亲"）。在代理孕母条件下，最终被社会所接受的或者说法律意义上的母亲只能是她们中的一人，母亲身份是依据血统来确定？还是依据"分娩者为母"的传统民法原则？或是依据契约目的？抑或是依据子女最佳利益原则？无论采取何种标准，最终目的是确定代理孕母所生子女究竟由谁来作为行使亲权的母亲。精子和卵子的供体是不是父母？提供卵子的代理孕母是不是母亲？不提供卵子的代理孕母是不是母亲？"遗传父亲"具有一种血缘的权利，然而道德和法律只承认社会父母的权利，这就与血缘亲情产生了一定的矛盾，形成了多维的社会问题。母亲角色和父亲角色由几个人分别承担，孩子缺乏完整的父母，这对孩子并不公平。代理孕母条件下的身份问题比一般的人工授精和体外受精更加复杂。国外已发生多起代理孕母与委托人争夺孩子抚养权的纠纷，其中最棘手的莫过于提供卵子的代理孕母与提供精子的委托人之间的亲权问题。代理孕母对待生孩子有一种天性母爱使然，而这种母爱有可能驱使其与契约母亲争夺亲权。当然也存在着相互推卸责任的情况。例如，如果所待生的孩子被发现有严重疾病，责任在谁？应由谁来负责？谁来抚养？如果委托人拒绝抚养这个有严重疾病的婴儿，代理孕母又该怎么办？更为复杂的是替自己的亲属充当"代理孕母"，由此引起的亲子女关系难以理清。

　　第二要面临的是"出租子宫"、"租用子宫"是否合乎道德的问题。对此，存在截然相反的道德评价：一种认为是自我牺牲，帮助他人，属道德行为；另一种意见认为出租子宫取得报酬，把自己的子宫变成制造婴儿、换取货币的机器，属不道德行为。代孕协议意味着对代理孕母生殖能力的购买，意味着代理孕母将生命以金钱化。对于一个接受了"捐精捐卵"方式体外受精的代理孕母来说，她将分娩的婴儿以一定的代价转让给一对与婴儿毫无血缘关系的夫妇，这实质上是通过婴儿制造术出卖婴儿的行为。代理孕母靠"租子宫"赚钱，即把子宫变成赚钱而制造婴儿的机器，这不但贬低了人的价值和尊严，而且也容易产生富人雇穷人为代理孕母的社会不公正现象，因此是不符合伦理的。无论不孕妇女希望借助人工生殖的正当性为何，都不可避免将代理孕母的子宫和身体工具化，不可避免将孩子变相地当做商品进行买卖，子宫工具化和生命商品化都有损人的尊严。在美国，由于传统的母子观念与现实的自由市场意识之间的冲突，在法律上并没有得到和解，虽然有很多州制定了许多完全或部分禁止代理孕母的法律，但是美国国会一直没有通过任何禁止生育商业化的法律；因此许多学者的讨论仅仅是针对代理孕母契约是否构成贩卖婴儿、是否该限于无偿、对商业性的经营中介者是否处罚、契约是否能够约束当事人强迫履行；或是从相对的角度来看认为契约不合法，是否侵犯到个人的生育权以及契约对当事人的拘束是否侵犯其隐私权（包括堕胎、选择生产方式的权利）这一类的问题①。波斯纳指出，"批评替身怀孕的人把他们的愤怒集中在允许替身怀孕签订法律上可强制执行的契约，在孩子出生之际放弃孩子，把孩子给了父亲及其妻子。然而，如果没有这样一个合同，这个父亲和他的妻子就没有保证自己会从这一交易中真的得到一个婴儿。如果，因为这个替身怀孕违约了，他们没有得到，这就意味着他们在追求婴儿的过程中丧失了一年甚或更多的时间，9个月的孕期，再加上此前为了让这位替身怀孕所要花费的不知多长的时间。并且他们也无法保证下一位替身怀孕，以及再下一位，都不会违约。即使这位替身怀孕不违约，她也有一种激励因素以违约相威胁，以便获得比签约时她同意接受的价格更高的价格。换言之，如果法律拒绝强制执行替身怀孕合同，这就给了替身怀孕

---

① 黄丁全：《医疗　法律与生命伦理》（第2版），450页，北京：法律出版社，2007。

一种敲诈权"。①

概言之，代理孕母的医疗技术虽已臻成熟，然而代理孕母行为冲击伦理道德、母性亲权、家庭观念，导致亲属关系和伦理观念的混乱，也与人口增长控制政策相违背。单身男子如果能以代理孕母方式生育后代，必然会与单身女子以异质人工授精（AID）方式生育后代一样，使得现有家庭结构有解体的危险。任何要求代理孕母交出其所生子女的契约都不可强制执行。

如想要避免代理孕母行为所引发的争议，唯一的选择就是全面禁止。伦理之不取，亦为法律所不取。正因为如此，大多数国家都禁止代理孕母②。我国卫生部 2001 年发布《人类辅助生殖技术管理办法》③，禁止实施任何形式的代孕技术。一言以蔽之，代理孕母层层关系错综复杂，伦理苛责甚烈，并非仅以立法技术将代理孕母行为合法化即可解决。

3. 法律界定辅助生殖技术下亲子关系的对策

婚姻的目的是在确定社会性的父亲，对于生物性的父亲的确定，倒还属于次要，事实上父与子的生物关系的要求确定本身是一种社会的规定④。夫妻以辅助生殖技术方式行使生育权的，法律在对各种辅助生殖方式进行相应限定外，关键是要相应地对亲子关系作出规定。在主体方面，应当明确以辅助生殖技术实现生育权的主体只能是夫妻，并以双方同意为要件。因为生育权不完全是自然权

---

① ［美］理查德·A. 波斯纳：《性与理性》，苏力译，568～569 页，北京：中国政法大学出版社，2002。

② 巴西、芬兰、希腊、印度、匈牙利、以色列、韩国、南非、委内瑞拉目前都允许代理孕母；法国、意大利、丹麦、埃及、日本、约旦、挪威、葡萄牙、沙特阿拉伯、西班牙、瑞典、瑞士、土耳其等国禁止代理孕母。参见黄丁全：《医疗 法律与生命伦理》（第 2 版），450 页，北京：法律出版社，2007。

③ 该办法第三条规定："人类辅助生殖技术的应用应当在医疗机构中进行，以医疗为目的，并符合国家计划生育政策、伦理原则和有关法律规定。禁止以任何形式买卖配子、合子、胚胎。医疗机构和医务人员不得实施任何形式的代孕技术。"

④ 费孝通：《生育制度》，73 页，北京：商务印书馆，2008。

利，如果对包括未婚女子、寡妇、女同性恋者以及女独身主义者在内的单身女子施行辅助生殖技术，则既不符合生育政策，又给所出生的孩子带来难以解决的身份危机问题，对他的心智成长极为不利[①]。辅助生殖技术只宜在家庭框架下且仅是为孕育后代进行运作，以实现完整家庭的生物目的，不宜允许单身女性或女同性恋者所采用，以避免大量单亲家庭的出现，保护子女身心健康发展。也就是说，无论个人是否享有生育权，但辅助生殖技术仍须通过家庭的外在形式并在合乎伦理的范围内进行运作。在亲子关系的认定上，法律应因辅助生殖技术手段的不同而有所区别。

（1）同质人工授精（AIH）下的亲子关系认定

对于同质人工授精（AIH），许多国家民事法律一般均适用推定婚生的规定，只要在婚姻关系存续期间所生，不问是由自然受孕或人工授精受孕，都不影响所生子女为婚生子女的地位。婚姻关系存续期间出生的孩子与其父母一般有着自然血亲关系，认定为婚生子女并不会引起法律与伦理的争议。但存在一个问题值得探讨，若

[①]　外国有关法律规定互有不同，如法国，《生物伦理法律草案》明确规定人工生殖仅限于不能生育的已婚夫妇，同性恋者、单身女子禁止使用。在瑞典，仅限于已婚夫妇或处于同居状况之妇女始得为之。在德国依据1990年颁布之《胚胎保护法》的规定，人工生殖须在婚姻关系存续中始得施行。在英国，依据1991年生育与胚胎管理局颁布的法规，允许任何人包括单身妇女都可施行人工生殖。但单身妇女施行人工授精应由不育中心审核决定，决定时应充分考虑未来孩子的幸福以及孩子未来是否需要承认父亲。我国台湾地区2007年3月5日通过"相关人工生殖法"，也明确规范夫妻为实施人工生殖的主体，排除单亲、单身及同性恋等。显然立法例上，多数国家或地区的法律规定得实施人工生殖技术者仅限于已婚的夫妻，排除所有非夫妻关系对象，未婚男女以人工授精方法生育并不受允许。不过，社会对家庭和婚姻的看法一直受现代物质的冲击而产生变化，在欧美国家，社会价值观不再是倾向贬低单亲家庭，且自单亲家庭日益增多，在社会上所处的地位也日渐受到重视，单亲能否借助人工生殖技术生养子女确实是值得考虑的问题。虽然如此，但婚姻仍是社会的基本单元，家庭和繁殖后代对社会的重要性依然无可置疑，而人工生育早期也是以帮助不育夫妇为目的，不育之未婚者自然不能适用。参见黄丁全：《医疗　法律与生命伦理》（第2版），422页，北京：法律出版社，2007。

在婚姻关系存续期间，丈夫虽同意，但事后又为反对的意义表示，妻子仍擅自进行同质人工授精（AIH），其亲子关系该如何？诚然，丈夫对于自己的精子有支配权，妻子在丈夫不同意情况下仍擅自为之，即忽视了丈夫的生育权。但此种情形下更应重视子女的利益，因此未经丈夫同意的 AIH 所生子女为婚生子女，应无疑义。

（2）异质人工授精（AID）下的亲子关系认定

与同质人工授精（AIH）不同，异质人工授精（AID）所生子女的生物学上的父亲是丈夫以外的男性，即采用异质人工授精（AID）技术生出的孩子可以说有两个父亲：一个是养育他（她）的父亲，另一个是提供他（她）一半遗传物质的父亲。在此，所涉及的主要问题是，异质人工授精（AID）所生子女与供精者有无法律关系？费孝通指出，决定亲子的社会关系的是婚姻关系，不是生物关系①。一般认为，基于丈夫的同意，异质人工授精（AID）所生子女应视为婚生子女。如丈夫不同意，则其有否认的权利。我国最高人民法院《关于夫妻离婚后人工授精所生子女的法律地位如何确定的复函》中给予了明确的答复："在夫妻关系存续期间，双方一致同意进行人工授精，所生子女应视为夫妻双方的婚生子女，父母子女之间权利义务关系适用婚姻法的有关规定。"按此推理，未经丈夫同意的异质人工授精（AID）所生子女，丈夫得享有否认权。借鉴其他国家和地区的立法例②，我国立法应规定异质人工授精（AID）所生子女的否认制度：若丈夫未同意实施异质人工授精（AID），子女出生后 2 年内，丈夫可以异质人工授精（AID）事实推翻亲子关系之推定，但丈夫事先同意实施异质人工授精（AID）的，则不能提起否认之诉。因为丈夫的事先同意可被视为

---

① 费孝通：《生育制度》，75 页，北京：商务印书馆，2008。

② 美国 2000 年修订后的《统一亲子法》规定：丈夫书面同意即为子女的法律父亲，如果丈夫在子女出生前或出生后均无同意之意思表示，那么在其知道子女出生之日起 2 年内有权提起否认之诉。参见郑净方：《外国 AID 子女亲子身份认定之比较研究》，载陈苇主编：《家事法研究》（2009 年卷），386 页，北京：群众出版社，2010。

对异质人工授精（AID）所生子女有认领的意思表示。至于捐精者，因其既不具有与授精妇女发生性关系之目的，又无承担抚养子女义务之意愿，故其提供精子之行为一经发生即丧失对所生子女的认领权。因此，即使异质人工授精（AID）亲子关系被否认，捐精者与异质人工授精（AID）所生子女仍无法律上之亲属关系，异质人工授精（AID）所生子女①及其母亲亦无请求强制认领的权利。

（3）体外受精（IVF）下的亲子关系认定

妻卵之同质体外受精与同质人工授精（AIH）、妻卵之异质体外受精与异质人工授精（AID），只是受精的场所有所不同，一为体内，二为体外，其余情形相同，故妻卵之同质体外受精和异质体外受精所生子女的法律地位分别与同质人工授精（AIH）、异质人工授精（AID）所生子女的法律地位并无二致（前文已述，此不赘述）。然捐卵之同质体外受精（夫精捐卵）和异质体外受精（捐精捐卵）则争议较大：法律是否应允许卵子供给？我国学者认为，由于母亲的角色比父亲更为重要，且母权竞争较之父权更易发生，故应禁止卵子供给②。然而父权与母权并无二致，我们应当摒弃传统夫权家庭模式的思想烙印，故法律应允许捐卵之同质体外受精。就亲子关系的确定而言，传统民法"分娩者为母"原则对于捐卵之同质体外受精（夫精捐卵）似乎无适用余地，因为"传统之身份法，母体之卵与子宫有一体性或不可分离性，分娩之母体，必须提供卵子之母体……民法仅有父亲之推定，却无母亲之推定，母子关系恒依分娩之事实而推定"③。由第三人捐赠卵子，基于生母竞

---

①　这里主要涉及的是异质人工授精（AID）所生子女的知情权问题。如果法律准予异质人工授精（AID）所生子女享有知情权，则势必导致异质人工授精（AID）这种技术毫无意义，且会造成父亲身份竞合后的不利后果，影响家庭和社会的问题，因此此时子女的利益居于次要位置，法律应倾向保护父母的生育权。

②　冯建妹：《生殖技术的法律问题研究》，载梁慧星主编：《民商法论丛》（第8卷），93～94页，北京：法律出版社，1997。

③　戴东雄：《亲属法论文集》，588～589页，台北：三民书局，1988。

合原则，外国立法例倾向提供卵子者与人工生殖子女不发生任何亲属法上的权利义务①。再者，从辅助生殖的目的以及捐卵者并无为母意愿来看，法律上有必要将受胎之推定扩大解释为怀胎事实，使分娩之妻为法律上的母亲。在此情形下，丈夫对捐卵之同质体外受精（夫精捐卵）所生子女将被排除享有婚生否认的权利。关键的问题在于母亲可否因子女非其血缘而提出婚生否认之诉？在实施捐卵之同质体外受精时，妻子事先是表示同意的，依诚实信用原则及权利禁止滥用原则，故其不得类推享有婚生否认的权利。但妻子在受胁迫而实施该同质体外受精时，因其无生育真意，则给予其婚生否认之权较为稳妥。另外，就夫妻采辅助生殖技术的初衷而言，捐卵之异质体外受精（捐精捐卵）则与其相差甚远，故法律不可认同采捐卵之异质体外受精，夫妻完全可以通过拟制血亲制度实现其抚育后代的目的。

综上，无论体内授精或体外受精，如果夫妻双方均同意接受来自第三人参与配子而形成的合子或胚胎时，虽然一方并未行使孕育行为也没有遗传物质参与，结合身份和本人意愿，夫妻对孩子具有血亲关系，而夫妻以外的供精者、供卵者与子女不发生法律上的亲子关系。同时，鉴于伦理之目的，法律对捐卵之异质体外受精和代理孕母应予以明确禁止。

（二）婚姻财产制与家庭扶养功能的伦理难题及其立法规制

1. 家庭扶养功能与婚姻财产制的内在紧张

婚姻是夫妻双方共甘共苦、同舟共济的伦理实体，夫妻互负扶养义务是夫妻共同生活的本质要素，因而夫妻互负扶养义务乃是夫妻伦理实体之伦理生活的基本要求。男女双方结为夫妻，组成家庭，便应在生活中相互照料，物质上相互扶持，精神上相互支撑，特别是在其中一方生病、伤残、失业的时候，另一方要给予经济上

---

① 黄丁全：《医疗 法律与生命伦理》（第 2 版），428 页，北京：法律出版社，2007。

的供给和精神上的支持，这也体现了家庭的人伦本质。而家庭的扶养功能也首先体现在夫妻之间互尽扶养的责任和义务上①。

夫妻之间的扶养义务的内容包括夫妻之间相互为对方提供经济上的供养和生活上的扶助，以此维系婚姻家庭日常生活的正常进行。夫妻经济上的扶养义务与婚姻财产制存在内在关联性。婚姻财产制（又称夫妻财产制）的内容包括各种夫妻财产制的设立、变更与废止，夫妻婚前财产和婚后所得财产的归属、管理、使用、收益、处分，家庭生活费用的负担，夫妻债务的清偿，婚姻终止时夫妻财产的清算和分割等问题。婚姻财产制的核心是夫妻婚前财产和婚后所得财产的所有权归属问题。也就是说，婚姻财产制是夫妻主要财产利益的分配机制。

我国《婚姻法》对夫妻财产法律关系规定了三方面的内容，即婚姻财产制、夫妻扶养义务、夫妻继承权。在婚姻财产制上，我国现行法律在总体上是法定财产制与约定财产制相结合，在法定财产制中是共同财产制与个人特有财产制相结合。在夫妻扶养义务上，我国现行法律对于这种义务是无条件的，要求扶养义务人履行的是作出较大自我牺牲的生活保持义务。无论实行何种财产制，无论婚姻的实际情形如何，无论当事人的情感好坏，只要夫妻合法身份关系存在，夫妻之间就有接受扶养的权利和履行扶养对方的义务，这种权利义务始于婚姻缔结之日，消灭于婚姻终止之时。于是，家庭的扶养功能就有可能与婚姻财产制的具体落实存在某种紧张关系。

家庭扶养功能首先依赖于"共有财产"这种物质性纽带，因而我国法定的夫妻共同财产制较能体现传统伦理认同的家庭"同

---

① 广义的扶养还包括抚养和赡养。我国《婚姻法》对扶养一词采狭义的解释，是指夫妻之间和兄弟姐妹之间在生活上相互供养的责任。与《婚姻法》不同，我国《刑法》中的扶养一词采广义的解释，《刑法》第二百六十一条中所说的"负有扶养义务而拒绝扶养"，泛指夫妻、父母子女、祖孙、兄弟姐妹间的扶养、抚养和赡养义务。本书此处采最狭义的解释，仅指夫妻之间的扶养。

居共财"之价值理念。我国社会保障制度尚在逐步完善阶段，家庭承担的包括养老育幼在内的扶养扶助负担很重①。所有这些职能的履行，均须建立在家庭的经济条件或者财力之上。夫妻共同财产制的根本，就在于谋求夫妻经济生活与身份生活的一致，内部与外部的一体，以达到婚姻共同生活的本质目的，同时又保障了因从事家务劳动而无收入或收入较低配偶一方的权益，有助于实现实质意义上的夫妻平等。因此，此种条件下的夫妻共同财产制的作用与家庭扶养功能之间是和谐的，且有利于家庭的稳定。然而，在实行分别财产制特别是法定夫妻特有财产日益增多的情形下，我们就有必要审视个人自由主义立法下的家庭扶养功能实现之问题。

"夫妻共同财产"是夫妻相互履行扶养义务的物质基础，而这种义务的基础当然是家庭伦理和与之相应的共同财产制。1950年新中国第一部《婚姻法》中使用的是"家庭财产"的概念，其第十条规定："夫妻双方对于家庭财产有平等的所有权与处理权。"1980年《婚姻法》提出了"夫妻共同财产"的概念，其第十三条规定："夫妻在婚姻关系存续期间所得的财产，归夫妻共同所有，双方另有约定的除外。"但显而易见，夫妻共同财产不过是"家庭财产制"的一种法律表述。1993年最高人民法院《关于人民法院审理离婚案件处理财产分割问题的若干具体意见》第6条实际确立了我国婚姻法上婚前个人所有的财产转化为夫妻共同财产的制度。2001年修正后的《婚姻法》保留了"夫妻在婚姻关系存续期间所得的财产归夫妻共同所有"的表述，但强调了个人财产不因婚姻关系而转化为夫妻共同财产，还独创性地对夫妻共同财产和夫妻个人财产采取了列举式的规定方式，并分别规定了一个兜底条款。这种兜底条款给最高人民法院肆意扩大解释预留了空间。2001

---

① 诚然，随着社会保障制度的不断完善和发展，婚姻家庭在抚养方面的重要性将不如以往，且家庭扶养功能在精神层面的价值应优于其在经济方面的价值。但不能由此而否定家庭在经济上的扶养功能。

年之后，最高人民法院的几次婚姻法适用解释都不断朝着摧毁"家产制"这一维持家庭稳定的财产纽带方向迈进。对家庭共同财产的摧毁中，最为直接的体现就是最高人民法院司法解释中关于离婚房产分割的具体规定。这些规定，特别是《最高人民法院关于适用〈中华人民共和国婚姻法〉若干问题的解释（三）》，罔顾中国社会的实际情况，对婚姻意义及其"同居共财"等财产特征缺乏体认和尊重，不具有丝毫提升道德、弘扬价值的功能，而完全成了法官用来办案的技术依据。这些法律技术应用于实践之后，必将给中国婚姻和家庭带来变革甚至是巨大打击。夫妻之间一清二楚地明算账，家庭关系彻底退化成契约关系，家庭的组合与合伙企业这种物质算计单位没有什么两样，那我们为什么还结婚呢？为什么还需要家庭呢？

法律如果继续剪切"同居共财"之理念并不断扩大"个人财产"，强调所谓的个人自由，必然会影响家庭的稳定及其扶养功能的实现。因此，在设计婚姻财产制的种类及共同财产范围时，必须充分考虑到家庭普遍担负的任务和具有的功能。无论婚姻财产制的种类如何，都必须能够满足家庭共同生活需要。无论共同财产范围如何，都必须固化"同居共财"之传统伦理价值，而不是无限扩大夫妻个人的财产范围。

2. 家庭扶养功能与家务劳动价值的逻辑诘难

如前所述，夫妻共同财产制的作用与家庭扶养功能是一致的，且有利于家庭的稳定。那么，共同财产制的规则在多大程度上可保证家庭扶养功能的实现？应当注意到，在夫妻约定财产制下，虽然财产归各自所有，但这只是婚姻内部的财产分配规则，夫妻之间的扶养义务仍可在婚姻关系存续期间得以履行，并且离婚经济补偿制度亦可弥补原约定财产制在家庭扶养功能上的不足。因此，我们要着重思考的问题是：在夫妻共同财产制下应当如何实现家庭的扶养功能？

在婚姻关系存续期间，相互扶养是夫妻生活的伦理与法律要求，而对家务劳动价值的承认则是实行法定共同财产制的意义所在，也是夫妻财产利益分配的直接表征。因种种原因，婚姻关系的两造直接谋取物质财富或者经济收入的情况会有较大差异，如夫妻一方因照顾家庭、抚养子女等需要，其直接谋取物质财富或者经济收入的时间较少；或者由于支持配偶的原因，承担了超过法定义务限度的家事负担，甚至辞别职业社会工作，退回家庭中，全职从事家庭照料事务；在此情形下，该方配偶对婚姻家庭的贡献并不低于在外直接挣钱的配偶他方，或者说，他方配偶的收入或所积累的财富中包含着在家配偶的贡献，该方配偶有权要求分享对方的收入和财富①。基于承认家务劳动价值，公平地分配夫妻在婚姻期间所得的利益，这是现代夫妻财产法的立法理念②。不少国家先后修改夫妻财产制，其目的在于承认家务劳动的价值，是对夫妻在婚姻期间所得利益实行公平分配，以加强对经济能力较弱的夫妻一方（往往是妻方，尤其是专事家务劳动的妻方）之保护③。因此，就我国《婚姻法》所确定的夫妻法定共同财产制，即婚后所得共同制而言，夫妻之间的经济扶养可在共同体之财产利益共享中得以实现，从事家务劳动的无实际收入的配偶一方自不待言，其利益亦可于婚姻关系存续期间实现。

然而，婚后所得共同制下的夫妻如离婚，则有一个严重的问题值得思考，即离婚时如何对待或承认婚姻关系存续期间家务劳动的价值。我们知道，婚姻关系一旦破裂，其伦理实体也就有终结的可能。夫妻离婚后，原家庭职能上的扶养功能是不是仍得延续？婚姻关系存续期间家务劳动的价值应当如何承认？或者说，家庭扶养功能与对家务劳动价值的承认在婚姻关系存续期间似乎表面上是协调

---

① 蒋月：《婚姻家庭法前沿导论》，97 页，北京：科学出版社，2007。
② 陈苇：《中国婚姻家庭法立法研究》（第二版），26 页，北京：群众出版社，2010。
③ 陈苇：《中国婚姻家庭法立法研究》（第二版），24 页，北京：群众出版社，2010。

的，两者在离婚时为何如此"矛盾重重"呢？的确，这当中涉及价值判断的问题。基于弱者保护、男女平等、家务劳动的经济贡献等原因，我们都应当对家务劳动价值予以承认并保护。最为重要的原因在于：尊重人及其价值。这是一项道德命令。

婚后所得共同制下的家务劳动既如此价值巨大，为何法律不正面承认离婚夫妻的家务劳动价值呢？可能的原因在于：一是家务劳动无法计算；二是婚后所得共同财产制已经补偿了家务劳动方的贡献。然而问题恰恰是，后者更为凸显了这一矛盾的激烈程度。"婚后所得共同制"中的"所得"，是指现行《婚姻法》第十七条规定的"工资、奖金；生产、经营的收益；知识产权的收益；继承或赠与所得的财产（归夫或妻一方的财产除外）；其他应当归共同所有的财产"。何为"收益"？是否包含离婚时尚未实现的期待利益？根据2003年《婚姻法司法解释（二）》第12条有关"知识产权的收益"的解释，"收益"是指婚姻关系存续期间，实际取得或者已经明确可以取得的财产性收益。也就是说，"收益"仅包括婚姻关系存续期间的既得利益，不包含离婚时尚未取得的期待利益。随着经济的发展和人们财富的增长，夫妻共同财产除知识产权收益之外，还有类似于知识产权一样的所谓"财富"，如学历文凭、职业资格证书等。对于离婚时知识产权、学历文凭、职业资格证书等尚未实现的期待利益，又应当如何处理？法律如不采取任何应对措施，对家务劳动方肯定有失公允。而这也是我们不愿看到的。正因为如此，夫妻在离婚时存在尚未实现的财产期待利益的情形下，婚后所得共同制与家务劳动价值之间的博弈就凸显了解决"在夫妻共同财产制下应当如何实现家庭的扶养功能"这一问题的重要性。

3. 婚后所得共同制下实现家庭扶养功能的路径选择——基于离婚夫妻家务劳动价值补偿的视角

如前所述，只有婚姻关系继续存续，夫妻家务劳动价值与婚后所得共同制之间才在扶养功能上存在一致性，二者的逻辑诘难就在于离婚时算计婚后"所得"的具体范围，特别是离婚时存在尚未取得的期待利益的情形下。关于夫妻一方婚姻期间所得知识产权、学历文凭、职业资格证书等在离婚时尚未实现的期待利益归属问题，始终是学术界乃至立法关注的焦点。对于婚后所得共同制下的家务劳动价值的补偿问题，可以采取的解决思路大致有两种：一是直接评估家务劳动的价值，再予以补偿；二是不对家务劳动估价，而从夫妻共同财产上着手评估并予以补偿。对于前一种解决方式，难点在于如何估算成本。有论者指出，"家务劳动是一种经济活动，尽管做家务的人是不接受金钱补偿的配偶，但它仍然涉及成本，主要是做家务人的时间的机会成本"①。笔者认为，虽然家务劳动与社会生产劳动具有同质性，具有家庭经济的贡献因素，但采直接估算成本的方式未必是最好的办法，而且恰当地度量不在市场上进行的活动的收入是一个复杂的问题，不具可操作性。对于后一种解决方式，又可以分为分割说和补偿论（以下稍加评述）。

在知识产权尚未实现的期待利益归属问题上，有"个人财产说"和"同体财产说"之别。"个人财产说"以知识产权之人身权和财产权的划分理论和婚后所得共同制的立法精神来阐释离婚后知识产权期待利益归权利人个人所有的合理性，其背后的价值理念是激励知识产权创造方的创造积极性，体现了知识产权法与婚姻法这两个法律部门关于知识产权制度的一致性和安定性。但这种观点在保护非创造方利益上是有缺陷的，正因为如此，才使得"共同财产说"得以提出并具有一定理论"市场"。"共同财产说"的致命缺陷是混淆了知识产权、知识产品和知识产权的收益这三个概念，并且曲解了婚后所得共同制的立法精神，但其在平等保护夫妻的财产利益，特别是重视保护从事家务劳动的妇女一方的利益等方面，其价值取向尤为值得肯定。"共同财产说"无论采取何种立论，都必然面临同一个问题，即分割问题。即使"共同财产说"的理论

①　彭世忠编著：《国际民商事诉讼法原理》，67 页，北京：中国法制出版社，2000。

基础是正确的，但无论是折价分割还是待期待利益实现后再行分割，弊端很多①。由上可见，虽然分割方法不太可行，但以上两大观点在价值取向上都具优势，问题是：为什么不从根源上对二者加以整合，从而达到衡平离婚时夫妻双方的共同财产利益呢？

在学历文凭、职业资格证书等尚未实现的期待利益归属问题上，我国多数学者建议将该利益视为无形财产并予以分割②。正确界定婚姻关系中的夫妻共同财产范围至关重要。某种学历文凭或职业资格证书只是证明某人具有某种知识或技能的一种证明文件，具有人身属性，与持证者的特定人身不能分开。学历文凭或职业资格证书如遗失，并无财产损失，持证人可申请补办。因此，学历文凭或职业资格证书本身并不是民法上的财产，当然也不能被估价分

---

① 首先，离婚时折价分割知识产权期待利益在实务中很难行得通。由于知识产权的审查制度等方面的原因（如对实用新型和外观设计专利申请仅采取形式审查），知识产权的权利有不稳定因素，价值也很不确定，折价补偿后可能面临许多问题。例如，离婚时，一项专利经评估为10万元，享有专利权的一方给另一方折价补偿5万元，但不久，该专利被宣告无效。那么，已进行的财产分割该如何处理呢？（参见衣庆云：《夫妻财产制与知识产权》，载《中国知识产权报》2001年3月16日第3版。）因此，一次性折价分割会导致利益失衡。其次，离婚后"待其今后实际取得经济利益后再行分割"的做法也是行不通的。离婚后知识产权期待利益的实现可能是一个漫长的过程，实现的次数有可能是一次，两次或多次。如存在这个无期限的利益分割机制，势必会导致原夫妻双方漫长的争夺之路，有可能到死时仍存在分割问题，也会影响创造方再婚后的婚姻关系的稳定，当然也存在非创造方的时间成本和维权成本太高的现象。因此，这种分割方法不利于纠纷的及时解决及离婚时夫妻财产权利义务的确定性。

② 参见吴金水：《浅谈夫妻共同财产的无形化及其分割》，载《政治与法律》，1995（4）；夏吟兰：《对中国夫妻共同财产范围的社会性别分析——兼论家务劳动的价值》，载《法学杂志》，2005（2）；夏吟兰：《在国际人权框架下审视中国离婚财产分割方法》，载《环球法律评论》，2005（1）；蒋月：《试论学历学位和职业资格在离婚时视为"财产"予以分割》，载《法令月刊》，2007（8）；曾广誉：《夫妻共同无形财产论——兼论文凭的夫妻共同无形财产性》，载夏吟兰、龙翼飞主编：《和谐社会中婚姻家庭关系的法律重构》，180～187页，北京：中国政法大学出版社，2007；胡苷用：《婚姻合伙视野下的夫妻共同财产制度研究》，132～146页，西南政法大学博士学位论文，2009。

割。同理，这也就不会产生将行政职务或级别①也视为"财产"或"职业资格"在离婚时也予以估价分割的困惑了。"无形财产论"者是在主张民法的无形财产范围应当扩大的大前提下，提出婚姻期间所形成的人力资本及预期收入能力应当作为夫妻共同的"无形财产"，再类推至体现人力资本增加和预期收入能力增强的学历文凭或职业资格证书应当被视为夫妻共同财产。这种论证是欠科学的，其立论基础是不合理的。因此，笔者认为，将婚姻期间获得的学历文凭及职业资格证书视为夫妻共同的"无形财产"的观点似不科学、不合理②。

由上观之，为承认家务劳动的价值，无论是在知识产权尚未实现的期待利益归属问题上，还是在学历文凭、职业资格证书等尚未实现的期待利益归属问题上，采取分割的方法不利于问题的解决，而且在理论上欠科学，容易导致婚姻伦理实体的直接物质算计。

在离婚时，是否应"分割"知识产权、学历文凭及职业资格证书等尚未实现的期待利益只是个表面现象，问题的实质是如何平衡夫妻双方在婚姻关系存续期间所得的经济利益问题，以更好地实现家庭的扶养功能。在我国现实生活中，有的夫妻在婚姻期间以操持家务和付出共同财产的方式支持夫妻一方取得知识产权，有的甚至为此影响或丧失了自己完成学业或专业技能培训的机会（以下简称职业机会利益损失），而离婚时却得不到补偿，必然会降低该方夫妻对婚姻共同生活的预期，损害家庭应具有的功能，造成对她或他的系统剥夺。试问，为什么一定要将一个不具确定性的期待利

① 有学者指出："行政职务或级别通常代表着拥有者的职业经验和水平，从某种程度上说，也是'职业资格'。"参见蒋月：《试论学历学位和职业资格在离婚时视为"财产"予以分割》，载《法令月刊》，101 页，2007（8）。

② 有关对学历文凭及职业资格证书之"无形财产分割说"的商榷理由，请参见笔者与导师合作的论文：《论婚内夫妻一方家务劳动价值及职业机会利益损失的补偿之道——与学历文凭及职业资格证书之"无形财产分割说"商榷》，载《甘肃社会科学》，30～32 页，2010（4）。

益作为夫妻共同财产在离婚时予以分割呢？能否换一个角度进行思考呢？例如，我们考虑在离婚时夫妻一方在婚姻关系存续期间从事家务劳动的价值、其自身丧失职业发展机会的利益损失，以及共同财产转化为夫妻他方个人财产后的财产损失进行补偿，是不是更具有可行性呢？在婚姻期间没有实际取得知识产权，或未能如期毕业，抑或是多次考证书均未成功，难道对贡献方配偶就不补偿吗？

综上所述，我们不主张"分割说"，采"补偿说"，并建议采取以下立法措施：（1）完善现行离婚经济补偿制度以充分体现对家务劳动价值的承认。在夫妻共同财产制下，针对现实生活中的夫妻一方为另一方取得知识产权、学历文凭、职业资格证书等而付出家务劳动的情况，则有必要完善现行的离婚经济补偿制度，以有条件地扩大我国离婚经济补偿制度的适用范围为宜。（2）补充立法以补偿家务劳动贡献方丧失职业发展机会的利益损失。在补偿家务劳动贡献方自身于婚姻存续期间丧失的职业发展机会，目前美国和德国的立法已有明确的规定，即通过离婚后以一定期限为限的配偶扶养制度来实现。目前我国《婚姻法》对离婚时家务劳动贡献方的"恢复"性扶养制度未予规定，考虑到家务劳动贡献方在婚姻存续期间为支持受助方取得知识产权、学历文凭、职业资格证书等而延误自身的受教育、培训、受雇的机会或丧失自身的职业发展的机会利益，对于因此而受到损害的利益，受助方理应给予补偿，即应当承担给付"恢复"性扶养费的义务，才能平衡夫妻双方在婚姻期间所得的经济利益，体现公平原则和夫妻平等原则。[1]（3）补充立法以建立夫妻财产补偿请求权制度。现实生活中，夫妻之间以一种财产替代另一种财产清偿债务，一种财产从另一种财产中受有利益等现象是存在的，有鉴于此，我国有学者指出，立法上"应

---

[1] 陈苇、曹贤信：《论婚内夫妻一方家务劳动价值及职业机会利益损失的补偿之道——与学历文凭及职业资格证书之"无形财产分割说"商榷》，载《甘肃社会科学》，32～33页，2010（4）。

增补夫妻财产补偿请求权制度"①。在国外，法国、德国等国家均有夫妻个人财产与夫妻共同财产之间的补偿请求权的规定。就知识产权、学历文凭、职业资格证书等本身而言，夫妻一方在婚姻存续期间取得知识产权、学历文凭、职业资格证书等不仅含有其个人的智力和努力，还有可能含有夫妻共同财产的投入及贡献。在知识产权、学历文凭、职业资格证书等本身及其期待利益又归属于权利方的情况下，显然不利于以投入共同财产作出贡献的家务劳动方。因此，未来民法典亲属编应当立法确立夫妻个人财产与夫妻共同财产之间的补偿请求权制度②，以更好地衡平夫妻的包括知识产权期待利益在内的财产利益。上述三种补偿方法是对已经发生的实际损失利益的价值估价后给予经济补偿，可操作性强，较好地更正了分割说的理论缺陷，有利于"一揽子"解决类似无形财产"分割"的问题，以整体衡平离婚时伦理上家务劳动价值与家庭扶养功能之间的财产利益冲突。

---

① 陈苇：《完善我国夫妻财产制的立法构想》，载《中国法学》，91 页，2000(1)。

② 陈苇：《中国婚姻家庭法立法研究》，200、208 页，北京：群众出版社，2000。

结　　论

　　道德是讲究善的，法律是讲究真的。善和真，既可能冲突又可能一致。法律上的真是其所调整对象的事实之真和规则之真的综合体。因此，法律之真和道德之善之间没有根本的冲突。只有建立在法律之真基础上的善，才是最为可靠的善，进而才具有社会调整效力的法律之美。亲属法也是真善美的结合。亲属法之真强调的是合规律性，体现的是婚姻家庭的人际关系和生物学的规律，其自身的规律则是通过外部形式的特征表现出来，如公开性、明确性、可行性、相对稳定性、可预测性、逻辑性等特征。亲属法之善强调的是合目的性，其具体的表现和实现形态主要包括正义、平等、自由、人道。而正义大抵可以涵盖平等、自由、人道。在确定亲属法是否合目的性上，则要求我们以抽象的思维进行价值判断。亲属法之美是在克服了亲属法之真、善的各自片面性而达到了真与善、合规律性和合目的性的统一，以权利义务的配置使婚姻家庭关系变得清晰和协调，为和谐之美。

　　本书重点研究的是亲属法之真和善，以合目的性的价值体系来判断亲属法之真，试图实现婚姻家庭的和谐之美。无论亲属法之真抑或善，都与婚姻家庭伦理密切相关。亲属法之真在很大程度上是体现了婚姻家庭伦理在法律上的合规律性，而善又是婚姻家庭伦理的原发理念在法律上的合目的性。这两个方面在本书中并不是截然分开的，而是结合在一起来探讨的。在笔者看来，亲属法之真表现为亲属法对婚姻家庭伦理的同构化和谦抑①化。行文思路上，本书采取"实然"与"应然"二元结构，在"实然"层面探讨亲属法对婚姻家庭伦理的同构化，在"应然"层面探讨亲属法对婚姻家庭伦理的谦抑化。

亲属法作为一种行为规范，其本身"是不是"受婚姻家庭伦理的指引和制约？因而在亲属法对婚姻家庭伦理的同构化上，本书上篇提出"亲属法伦理性之描述性命题"，以"亲属法伦理性之实然面向"为主题，着重对该命题所含的亲属法"是不是"具有伦理性以及"是"如何体现伦理性的问题作出回答，即旨在描述现行亲属法的伦理本质、伦理价值、伦理规范等实存状态。无论社会如何变迁，人生而存在一些固有的普遍性，即人性。婚姻家庭伦理是规范人性的必然和必要。亲属法的正当性来源于婚姻家庭伦理的人性基础。由于亲属法的伦理目的在于建立和睦、稳定的婚姻家庭关系，因而依其目的，应确立平等、自由、人道原则，这些伦理原则进而转化为立法原则，并在此基础上，具体化为亲属法的行为规范，如在婚姻法上体现为伦理契约、伦理能力、伦理禁忌与伦理程序，在夫妻关系法上体现为人身与财产的伦理，在亲子法上体现为权责伦理，在离婚法上体现为伦理调适与伦理关怀。这就是亲属法对婚姻家庭伦理的同构化。

---

① 谦抑，是指缩减或压缩。按《古代汉语词典》的解释，谦挹，是指谦虚退让。例如，《北史·于谨传》云："名位虽重，愈存谦挹。"（《古代汉语词典》编写组编：《古代汉语词典》，1217 页，北京：商务印书馆，2002。）"挹"，通"抑"，含"抑制"之意。例如，《荀子·宥坐》云："此所谓挹而损之之道也。"（《古代汉语词典》编写组编：《古代汉语词典》，1858 页，北京：商务印书馆，2002。）"谦抑性"一词在目前的中国法学中主要用于刑法领域，陈兴良教授将谦抑性解释为"立法者应当力求以最小的支出——少用甚至不用刑罚（而用其他刑罚替代措施）获取最大的社会效益——有效地预防和控制犯罪"，并把刑法谦抑的价值蕴涵具体表述为刑法的紧缩性，补充性和经济性。（参见陈兴良：《刑法的价值构造》，353～389 页，北京：中国人民大学出版社，1998。）本书使用的"谦抑"化，属于一种借用，用来表达亲属法对婚姻家庭伦理应保持一种压缩、限定的态度，不宜无限制扩张亲属法的伦理内容。

亲属法作为一种行为规范，其本身"应当不应当"对婚姻家庭伦理设定"度"和"量"？因而在亲属法对婚姻家庭伦理的谦抑化上，本书下篇提出"亲属法伦理性之评价性命题"，以"亲属法伦理性之应然面向"为主题，着重对该命题所含的亲属法"应当不应当"具有伦理性以及"应当怎样"具有伦理性的问题进行评价和论证，即旨在判断亲属法伦理性之妥当性及评价亲属立法的伦理限度。我们知道，亲属法规范所吸收的只是婚姻家庭伦理道德规范中最基本的内容和最起码的要求。婚姻家庭伦理的过度法律化肯定会混淆道德与法律的界限，而且会造成极大的危害，产生很大的负面效应，实际上就等于取消了婚姻家庭伦理，这不仅会使人们丧失个人自由，从而窒息家庭的生机和活力，抹杀道德塑造高尚人格、引导人们追求"至善"的功能，而且最终也将伤害到亲属法本身。我们也知道，中国古代道德与法律的结合方式使法律丧失了独立自主性，法律沦为道德体系的附庸，成为维护封建宗法等级制度的工具。这在一定意义上已经蜕变成了人治，难以培养出具有自由、平等、独立、民主意识及理性精神的人。因此在当今社会，我们界定婚姻家庭伦理法律化的合理限度是非常重要的。这就是亲属法对婚姻家庭伦理的谦抑化。

回顾全书，在笔者看来，之所以提出亲属法伦理性之描述性命题和评价性命题，实际上也是为了论证亲属法对婚姻家庭伦理的同构化和谦抑化，这"双化"是辩证统一的。我们的亲属立法理应秉持这种理念，以实现对婚姻家庭关系的善法之治。

参考文献

（按引用先后排序）

一、著作类

（一）中文著作

[1] 陈苇：《中国婚姻家庭法立法研究》（第二版），北京：群众出版社，2010。

[2] 杨大文主编：《亲属法》，北京：法律出版社，1997。

[3] 余延满：《亲属法原论》，北京：法律出版社，2007。

[4] 巫昌祯主编：《婚姻家庭法新论——比较研究与展望》，北京：中国政法大学出版社，2002。

[5] 李银河、马忆南主编：《婚姻法修改论争》，北京：光明日报出版社，1999。

[6] 万俊人：《寻求普世伦理》，北京：北京大学出版社，2009。

[7] 何怀宏：《伦理学是什么》，北京：北京大学出版社，2002。

[8] 吴敏英主编：《伦理学教程》，成都：四川大学出版社，2002。

[9] 王明辉主编：《何谓伦理学》，北京：中国戏剧出版社，2005。

[10] 刘永忠：《伦理学》，西安：西北大学出版社，1995。

[11] 赵兴宏主编：《伦理学原理》，沈阳：辽宁人民出版

社，2005。

[12] 魏道履等编著：《伦理学》，厦门：鹭江出版社，1986。

[13] 万俊人主编：《清华哲学年鉴·2002》，保定：河北大学出版社，2003。

[14] 夏勇：《人权概念起源》，北京：中国政法大学出版社，1992。

[15] 张文显：《二十世纪西方法哲学思潮研究》，北京：法律出版社，2006。

[16] 李建华等：《法律伦理学》，长沙：湖南人民出版社，2006。

[17] 王小锡等：《中国伦理学60年》，上海：上海人民出版社，2009。

[18] 王歌雅：《中国亲属立法的伦理意蕴与制度延展》，哈尔滨：黑龙江大学出版社，2008。

[19] 陈棋炎等：《民法亲属新论》，台北：三民书局，2005。

[20] 邓公玄：《人性论》，台北："中国"文化大学出版部，1952。

[21] 王海明：《人性论》，北京：商务印书馆，2005。

[22] 冯友兰：《三松堂全集》（第4卷），郑州：河南人民出版社，1986。

[23] 张岱年：《中国哲学大纲》，北京：中国社会科学出版社，1982。

[24] 崔宜明：《道德哲学引论》，上海：上海人民出版社，2006。

[25] 李忠芳：《两性法律的源与流》，北京：群众出版社，2002。

[26] 安云凤主编：《性伦理学新论》，北京：首都师范大学出版社，2002。

[27] 王歌雅：《中国婚姻伦理嬗变研究》，北京：中国社会科

学出版社，2008。

[28] 唐雄山：《人性平衡论》，广州：中山大学出版社，2007。

[29] 刘杨：《法律正当性观念的转变：以近代西方两大法学派为中心的研究》，北京：北京大学出版社，2008。

[30] 付子堂：《法之理在法外》，北京：法律出版社，2003。

[31] 史尚宽：《亲属法论》，北京：中国政法大学出版社，2000。

[32] 夏吟兰主编：《婚姻家庭继承法》，北京：中国政法大学出版社，2004。

[33] 陈苇主编：《婚姻家庭继承法学》，北京：群众出版社，2005。

[34] 杨立新：《亲属法专论》，北京：高等教育出版社，2005。

[35] 杨大文主编：《亲属法》（第4版），北京：法律出版社，2004。

[36] 陈苇主编：《婚姻家庭继承法学》，北京：法律出版社，2002。

[37] 蒋月：《婚姻家庭法前沿导论》，北京：科学出版社，2007。

[38] 王丽萍：《婚姻家庭法律制度研究》，济南：山东人民出版社，2004。

[39] 巫昌祯、夏吟兰主编：《婚姻家庭法学》，北京：中国政法大学出版社，2007。

[40] 陈苇（项目负责人）：《改革开放三十年（1978～2008年）中国婚姻家庭继承法研究之回顾与展望》，北京：中国政法大学出版社，2010。

[41] 王洪：《婚姻家庭法》，北京：法律出版社，2003。

[42] 梁慧星：《民法解释学》，北京：中国政法大学出版

社，1995。

［43］李建华：《法治社会中的伦理秩序》，北京：中国社会科学出版社，2004。

［44］吕世伦主编：《现代西方法学流派》（上卷），北京：中国大百科全书出版社，2000。

［45］梁治平：《法辨：中国法的过去、现在与未来》，北京：中国政法大学出版社，2002。

［46］唐凯麟主编：《西方伦理学名著提要》，南昌：江西人民出版社，2000。

［47］詹世友：《公义与公器：正义论视域中的公共伦理学》，北京：人民出版社，2006。

［48］樊浩：《中国伦理精神的现代建构》，南京：江苏人民出版社，1997。

［49］石亚军主编：《人文素质论》，北京：中国人民大学出版社，2008。

［50］万俊人主编：《清华哲学年鉴·2004》，保定：河北大学出版社，2006。

［51］周辅成编：《西方伦理学名著选辑》（上卷），北京：商务印书馆，1964。

［52］江畅、戴茂堂：《西方价值观念与当代中国》，武汉：湖北人民出版社，1997。

［53］王引兰：《伦理学初探》，北京：中国社会出版社，2007。

［54］王恒生主编：《家庭伦理道德》，北京：中国财政经济出版社，2001。

［55］沈宗灵：《现代西方法理学》，北京：北京大学出版社，2003。

［56］杨大文主编：《新婚姻法释义》，北京：中国人民大学出版社，2001。

[57] 胡平仁等：《法律社会学》，长沙：湖南人民出版社，2006。

[58] 王海明：《公正　平等　人道：社会治理的道德原则体系》，北京：北京大学出版社，2000。

[59] 王德禄、蒋世和主编：《人权宣言》，北京：求实出版社，1989。

[60] 夏吟兰：《离婚自由与限制论》，北京：中国政法大学出版社，2007。

[61] 孙慕义等主编：《新生命伦理学》，南京：东南大学出版社，2003。

[62] 郭卫华：《性自主权研究——兼论对性侵犯之受害人的法律保护》，北京：中国政法大学出版社，2006。

[63] 何宪平主编：《护理伦理学》，北京：高等教育出版社，2007。

[64] 王海明：《伦理学原理》，北京：北京大学出版社，2009。

[65] 倪愫襄编著：《伦理学简论》，武汉：武汉大学出版社，2007。

[66] 罗国杰主编：《人道主义思想论库》，北京：华夏出版社，1993。

[67] 胡适：《中国哲学史大纲》，北京：团结出版社，2006。

[68] 康有为：《实理公法全书》，谢遐龄编选：《变法以致升平——康有为文选》，上海：上海远东出版社，1997。

[69] 王若水：《为人道主义辩护》，北京：生活·读书·新知三联书店，1986。

[70] 张传有：《伦理学引论》，北京：人民出版社，2006。

[71] 宋希仁：《不朽的寿律——人生的真善美》，北京：中国人民大学出版社，1989。

[72] 夏吟兰、蒋月、薛宁兰：《21世纪婚姻家庭关系新规

制——新婚姻法解说与研究》，北京：中国检察出版社，2001。

　[73] 张怀承：《中国的家庭与伦理》，北京：中国人民大学出版社，1993。

　[74] 罗国杰主编：《伦理学》，北京：人民出版社，1989。

　[75] 马俊驹：《人格和人格权理论讲稿》，北京：法律出版社，2009。

　[76] 陈晓枫主编：《中国法律文化研究》，郑州：河南人民出版社，1993。

　[77] 王洪：《从身份到契约》，北京：法律出版社，2009。

　[78] 罗能生：《产权的伦理维度》，北京：人民出版社，2004。

　[79] 张翔：《自然人格的法律构造》，北京：法律出版社，2008。

　[80] 刘云生：《民法与人性》，北京：中国检察出版社，2005。

　[81] 费孝通：《生育制度》，北京：商务印书馆，2008。

　[82] 成中英：《文化、伦理与管理——中国现代化的哲学省思》，贵阳：贵州人民出版社，1991。

　[83] 杨遂全：《新婚姻家庭法总论》，北京：法律出版社，2001。

　[84] 萧家炳主编：《家庭伦理》，北京：中国环境科学出版社，1996。

　[85] 龙卫球：《民法总论》，北京：中国法制出版社，2001。

　[86] 曹诗权：《未成年人监护制度研究》，北京：中国政法大学出版社，2004。

　[87] 张学军：《论离婚后的扶养立法》，北京：法律出版社，2004。

　[88] 林秀雄：《婚姻家庭法之研究》，北京：中国政法大学出版社，2001。

［89］杨仁寿：《法学方法论》，北京：中国政法大学出版社，1999。

［90］强世功：《法律的现代性剧场：哈特与富勒论战》，北京：法律出版社，2006。

［91］高全喜主编：《从古典思想到现代政制：关于哲学、政治与法律的讲演》，北京：法律出版社，2008。

［92］王伯琦：《近代法律思潮与中国固有文化》，北京：清华大学出版社，2004。

［93］赵庆杰：《家庭与伦理》，北京：中国政法大学出版社，2008。

［94］张伟：《转型期婚姻家庭法律问题研究》，北京：法律出版社，2010。

［95］王利明：《民法典体系研究》，北京：中国人民大学出版社，2008。

［96］赵万一：《民法的伦理分析》，北京：法律出版社，2003。

［97］胡旭晟：《解释性的法史学：以中国传统法律文化的研究为侧重点》，北京：中国政法大学出版社，2005。

［98］周国平：《安静》，太原：北岳文艺出版社，2002。

［99］邓伟志、徐榕：《家庭社会学》，北京：中国社会科学出版社，2001。

［100］门从国：《中国当代性伦理构建》，成都：四川科学技术出版社，2006。

［101］陈庆德等：《人类学的理论预设与建构》，北京：社会科学文献出版社，2006。

［102］刘白驹：《性犯罪：精神病理与控制》，北京：社会科学文献出版社，2006。

［103］陈苇主编：《外国婚姻家庭法比较研究》，北京：群众出版社，2006。

［104］李银河：《李银河性学心得》，长春：时代文艺出版社，2008。

［105］黄丁全：《医疗　法律与生命伦理》（第 2 版），北京：法律出版社，2007。

［106］戴东雄：《亲属法论文集》，台北：三民书局，1988。

［107］彭世忠编著：《国际民商事诉讼法原理》，北京：中国法制出版社，2000。

［108］陈苇：《中国婚姻家庭法立法研究》，北京：群众出版社，2000。

［109］陈兴良：《刑法的价值构造》，北京：中国人民大学出版社，1998。

（二）译文著作

［110］［英］伯特兰·罗素：《权力论》，吴友三译，北京：商务印书馆，1991。

［111］［英］大卫·休谟：《人性论》，石碧球译，北京：中国社会科学出版社，2009。

［112］［德］海因里希·罗门：《自然法的观念史和哲学》，姚中秋译，上海：上海三联书店，2007。

［113］《马克思恩格斯全集》（第 1 卷），北京：人民出版社，1956。

［114］《马克思恩格斯选集》（第 4 卷），北京：人民出版社，1972。

［115］［德］尤尔根·哈贝马斯：《交往行为理论：行为合理性与社会合理化》，曹卫东译，上海：上海人民出版社，2004。

［116］［德］黑格尔：《哲学史讲演录》，贺麟、王太庆译，北京：商务印书馆，1983。

［117］［法］爱弥尔·涂尔干：《乱伦禁忌及其起源》，汲喆等译，上海：上海人民出版社，2006。

［118］［美］穆蒂莫·艾德勒：《六大观念》，郗庆华、薛笙

译，北京：生活·读书·新知三联书店，1998。

[119] [美] 亚伯拉罕·马斯洛：《动机与人格》（第3版），许金声等译，北京：中国人民大学出版社，2007。

[120] [德] 费尔巴哈：《费尔巴哈哲学著作选集》（上卷），荣震华等译，北京：商务印书馆，1984。

[121] [美] E. 博登海默：《法理学——法律哲学与法律方法》，邓正来译，北京：中国政法大学出版社，2004。

[122] [英] 伯特兰·罗素：《为什么我不是基督教徒》，沈海康译，北京：商务印书馆，1982。

[123] [英] 伯特兰·罗素：《伦理学和政治学中的人类社会》，肖魏译，石家庄：河北教育出版社，2003。

[124] [法] 卢梭：《社会契约论》，何兆武译，北京：商务印书馆，2003。

[125] 《马克思恩格斯全集》（第3卷），北京：人民出版社，1960。

[126] [英] 伯特兰·罗素：《性爱与婚姻》，文良文化译，北京：中央编译出版社，2005。

[127] [德] 黑格尔：《法哲学原理》，范扬、张企泰译，北京：商务印书馆，1961。

[128] [德] 马克斯·韦伯：《经济与社会》（上、下卷），林荣远译，北京：商务印书馆，1997。

[129] [美] 威廉·J. 欧德耐尔、大卫·艾·琼斯：《美国婚姻与婚姻法》，顾培东、杨遂全译，重庆：重庆出版社，1986。

[130] [德] 康德：《法的形而上学原理——权利的科学》，沈叔平译，北京：商务印书馆，1991。

[131] [日] 大井正：《性与婚姻的冲突》，张治江译，长春：吉林人民出版社，1988。

[132] [德] 康德：《实践理性批判》，邓晓芒译，北京：人民出版社，2003。

［133］［德］马克斯·舍勒：《伦理学中的形式主义与质料的价值伦理学：为一门伦理学人格主义奠基的新尝试》，倪梁康译，北京：生活·读书·新知三联书店，2004。

［134］［古希腊］亚里士多德：《政治学》，吴寿彭译，北京：商务印书馆，1983。

［135］［美］约翰·罗尔斯：《正义论》，何怀宏等译，北京：中国社会科学出版社，1988。

［136］［美］约翰·罗尔斯：《正义论》（修订版），何怀宏等译，北京：中国社会科学出版社，2009。

［137］《古希腊罗马哲学》，北京大学哲学系外国哲学史教研室编译，北京：商务印书馆，1961。

［138］［德］埃德蒙德·胡塞尔：《伦理学与价值论的基本问题》，艾四林、安仕侗译，北京：中国城市出版社，2002。

［139］［美］罗斯科·庞德：《通过法律的社会控制》，沈宗灵译，北京：商务印书馆，2008。

［140］［日］今道友信：《关于爱》，徐培、王洪波译，北京：生活·读书·新知三联书店，1987。

［141］［美］W. T. 司退斯：《黑格尔哲学》，廖惠和、宋祖良译，北京：中国社会科学出版社，1989。

［142］［古希腊］亚里士多德：《尼各马可伦理学》，廖申白译注，北京：商务印书馆，2003。

［143］［英］杰里米·边沁：《道德与立法原理导论》，时殷弘译，北京：商务印书馆，2000。

［144］［美］富勒：《法律的道德性》，郑戈译，北京：商务印书馆，2005。

［145］［英］玛丽·沃斯通克拉夫特：《女权辩护》，王蓁译，北京：商务印书馆，1996。

［146］［英］约翰·斯图尔特·穆勒：《妇女的屈从地位》，汪溪译，北京：商务印书馆，1996。

[147] ［美］罗纳德·德沃金：《认真对待权利》，信春鹰、吴玉章译，上海：上海三联书店，2008。

[148] ［法］埃蒂耶纳·卡贝：《伊加利亚旅行记》（第二卷），李雄飞译，北京：商务印书馆，1982。

[149] ［美］科利斯·拉蒙特：《人道主义哲学》，贾高建等译，北京：华夏出版社，1990。

[150] ［英］彼得·斯坦、约翰·香德：《西方社会的法律价值》，王献平译，北京：中国人民公安大学出版社，1990。

[151] ［英］洛克：《政府论》（下篇），叶启芳、瞿菊农译，北京：商务印书馆，2005。

[152] ［美］菲利普·方纳编：《杰斐逊文选》，王华译，北京：商务印书馆，1963。

[153] ［法］孟德斯鸠：《论法的精神》（上、下卷），许明龙译，北京：商务印书馆，2009。

[154] ［英］L. T. 霍布豪斯：《形而上学的国家论》，汪淑钧译，北京：商务印书馆，1997。

[155] 《列宁选集》（第 2 卷），北京：人民出版社，1960。

[156] ［德］罗尔夫·克尼佩尔：《法律与历史——论〈德国民法典〉的形成与变迁》，朱岩译，北京：法律出版社，2003。

[157] ［古希腊］第欧根尼·拉尔修：《名哲言行录》，马永翔译，长春：吉林人民出版社，2003。

[158] ［美］梯利：《西方哲学史》（增补修订版），葛力译，北京：商务印书馆，1995。

[159] ［意］彼德罗·彭梵得：《罗马法教科书》，黄风译，北京：中国政法大学出版社，2005。

[160] ［英］坎南编：《亚当·斯密关于法律、警察、岁入及军备的演讲》，陈福生、陈振骅译，北京：商务印书馆，1962。

[161] ［美］罗斯科·庞德：《法理学》（第 4 卷），王保民、王玉译，北京：法律出版社，2007。

［162］［美］哈罗德·J. 伯尔曼：《法律与革命——西方法律传统的形成》，贺卫方等译，北京：法律出版社，2008。

［163］［日］福泽谕吉：《劝学篇》，群力译，北京：商务印书馆，1984。

［164］［德］黑格尔：《精神现象学》（下卷），贺麟、王玖兴译，北京：商务印书馆，1979。

［165］《马克思恩格斯全集》（第37卷），北京：人民出版社，1971。

［166］［古罗马］西塞罗：《国家篇 法律篇》，沈叔平、苏力译，北京：商务印书馆，2002。

［167］［美］马丁·P. 戈尔丁：《法律哲学》，齐海滨译，北京：生活·读书·新知三联书店，1987。

［168］［德］马克斯·韦伯：《论经济与社会中的法律》，张乃根译，北京：中国大百科全书出版社，1998。

［169］［英］约翰·奥斯丁：《法理学的范围》，刘星译，北京：中国法制出版社，2002。

［170］［奥］凯尔森：《纯粹法理论》，张书友译，北京：中国法制出版社，2008。

［171］［英］H. L. A. 哈特：《法理学与哲学论文集》，支振锋译，北京：法律出版社，2005。

［172］［英］H. L. A. 哈特：《法律的概念》，张文显等译，北京：中国大百科全书出版社，1996。

［173］［英］H. L. A. 哈特：《法律的概念》，许家馨、李冠宜译，北京市：法律出版社，2006。

［174］［英］霍布斯：《利维坦》，黎思复、黎廷弼译，北京：商务印书馆，1986。

［175］［美］麦克尼尔：《新社会契约论——关于现代契约关系的探讨》，雷喜宁、潘勤译，北京：中国政法大学出版社，1994。

［176］［美］汤姆·L. 彼彻姆：《哲学的伦理学——道德哲学引论》，雷克勤等译，北京：中国社会科学出版社，1990。

［177］［英］约翰·密尔：《论自由》，许宝骙译，北京：商务印书馆，1998。

［178］［英］H. L. A. 哈特：《法律、自由与道德》，支振锋译，北京：法律出版社，2006。

［179］［古希腊］亚里士多德：《政治学》，颜一、秦典华译，北京：中国人民大学出版社，2003。

［180］［德］迪特尔·梅迪库斯：《德国民法总论》，邵建东译，北京：法律出版社，2000。

［181］［美］约翰·菲尼斯：《自然法与自然权利》，董娇娇等译，北京：中国政法大学出版社，2005。

［182］［美］哈里·D. 格劳斯、大卫·D. 梅耶：《美国家庭法精要》（第5版），陈苇译，北京：中国政法大学出版社，2010。

［183］［美］理查德·A. 波斯纳：《性与理性》，苏力译，北京：中国政法大学出版社，2002。

（三）英文著作

［184］Roscoe Pound, *Law and Morals*, Chapel Hill, N. C.: The University of North Carolina Press, 1924.

［185］Charles A. Ellwood, *An Introduction to Social Psychology*, New York: D. Appleton and Company, 1920.

［186］John Rawls: *Justice as Fairness: A Restatement*, edited by Erin Kelly, Cambridge MA, London: The Belknap Press of Harvard University Press, 2001.

［187］Immanuel Kant, *Grounding for the Metaphysics of Morals*, trans. James W. Ellington, Indianapolis: Hackett Publishing Company, 1993.

［188］Immanuel Kant, *Critique of Practical Reason*, trans, and ed. Mary Gregor, Cambridge: Cambridge University Press, 1997.

［189］Patrick T. Murray, *Hegel's Philosophy of Mind and Will*, Lewiston, N. Y.：Edwin Mellen Press, 1991.

［190］Edwin W. Patterson, *Jurisprudence*：*Men and Ideas of Law*, Brooklyn, N. Y.：Foundation Press, 1953.

［191］Mark Tebbit, *Philosophy of Law*：*An Introduction*, London：Routledge, 2000.

［192］P. Devin, *The Enforcement of Morality*, London：Oxford University Press, 1965.

［193］Richard Dien Winfied, *Reason and Justice*, Albany, N. Y.：State University of New York Press, 1988.

二、论文类

（一）中文论文

［194］李怡轩、李光辉：《伦理与法律：两种规范间的对话——第六次全国应用伦理学研讨会综述》，载《哲学动态》，2007（8）。

［195］李步云：《法的应然与实然》，载《法学研究》，1997（5）。

［196］李桂梅、郑自立：《改革开放 30 年来婚姻家庭伦理研究的回顾与展望》，载《伦理学研究》，2008（5）。

［197］林葆先：《中国婚姻法的伦理审视》，河北师范大学博士学位论文，2007。

［198］何俊萍：《论婚姻家庭领域道德调整与法律调整的关系——兼谈对婚外恋的道德调整和法律调整》，载《政法论坛》，2000（3）。

［199］李光辉、李勇：《从忠实义务谈道德规范向法律规范的有效转化》，载《道德与文明》，2004（5）。

［200］王启发：《礼的道德意义》，载饶宗颐主编：《华学》（第 3 辑），北京：紫禁城出版社，1998。

[201] 樊浩：《法哲学体系中道德—法律生态互动的价值资源难题》，载《天津社会科学》，2004（4）。

[202] 王海明：《人性概念辩难》，载《人文杂志》，2003（5）。

[203] 严存生：《道德性：法律的人性之维——兼论法律与道德的关系》，载《法律科学》，2007（1）。

[204] 严存生：《探索法的人性基础——西方自然法学的真谛》，载《华东政法学院学报》，2005（5）。

[205] 郑戈：《韦伯论西方法律的独特性》，载李猛主编：《韦伯：法律与价值》，上海：上海人民出版社，2001。

[206] 江山：《广义综合契约论——寻找丢失的秩序》，载梁慧星主编：《民商法论丛》（第6卷），北京：法律出版社，1997。

[207] 季卫东：《法律程序的形式性与实质性——以对程序理论的批判和批判理论的程序化为线索》，载《北京大学学报》（哲学社会科学版），2006（1）。

[208] 陈泽环：《论经济伦理中的形式和实质问题》，载《上海社会科学院学术季刊》，1998（4）。

[209] 刘云生：《中西民法精神文化本源刍论》，载《现代法学》，2002（6）。

[210] 徐贲：《正义和社会之善》，载《开放时代》，2004（1）。

[211] 肖巍：《罗素是女性主义者吗?》，载《博览群书》，2002（5）。

[212] 马忆南：《婚姻家庭法的弱者保护功能》，载《法商研究》，1999（4）。

[213] 巫昌祯、夏吟兰：《离婚新探》，载《中国法学》，1989（2）。

[214] 杨大文、刘素萍、龙翼飞：《完善社会主义初级阶段的婚姻家庭制度》，载《中国法学》，1989（2）。

[215] 李忠芳：《论我国法定离婚理由的依据及其领先性》，载《吉林大学社会科学学报》，1990（2）。

[216] 张贤钰：《当代外国离婚法改革的评介和启示》，载《中国法学》，1991（3）。

[217] 蒋月：《改革开放三十年中国离婚法研究回顾与展望》，载陈苇主编：《家事法研究》（2008年卷），北京：群众出版社，2009。

[218] 夏吟兰、郑广淼：《离婚经济帮助制度之比较研究》，载夏吟兰、龙翼飞主编：《和谐社会中婚姻家庭关系的法律重构》，北京：中国政法大学出版社，2007。

[219] 王歌雅：《关于离婚损害赔偿制度的若干思考》，载《求是学刊》，2004（4）。

[220] 王歌雅：《离婚损害赔偿的伦理内涵与制度完善》，载《北方论丛》，2005（5）。

[221] 严存生：《法与道德关系模式的历史反思》，载《法律科学》，2001（5）。

[222] 曹诗权：《完善我国婚姻法的立法选择》，载《法律科学》，1994（2）。

[223] 曹诗权：《中国婚姻法的基础性重构》，载《法学研究》，1996（3）。

[224] 江平：《制订民法典的几点宏观思考》，载《政法论坛》，1997（3）。

[225] 杨大文、马忆南：《新中国婚姻家庭法学的发展及我们的思考》，载《中国法学》，1998（6）。

[226] 麻昌华、覃有土：《论我国民法典的体系结构》，载《法学》，2004（2）。

[227] 巫若枝：《三十年来中国婚姻法"回归民法"的反思——兼论保持与发展婚姻法独立部门法传统》，载《法制与社会发展》，2009（4）。

[228] 雷春红：《婚姻家庭法的定位："独立"抑或"回归"——与巫若枝博士商榷》，载《学术论坛》，2010（5）。

[229] 王歌雅、刘滨：《伦理与法律的介入：当代国人的婚姻关系》，载夏吟兰、龙翼飞主编：《和谐社会中婚姻家庭关系的法律重构》，北京：中国政法大学出版社，2007。

[230] 腾琪：《公序良俗原则功能研究》，清华大学硕士学位论文，2007。

[231] 冯建妹：《生殖技术的法律问题研究》，载梁慧星主编：《民商法论丛》（第8卷），北京：法律出版社，1997。

[232] 陈小君、曹诗权：《浅论人工生殖管理的法律调控原则》，载《法律科学》，1996（1）。

[233] 郑净方：《外国 AID 子女亲子身份认定之比较研究》，载陈苇主编：《家事法研究》（2009年卷），北京：群众出版社，2010。

[234] 衣庆云：《夫妻财产制与知识产权》，载《中国知识产权报》2001年3月16日第3版。

[235] 吴金水：《浅谈夫妻共同财产的无形化及其分割》，载《政治与法律》，1995（4）。

[236] 夏吟兰：《对中国夫妻共同财产范围的社会性别分析——兼论家务劳动的价值》，载《法学杂志》，2005（2）。

[237] 夏吟兰：《在国际人权框架下审视中国离婚财产分割方法》，载《环球法律评论》，2005（1）。

[238] 蒋月：《试论学历学位和职业资格在离婚时视为"财产"予以分割》，载《法令月刊》，2007（8）。

[239] 曾广誉：《夫妻共同无形财产论——兼论文凭的夫妻共同无形财产性》，载夏吟兰、龙翼飞主编：《和谐社会中婚姻家庭关系的法律重构》，北京：中国政法大学出版社，2007。

[240] 胡苷用：《婚姻合伙视野下的夫妻共同财产制度研究》，西南政法大学博士学位论文，2009。

［241］陈苇、曹贤信：《论婚内夫妻一方家务劳动价值及职业机会利益损失的补偿之道——与学历文凭及职业资格证书之"形财产分割说"商榷》，载《甘肃社会科学》，2010（4）。

［242］陈苇：《完善我国夫妻财产制的立法构想》，载《中国法学》，2000（1）。

（二）译文论文

［243］［德］罗伯特·阿列克西：《法哲学的本质》，王凌皞译，载郑永流主编：《法哲学与法社会学论丛》（八），北京：北京大学出版社，2005。

［244］［德］于尔根·哈贝马斯：《法的合法性——〈事实与规则〉要义》，许章润译，载郑永流主编：《法哲学与法社会学论丛》（三），北京：中国政法大学出版社，2000。

［245］［法］阿·布瓦斯泰尔：《法国民法典与法哲学》，钟继军译，载徐国栋主编：《罗马法与现代民法》（第2卷），北京：中国法制出版社，2001。

（三）英文论文

［246］Carl E. Schneider, *Moral Discourse and the Transformation of American Family Law*, Michigan Law Review, Vol. 83, No. 8, 1985.

［247］Oliver Wendell Holmes, *The Path of the Law*, Harvard Law Review, Vol. 10, No. 8, 1897.

［248］Marijan Pavcnid and Louis E. Wolcher, *A Dialogue on Legal Theory Between a European Legal Philosopher and His American Friend*, Texas International Law Journal, Vol. 35, No. 3, 2000.

［249］E. Nathaniel Gates, *Bondage, Freedom and the Constitution: The New Slavery Scholarship and Its Impact on Law and Legal Historiography*, Cardozo Law Review, Vol. 18, Part Ⅱ, 1996.

三、其他类

（一）辞书辞典

[250] 中国法律年鉴社编辑部：《中国法律年鉴·1998》，北京：中国法律年鉴社，1997。

[251] 纪一主编：《中国婚姻家庭词典》，北京：中外文化出版公司，1988。

[252] 李伟民主编：《法学辞源》，哈尔滨：黑龙江人民出版社，2002。

[253] 中国社会科学院语言研究所词典编辑室编：《现代汉语词典》（第5版），北京：商务印书馆，2005。

[254] 冯契、徐孝通主编：《外国哲学大辞典》，上海：上海辞书出版社，2000。

[255]《简明伦理学辞典》编辑委员会编：《简明伦理学辞典》，兰州：甘肃人民出版社，1987。

[256] 宋希仁主编：《中国伦理学百科全书·西方伦理思想史卷》，长春：吉林人民出版社，1993。

[257] 卢乐山主编：《中国女性百科全书·婚姻家庭卷》，沈阳：东北大学出版社，1995。

[258]《古代汉语词典》编写组编：《古代汉语词典》，北京：商务印书馆，2002。

（二）法律法规

[259]《澳大利亚家庭法（2008年修正）》，陈苇等译，北京：群众出版社，2009。

[260]《法国民法典》，罗结珍译，北京：北京大学出版社，2010。

[261]《葡萄牙民法典》，唐晓晴等译，北京：北京大学出版社，2009。

[262]《大清民律草案·民国民律草案》，杨立新点校，长春：

吉林人民出版社，2002。

［263］《埃塞俄比亚民法典》，薛军译，北京：中国法制出版社，2002。

［264］《最新日本民法》，渠涛编译，北京：法律出版社，2006。

［265］《德国民法典》（第3版），陈卫佐译注，北京：法律出版社，2010。

［266］《瑞士民法典》，殷生根、王燕译，北京：中国政法大学出版社，1999。

［267］《意大利民法典》，费安玲等译，北京：中国政法大学出版社，2004。

［268］《韩国民法典·朝鲜民法》，金玉珍编译，北京：北京大学出版社，2009。

［269］《中华人民共和国婚姻法》（2001年修正）。

［270］最高人民法院《关于适用〈中华人民共和国婚姻法〉若干问题的解释（一）》（2001年）。

［271］最高人民法院《关于适用〈中华人民共和国婚姻法〉若干问题的解释（二）》（2003年）。

［272］最高人民法院《关于适用〈中华人民共和国婚姻法〉若干问题的解释（三）》（2011年）。

后　记

　　本书是在我的博士论文基础上稍加修改而成的。当初确定本选题作为博士论文时，我是非常担心的。因为本选题与其他部门法（如经济法、刑法、专利法等）的伦理分析有着重大区别。婚姻家庭具有伦理性，这是人们的普遍道德共识。亲属法应当具有伦理性，这是学者们的经验理论共识。然而这种共识情形较少出现在其他部门法中。本选题如果只是阐释该法的伦理性，尚不足以厘清其与道德的限度问题，充其量只能算是对亲属法伦理属性的重述。如要厘清限度问题，对于我这个刚开始研习法律的人来说，已然超出我的能力。何况法律与道德的关系问题是法哲学上的永恒主题和难解之谜。虽然如此，我仍觉得这个选题很有意义，最后还是"杠上"了。

　　回忆整个写作过程，我感慨万千。论文写作历经"春去春又回"，这只是对时间流逝、光阴似箭的主观感受而已，这期间的艰辛只能自知，却无法用主观性的语言来加以准确地表述。写作过程中没有头绪时，抑郁于心；有点头绪时，暗自高兴；回头清理头绪时，又垂头丧气。这就是我的心路历程。除中途因疲劳过度而两次剧烈呕吐被迫休息几天之外，我几乎每天是凌晨五点才睡，有时甚至更迟。真可谓"呕心沥血"。奈何我天资鲁钝，理论"瓶颈"仍无较大突破。值得庆幸的是，我总算走出了研习法律的第一步，总算对亲属法的伦理问题多了一些理性认识。看来读博士犹如法律兼具内在善和外在善一样，也应当是一个"诚于中而形于外"的过程。当然，由于本选题的研究难度较大，本书难免存有诸多的不足，我自当会在以后的学习和研究中进一步探索和完善。

特别感谢我的导师陈苇教授！在攻读博士学位期间，陈老师的谆谆教导、耳提面命，使我深受启发，获益良多。跟随陈老师求知问学，每每让我感动的，正是她那忘我的学术热情以及近乎苛刻的治学态度。从恩师之为人和治学所得，当使我终生受用。博士论文从确定选题方向到收集资料，从探讨写作主旨到拟定写作提纲，从撰写初稿到撰写第二稿、第三稿，再到定稿的整个写作过程，陈老师都反复推敲、悉心指导，提携弟子的道德风范可见一斑。当然，偏颇之处恐在所难免，概由我负责。通过博士论文的写作，我更加明白了论文"精雕细琢"的重要性以及陈老师常勉励我们的"宝剑锋从磨砺出、梅花香自苦寒来"的真正含义。另外，恩师的爱人陈德毅先生对我也是多方关怀，在此学生一并深表感谢！

感谢西南政法大学民商法学院李开国、赵万一、刘云生、谭启平、石慧荣、汪世虎、孙鹏、王洪、唐烈英、曹兴权等诸位教授的教诲。特别是赵万一教授在开题时、刘云生教授在预答辩时对论文提出许多切中肯綮的意见，对我完成论文写作颇有帮助。

感谢校外匿名评审专家对本博士论文选题及内容的充分肯定！我在修改完成此书的过程中，仔细阅读了校外专家的评审意见（我校博士论文评审采取双盲形式，即对评阅人、论文作者、指导导师姓名保密），其中，专家们的充分肯定评语被我视为对我学术研究的鼓舞和鞭策；专家们的修改意见已成为我修改、完善本书的动力。值此拙著出版之际，我对这些匿名评审专家们表示由衷的敬意和感谢！

感谢对本博士论文提出了许多宝贵意见的答辩委员会的专家们，他们是中国人民大学龙翼飞教授，西南政法大学李开国教授、卢代富教授、石慧荣教授、孙鹏教授、徐洁教授，重庆工商大学宋豫教授。

感谢同门冉启玉博士、于林洋博士及室友车亮亮博士，三年期间，我们互相交流观点、辩诘问题，使我受益匪浅；我们互帮互助，建立了深厚的友谊。感谢 2008 级博士班方勇、刘永存、范伟红、华德波、孙莹、吕群蓉、胡俊、王斌林、梅象华、刘福泉、徐石江、王晓明、王晓华、孔令章、欧阳若涛、康添雄、徐聪颖、苏雄华、张雪强、王满生、曾绍东、魏顺光以及在此不能一一列举姓名的其他同学给予我丰富而多彩的博士生活。感谢在渝工作的赵克、刘涛、谢帮友、初攀东等诸位硕士同学，六年来他们的诚挚友情是我永远的精神财富。

感谢同门师兄胡苷用博士对我的关心和帮助，他使我感受到了兄弟般的老乡情谊；同样感谢同门师兄李俊博士、杜江涌博士、秦志远博士、高伟博士，同门师姐朱凡博士、陈思琴博士等给予我生活和学习上的关心和帮助。感谢师兄胡波博士的倾情相助，他的意见已体现在论文的某些用词上。感谢师妹罗杰、师弟段伟伟、石雷等博士生在资料整理方面提供的帮助。

我还要感谢我的爱人给予我的至诚的真情和扶持，感谢我的父母给予的质朴的关爱，感谢弟妹三人给予至深的亲情，感谢我的儿子给予的天使般阳光的笑脸。

最后，衷心感谢群众出版社出版本书，使我有机会接受学界同人的批评指正；感谢刘玉莲编辑为本书的编辑、校对付出的辛劳。同样感谢我的工作单位赣南师范学院学术著作出版基金资助项目对本书的支持。

学无止境，尚须努力！

曹贤信　谨识

2011 年 11 月 3 日于赣州

附　录：

西南政法大学外国家庭法及妇女理论研究中心简介

学术顾问（以姓氏笔画为序）：王建华、方　俐、兰运华、
　　　　　　李春茹、陈　彬、郭渝平
主　　任：陈　苇
副 主 任：张华贵、朱　凡
秘 书 长：杜江涌
副秘书长：胡苷用

　　2003 年 12 月至 2004 年 12 月西南政法大学民商法学院博士生导师陈苇教授受国家留学基金资助，由国家教育部公派出国留学作为访问学者到澳大利亚悉尼大学法学院进修家庭法一年。她回国后于 2005 年 1 月向学校提出了建立"西南政法大学外国家庭法及妇女理论研究中心"的书面申请。2005 年 4 月 1 日西南政法大学校长办公会议批准同意该研究中心成立。

　　本"研究中心"的宗旨是通过整合本校婚姻家庭法及妇女理论方面的科研与教学资源，联合校内外其他单位与部门的相关人员，以西南政法大学为依托，开展中外学术交流，着力研究现阶段中外婚姻家庭继承法及妇女领域的重大理论和实践课题，为我国婚姻家庭继承法的完善及妇女理论的发展提供有益的借鉴经验，为我国立法机关提出相关建议，为司法部门提供法律咨询服务，争取多出科研成果，出精品科研成果，为创建国内一流、国际知名的西南政法大学而努力。

　　本"研究中心"的主要任务包括：1. 开展中外学术交流；2. 提供专业咨询服务；3. 进行理论研究；4. 培养婚姻家庭继承

法及妇女理论的学术人才；5. 组织开展学术讲座等，以期造就一批在本学科领域有一定影响的学术骨干和后备学术带头人。

本"研究中心"以《家事法研究》论丛作为学术研究阵地，每年计划推出 1～2 辑，由国家级出版社出版。并创建"研究中心"的网页——中外婚姻家庭法及妇女理论论坛，发表本研究中心成员的学术成果、开展对婚姻家庭问题的讨论，并邀请相关中外专家、学者、立法和司法实务部门人员进入该"论坛"，进行学术交流，以期实现学术研究与立法、司法的良性互动，促进中外学术研究和学术交流。

本"研究中心"以西南政法大学民商法学院婚姻家庭继承法和妇女理论研究所的人员为基础，并聘请校内外的专家、学者担任学术顾问和特约研究员。

Appendix:

Introduction of the Research Center on
Foreign Family Law and Women's Theory
of
Southwest University of Political Science and Law, China

Academic Consultants: Wang Jianhua, Fang Li, Lan Yunhua, Li Chunru, Chen Bin, Guo Yuping

Director: Chen Wei

Deputy Director: Zhang Huagui, Zhu Fan

Academic Secretary: Du Jiangyong

Deputy Academic Secretary: Hu Ganyong

Introduction

Professor Chen Wei, the doctor tutor of the Civil and Business Law School of Southwest University of Political Science and Law, China [hereinafter refers to SWUPL], studied family law in the Law School of Sydney University, Australia from Dec. 2003 to Dec. 2004 with the sustentation of "STATE SCHOLARSHIP FUND AWARD". In Jan. 2005, some days after came back to China, she presented the application for establishing "the Research Center on Foreign Family Law and Women's Theory of SWUPL, China". On Apr. 1st 2005, the President's Working Office of SWUPL approved her application.

The aim of the Research Center, is to develop academic exchange between China and foreign countries, put emphasis on grand important theory and practice problems of family law and women's theory by associating the researching and teaching resources of SWUPL with relevant personnel of other units and departments. All of that we have done and will do have some important meaning: (1) may provide the valuable experiences for the perfection of the laws of family and succession in China and the development of women's theory, (2) may provide relevant suggestions to Chinese legislature, and (3) may provide legal advices to judicial practice departments. We hope that SWUPL will be top ranking internally and famous internationally with our efforts.

The assignments of the Research Center including: (1) developing academic exchange between China and foreign countries in relevant fields; (2) providing professional consultation service; (3) strengthen academic research; (4) training some academic adepts of family law and women's theory; (5) giving academic lectures. We hope that some adepts and reserve academic leaders with certain influence in family law field would be brought up.

The research place of the Research Center including: (1) "Research on Family Law", is the analects of our academic research theses which will be published by a national publishing house one or two times per year; (2) "China and Foreign Countries Family Law and Women's Theory Forum", is the official website of the center. There will be academic products of center's members, discussions on family law and women's theory, and academic exchanges of experts, scholars, and judicial personnel of China and foreign countries. We hope to realize the virtuous communication between the theory and the practice and promote the academic exchange and research of China and foreign countries.

The personnel of the Research Center are mainly composed of scholars from the Marriage, Family and Succession Law and Women's Theory Research Institute of the Civil and Business Law School of SWUPL, China. We also invite some famous experts and scholars around the whole country to be the consultants and special research fellows. They are the members of the Research Center too.

图书在版编目（CIP）数据

亲属法的伦理性及其限度研究/曹贤信著. —北京：群众出版社，
2012.1
（家事法研究学术文库）
ISBN 978－7－5014－4957－6

Ⅰ.①亲…　Ⅱ.①曹…　Ⅲ.①亲属法—法伦理学—研究—中国
Ⅳ.①D923.904
中国版本图书馆 CIP 数据核字（2011）第 257406 号

亲属法的伦理性及其限度研究

曹贤信　著

出版发行：群众出版社
地　　址：北京市西城区木樨地南里
邮政编码：100038
经　　销：新华书店
印　　刷：北京蓝空印刷厂

版　　次：2012 年 1 月第 1 版
印　　次：2012 年 1 月第 1 次
印　　张：11
开　　本：880 毫米×1230 毫米　1/32
字　　数：303 千字

书　　号：ISBN 978－7－5014－4957－6
定　　价：32.00 元

网　　址：www.qzcbs.com
电子邮箱：qzcbs@163.com

营销中心电话：010－83903254
读者服务部电话（门市）：010－83903257
警官读者俱乐部电话（网购、邮购）：010－83903253
法律分社电话：010－83905745